JN196796

戦後ヒロシマの記録と記憶

小倉馨のR・ユンク宛書簡

上

若尾祐司・小倉桂子 編

名古屋大学出版会

口絵 1　反核・平和の「ヒロシマ会議」に参加した左からロベルト・ユンク，バーバラ・レイノルズ，フィリップ・ノエル＝ベーカーを案内する小倉馨（1970 年 11 月 27 日，広島平和記念資料館）

口絵 2　小倉馨（1960 年か）

口絵 3　5 度目の来日を果たしたロベルト・ユンクを三瀧寺に案内する小倉桂子，および両者の右に森滝市郎と同寺の住職・佐藤天俊（1980 年 2 月）

戦後ヒロシマの記録と記憶　上——目次

下巻目次

はじめに

若尾　祐司

本書は一九五七年五月末〜五九年一〇月半ばの二年半近くにわたり、小倉馨がロベルト・ユンクに宛てた英文書簡の翻訳である。広島への原爆投下から十年余を経て、一方では原爆症による死と大気圏内核実験による「死の灰」の恐怖が新聞の紙面に躍り、他方では原水爆禁止運動の熱気に染められた時代だった。物理学者アルベルト・アインシュタイン、医師アルベルト・シュヴァイツァー、哲学者バートランド・ラッセルという三人の人物に、この時代は象徴される。これらの著名人に次いで、生化学者ライナス・ポーリングらと並び政治記者ロベルト・ユンクは、核問題に対する発言者として国際的に最もよく知られた人物の一人だった。日本でも、アメリカをとりあげた『未来は既に始まった』（邦訳一九五四年）および原爆開発の歴史に関する『千の太陽よりも明るく』（邦訳一九五八年）により、国際記者・ベストセラー作家として著名であった。

その彼が一九五七年五月初および六〇年五月末に広島に入る。精力的な取材を行って（「タイプ一つの旅行者」『週刊新潮』一九五七年六月一〇日号、二二頁）、被爆の後障害に苦しむ広島の人々の現実を、数多くの論説や講演で世界に発信した。とりわけ、最大の作品は一九五九年秋にスイスの出版社アルフレート・シェルツから発行される *Strahlen aus der Asche*（原田義人訳『灰墟の光——甦るヒロシマ』文芸春秋新社、一九六一年）であり、またテレビ・ドキュメンタリー「灰墟の光」（一九六〇年末に旧西ドイツで初放映）であった。前者は多数の言語に翻訳されて、ユンク三冊目の国際的ベストセラー作品となり、後者は欧州各国で放映された。これらの作品は欧米の反核「復活祭行進」運動に火をつけ、一九六二年のキューバ危機から翌年の部分的核実験禁止条約に至る、大気圏内核実験による環境破壊と核戦争の危機に対する市民的抵抗の広がりを支えた。

この広島取材を晩年、自伝『それでも——未来のためのわが人生』の中でユンクは次のように回想している。「この新しい兵器の特徴は、従来の爆弾すべてを即時の効果で上回っただけでなく、長く作用する放射線の放出によって未来をも破壊することになった点にある。これによって、現代技術は新時代の次元に入ったのではないか。次の世代は、先行世代の悪行が及ぼす、ほとんど無視された後代への影響から、どのように守られうるのか。その場合、まだ生まれていない者たちの生存利害を、いったい誰が代表するのか」と（Jungk, 1993, S.327f.）。広島で受けた衝撃からユンクは、政治的発言権をもたない子どもたちのために、さらに今なお存在しない未来世代のために、代弁者となることを決意した。ユンクの生涯にとり、広島取材は自らに未来責任を課して行動する、決定的な転換点となったのである。

（1）ロベルト・ユンクと小倉馨の出会い

そのユンクの広島取材は、小倉馨（英語の通称カール）によって支えられていた。小倉は米国育ちで、広島からの移民の子である。一九二〇年シアトルで、移民家族の第二子として生まれ、男ばかりの三人兄弟の次男として育った。その後の歩みは、小倉自身が本書五一九・五二〇頁に記している。米国で初等教育を終えた馨は、両親の出身地の広島に戻って中・高等教育を終える。しかし、すでに太平洋戦争が始まっており、短期間の貿易会社勤務を経て一九四二年四月に召集され、広島で陸軍に入隊した。

一九四四年七月に門司港を出港し、八月にはマニラから輸送船めきしこ丸でセレベス島（現・インドネシアのスラウェシ島）に向かった。しかし、到着前に同船はセレベス海で魚雷攻撃を受けて沈没し、乗員四一五一名のうち八四七名が海に没した、という。小倉は救出されて同島のメナドにたどり着き、そこで独立混成第五七旅団の四部隊が編成され、第三七三大隊に配属される。翌年五月には第三七七大隊に転属し、七月に旅団主力の南部前進命令が出され、行軍中に終戦を迎えた。そして、マリンプン俘虜収容所に収容され、食糧不足とマラリアに苦しむ苛酷な抑留生活を生き延びて、一九四六年六月に復員船で和歌山県の田辺港に帰還し、広島に戻ることができた。

戦後は、その英語力により一九四九年に占領軍の民間情報教育局（ＣＩＥ）図書館に採用され、占領下における広島の各界の要人とのネットワークを広げた。さらに、一九五三年には国際文化会館に職を得て東京に出る。だが、三年ほどの勤務で結核を病み、広島に戻って療養生活を送った。その病は、米国の親族からの薬の援助を受けたおかげで、比較的短期間で癒える。そして、病み上がりで翻訳や通訳などのアルバイトを始めていたときに、ユンクの仕事が舞い込んだのであった。

二年半に及ぶこの小倉の資料収集と英語翻訳の作業によって初めて、『灰墟の光』が世界に送り出され、現在よく知られる佐々木禎子と折鶴の物語が広まっていった。その本の冒頭の謝辞で、ユンクは以下のように記している。やや長文であるが、小倉書簡の全体的イメージを鮮やかに示しているので、あらかじめ引用しておきたい。

一九五七年五月の下旬、何冊かのノートをもって日本を去るときに、私は小倉馨という名前の若い民間の研究者に依頼し、私が約束した幾人かの人たちの手記を英語に翻訳して送ってもらうことにした。その時は、二人ともこの共同作業はせいぜい二、三ヶ月のものと考えていた。ところが、それはすでに三〇ヶ月も続き、二人は親しい間柄になった。その間、小倉は私の質問に答えて、きっちりと番号を振った二一三通の手紙を送り、また広島の多くの人々にインタビューを行った。著者が個人的に知った質問相手との関係を、彼はそのインタビューでしばしば内面的な告白を聞き取るほどに深めた。残念ながら私は、この文書情報の断片的な一部分しか利用できなかった。その規模は、普通の本を八冊書けるほどに達していたからである。この資料が、研究機関に引き取られることを望みたい。(Jungk, 1959, S.11. 訳文は引用者による)

この小倉書簡の内容に立ち入る前に、あらかじめユンクの広島入りにふれておこう。自伝によれば、ユンクはまずノーマン・カズンズを通して、広島とのコンタクトを得ようとした。しかし、カズンズを取り巻く人たちのガードが固く、不調に終わる。その時に偶然にもロサンゼルスの新聞で、広島のために「贖いの寄付」を呼びかけたという森林学者フロイド・シュモーの講演の記事を目にする。すぐに編集部に電話を入れるが、シュモーはすでに帰った後だった。しかし、彼の住所はわかり、「数日後に私はシアトルで、背の高い恐ろしくやせた灰色の髪のヤンキーの前に座っていた。［中略］彼は私に熱いまなざしで、彼の『日本旅行』を語ってくれた。彼自身が一緒になって、最初の『平和の家』を造ったのである。それは、彼の生涯の最大の体験だった」。「シュモーは私に、広島の協力者である富樫氏に宛てた詳細な推薦状を持たせてくれた」（Jungk, 1993, S.307）。

かくて、シュモーの友人で原爆傷害調査委員会（ＡＢＣＣ）職員のウィリー・富樫を頼りに、ユンクは――飛行機を恐れる妻の意向で――太平洋を船で渡り、一九五七年四月半ばに横浜に着く。五月二日（ないし三日）に広島入りし、新広島ホテルに宿泊して五月一五日までの二週間、きわめて効果的な取材を行うことができた。その二週間の足取りを正確に復元することはできないが、前半の一週間余を富樫、そして後半の数日は小倉が案内人の役割を果たしたと推測される。

このユンクの広島取材について、本書収録の書簡などから推測されるのは、以下のような諸点である。まず、富樫とユンクは、シュモーらが建てた「平和の家」（別名「広島の家」ないし「シュモー・ハウス」）を訪問する。中国新聞社を訪れて、広島市民の関心は原爆よりも野球にあると聞き、若い被爆者の意見を聞きたいと、広島女学院大学英文科学生の山根（現・小倉）桂子のインタビューを行う。また中国新聞社で、重罪の受刑者Ｍ一夫がフランクリン・ローズヴェルト元大統領のエレノア夫人に手紙を出したことを知り、おそらく玉井義治牧師を通して広島刑務所とのコンタクトを取り、Ｍに直接面会することができた。さらに、平和活動家の河本一郎夫妻の家を訪ねる。その後で、河本は佐々木禎子の遺影を持って新広島ホテルに行き、遺影と一緒にユンクとの写真を撮る（ＮＨＫ広島「核・平和」プロジェクト、二〇〇〇年、一〇二～一〇五頁）。落選中の浜井信三前広島市長を日本料理店に招き、インタビューを行う。少なくとも以上のユンクの取材には、富樫が付き添っていた。

さて、富樫と小倉は同年代であり、共に広島出身の移民の子として米国で育ち、日本に送られて中・高等教育を受けた。そして、徴兵されてインドネシアで軍隊生活を経験し、戦後、占領下の広島に戻って三十歳前後で、米国関係の機関に職を得て再出発を果たす。このように、二人は子ども時代から青年期の境遇とキャリアを等しくする親友だった。そして、ＡＢＣＣ勤務の富樫は本職があって多忙であり、他方の小倉はアルバイト生活中であったため、後半の数日を小倉にバトンタッチしたと推測される。

（2）小倉馨の広島取材とその後

かくてユンクに付き添って数日間、小倉は自らインタビュー相手を探して連絡を取り、案内人の役割を強力に果たす。小倉書簡が直接に示しているのは、広島大学（旧キャンパス）と中野清一教授宅、長岡省吾と市役所などの訪問に限られる。しかし、ユンク自伝によれば、小倉は次々と電話で約束を取りつけ、二人で出かけて行った、という。蜂谷道彦、原田東岷らの医師やＡＢＣＣ関係者、金井利博など中国新聞記者、さらには労働組合活動家や一般の被爆者世帯から遊郭地域まで、書簡に登場する人物や場所の多くを短期間にカバーした、と推察される。そして、先に見たように両者の間で、河本一郎や受刑者Ｍなどの手記を中心に、広島に関するデータを英訳して送付する契約が結ばれ、結局、その契約期限は一九五九年一〇月の前半まで、二年半近くに及んだ。

小倉書簡が示すように、当初、小倉は他の企業関係の翻訳業務との掛け持ちで、自分の仕事の二分の一をユンクの作業にあて、毎週A4判のエアメール箋四枚分（一枚に六〇行）の送付を月額一万五千円で請け負っていた。しかし、この作業を進めていく中で、この仕事の意義と同時に喜びを強く自覚し、全エネルギーをこの作業に集中し、一九五八年四月以降は月二万五千円契約で週二回送りたいと申し出る。これ以後、一九五八年四月から翌年一〇月までの間に便箋に振った通し番号で一八九〜八三六頁という膨大な量が送られた。

このユンクのアルバイトを終えた小倉は、一九六〇年一月初め、広島市の広報課渉外係長に採用される。そして同年六月の前半にはユンクがテレビ・ドキュメンタリー「灰墟の光」制作のため、バイエルン放送局のスタッフ三人と共に広島に滞在し、再び小倉が通訳と案内を務めた。以後、広島市の国外折衝の要として、渉外課主任、広島平和文化センター主幹、広島平和記念資料館館長、渉外課の課長、財団法人・広島平和文化センター事務局長、広島市長室次長と役職を重ねていく。第二次浜井市政から荒木武市政の時代であり、その間、広島の海外平和都市提携、米国の広島原爆関係資料の調査と収集、国連総会での広島に関するアピール、そして海外要人の受け入れなど、市政を支えて広島を世界につなぐ多忙な日々に明け暮れた。その仕事のさなか、平和宣言起草中の一九七九年七月に倒れ、帰らぬ人となった。小倉の唯一の著作『ヒロシマに、なぜ――海外よりのまなざし』（渓水社）が刊行される直前のことであった（図初-1）。

遺作となったこの著作で、小倉はシュモーから始めてカズンズ、そしてユンクへと、自らが「水先案内人」の役割を果たした二〇名余の人々のヒロシマへの「まなざし」を、肌に感じた感触から丹念に描き出している。シュモーとはCIE図書館勤務の当初に、カズンズとは国際文化会館時代に接触

図初-1　小倉馨『ヒロシマに，なぜ』（渓水社，1979 年）のカバーと表紙（右端の列の最上段がユンク）

が始まり、次いでユンクを経て、その後はアールおよびバーバラ・レイノルズ夫妻、ロバート・J・リフトン、フィリップ・ノエル＝ベーカー、ライナス・ポーリング、さらにジョーン・バエズ、グスタフ・ハイネマン、エドワード・ケネディなど、国際的に重要な役割を担う（担っていく）人々との出会いが続いた。

先にふれたように、ユンクは一九六〇年五月末に再度広島入りし、再び小倉が案内人となった。さらに一九七〇年の春にはユンク一家が広島を訪れ、秋にも「現代における平和の条件」をテーマとする湯川秀樹らの「ヒロシマ会議」でユンクが来広し、再会があった（口絵1）。

そして一九八〇年初め、『原子力帝国』（邦訳一九七九年）の著作で脱原発運動の先頭に立ったユンクは反原発派の招きで来日し、二月に最後となる五度目の広島入りを果たした。そのときには、もはや馨は亡く、代わりに妻の桂子が「水先案内人」の役割を請われて、急遽、原発を考える討論会で通訳の席に着いた。この年は、六〇歳の定年で小倉の退職が予定されていた年であり、最初の著作に続いて自らの平和活動の軌跡を整理し、まとめる計画を持って、この書簡のこともその念頭においていたと思われる。しかし、予期せざる小倉の死により、小倉書簡の存在は忘れ去られる。

（3）見つけ出された小倉書簡とその特徴

小倉の死後、その遺品を整理した妻桂子は、書簡の一〜二五〇頁（一九五七年五月二五日〜五八年五月二七日）が遺されていることに気づき、葬儀に寄せられた香典とあわせて、平和記念資料館に寄贈を申し出た。しかし、当時の資料館には文書保存の方針や態勢がなく、文書は返却される。一九八〇年二月のユンク来広の折に、同行した朝日ジャーナルの記者瀬谷肇がそのコピーを取り、これをユンクに渡すと、自分の手元には残っていないとユンクは喜んだ、という。

その後、小倉書簡の存在を知った若尾祐司が二〇一〇年の春に、小倉桂子からこの一〜二五〇頁分のコピーをあずかり、平和記念資料館に保存してもらった。さらに、二〇一二年九月にザルツブルクのロベルト・ユンク未来問題図書館（以下、ユンク図書館と略記）でユンクの「ヒロシマ」ファイルを発見した。その中には『灰墟の光』執筆のために抜き出された合計一〇〇頁近くが残されていた。多くは二五〇頁までのものであったが、三〇五〜三四八頁（一九五八年八月）の大半や七五八頁の存在も確認できた。

そして二〇一六年の二月、小倉桂子宅の整理に伴い、偶然、ドイツ語印章のあるレターケースの中から三五一～八三六頁（うち七四九～八〇〇頁は欠落）分が出てきた。桂子の多忙な日常――一九八〇年二月のユンク来広の際の通訳を機縁に、馨に代わるかのように広島の国際交流に係わる大きな役割が事実上彼女の肩にかかり、子育てに加え、国際交流支援の翻訳事務所「アテンション」の創業と運営、そして一九八四年の「平和のためのヒロシマ通訳者グループ（ＨＩＰ）」の立ち上げから英語による被爆証言まで「広島を世界に伝える」ボランティア活動が重なり、多忙を極める日常が続いていた――の中で、遺品の整理時に目に付かなかったレターケースは、タンスの片隅にしまい込まれたままになっていたのである。

この発見を知ってＮＨＫワールドは、ドキュメント番組 "My Small Steps from HIROSHIMA" を制作した（二〇一六年八月六日放送）。小倉書簡を軸に置き、小倉とユンクのやり取り、さらに心理学者リフトンとのやり取りをドラマ仕立てにした五〇分番組である。また、日本向けにＢＳ1特別番組「こうしてヒロシマは世界発信されていった」が、新たに被爆者の証言を加えて編集され、同年九月二二日に放映された。ちなみに、この英語の国際放送の反響で二〇一七年三月、ニューヨーク大学で「ヒロシマ・イン・ダイアローグ」の企画が組まれ、小倉桂子とリフトンの数十年ぶりの再会と対談が実現した（図初-2）。

さて、これまでに確認された合計八三六頁の内、一二〇頁分の所在はなお不明である。しかし、この不明分のうち一九頁はユンクが紛失したために小倉がタイプし直したものであり、なお一〇一頁が不明とはいえ、小倉書簡の全体像はほぼ明らかになったと見なしてよい。その内容上の特徴としては、第一に、小倉はつねに各書簡の最初にユンクに宛てていわば「まえがき」を書き、広島の状況や自分の考えを記している。したがって、そこから小倉自身が「ヒロシマ」を生涯の課題として見定める自己同定のプロセスを克明にたどることができる。これは、いわば私信の部分である。

第二に、ユンクの依頼の中心は、M一夫と河本夫妻の自分史原稿の英語への翻訳、および長岡や蜂谷などへの取材とその英語への翻訳であった。これらの翻訳の一部は、ほぼそのまま『灰墟の光』に収録される。第三に、核時代の幕開けを告げる「歴史の場」としての「ヒロシマ」を再構成する、刊行物および手稿の英語への翻訳である。その主なものは、まず中国新聞の戦後浮浪児・孤児関係ややくざ抗争、原爆の後障害などについての多様な記事であり、「原爆市長」浜井の回顧録であり、朝日新聞など全国紙や雑誌などの広島関係記事類であり、最後の方では今堀誠二の著作などである。分量的には、この部分が六割以上を占める。

そして第四に、小倉書簡が有する最大の特徴は、小倉自身によるインタビュー記録が大量に含まれていることである。それは、単に被爆都市広島の戦後史を映し出すのみならず、ビキニ水爆被災事件とも

図初-2 「ヒロシマ・イン・ダイアローグ」で対談する小倉桂子とロバート・J・リフトン（2017年3月10日，ニューヨーク大学）

重なりあって、放射線の脅威を人々が広く自覚する、固有の歴史的な状況を記録するオリジナル史料である。小倉書簡の最大の意義は、このインタビュー記録にある。一部はユンクの著作に使われているものの、大半は未発表である。浜井信三の生の声を聞くことのできるインタビューに続き、とりわけ新しく発見されたものの中に重要なインタビュー記録が含まれる。小倉書簡は、小倉（とユンク）による広島資料の選択的収集の成果であり、その全体が「ヒロシマ戦後史」史料の性格をもつが、ユンクに自らの思いを語った私信とあわせ、この部分はまさしくオーラル・ヒストリーの小倉レポートと言うべき部分である。

（4）小倉レポートの意義

小倉レポートの中でも、とりわけ注目されるのは浜井インタビューであり、また一年間の資料収集作業によってヒロシマに精通した小倉が行った、以下のインタビューである。

第一は、地質学者で広島平和記念資料館の創立者長岡省吾へのインタビューである。ユンクのドイツ語論説「広島での出会い」（後掲）により、長岡は一躍世界の人となった。疑いなくユンクは、巨大な国家資金に依存して組織的に原爆開発にまい進した米国の科学者たちの対極に、原爆被災を記録する長岡の孤高の良心的営為を見ていたと思われる。平和記念資料館の中に置かれた被爆遺物こそ、核の軍事利用の結果を示す象徴的記録であり、永続性を有する最も重要な証拠の一つである。長岡は、被爆の現場で何を考えてこの行動を取ったのか。そのことを知りたくてユンクは、何度も小倉に長岡へのインタビューを求めたが、長岡は多忙で、ようやく一九五八年末にこのインタビューが実現した。

第二に、原田東岷や蜂谷道彦、於保源作など医師へのインタビューである。そこでは、広島の医師たちのＡＢＣＣとの関係や原爆症理解の変遷の過程が聞き取られている。日米の医師たちが放射線障害の問題に、研究と診療の両面でどう取り組んだのか。この問題は、原発による核被害が拡大している現在こそ、永続する核被害の研究・診療の原点の記録として、立ち返らねばならないいっそう切実な意味をもつと思われる。

第三は、遊郭に関する、その戦後復興の当事者三野基次へのインタビューである。進駐軍向け慰安施設の建設・運営の実態について、これまでほとんど明らかになっていない事実が、丹念に聞き取られている。慰安施設提供者・管理者の立場を浮き彫りにするものであるが、「皇軍」慰安施設から進駐軍の特殊慰安施設へ、日本政府の対軍人用女性政策の一直線の連続性を示す、きわめて重要な証言記録である。

第四は、河本一郎へのインタビューであり、彼の原稿を補完するものである。そこでは、最初は共産党に惹かれながら、しかし政党所属の組織人としてではなく、一市民として子どもたちと共に平和運動を進めるという、核被害の最大の当事者としての子どもに寄りそう、河本の自立的平和運動への歩みが語り出される。日本の平和運動史を、被爆の後障害という永続的な放射線障害の原点に立って理解する、最も重要な素材を河本一郎と「折鶴の会」の歩みが与えている。

第五は、広島市の観光課長山本芳雄など観光関係者へのインタビューであり、朝鮮戦争期における米軍兵士の広島観光から始まる、市の観光政策の立ち上げが興味深く示される。そこには、広島復興計画における観光政策の重要性と、「国際平和都市広島」の形成史を再考する素材が与えられている。

その他にも、外国人登録業務の立ち上げに関する広島市渉外課長の新出政雄、広島の共産党リーダー松江澄、さらにM事件の弁護士本間大吉など、インタビュー記録が豊かに挟み込まれている。それぞれが個性のある人物であり、それぞれの専門分野の歴史的現実が鮮明に語り出されている。まさしく、こうした被爆後の広島を生きた多様な関係者（アクター）の生の声こそ、核時代の原点の記録であり、核時代史研究への基本的素材を提供してくれていると言ってよいであろう。

以上が、個別インタビュー記録の有する意義である。だが、それらと並び、いやそれらの個別問題以上に、こうしたインタビューを可能にした当事者・小倉本人の被爆都市広島に対する理解のプロセスが重要であろう。たしかに、ユンクと行動を共にすることにより、通訳者として小倉はユンクのインタビュー方法を身をもって知ったはずである。だが、当初はなお半身のアルバイト作業だった。その小倉がユンクとの往復書簡を通して数ヶ月の間に、被爆当時の記憶を引きずりながら広島戦後史を生きた人々を記録する作業の重要性を理解し、その思いを世界に伝える使命を自覚し、広島に生きる決意を固めていく。そのプロセスと、同時に小倉の課題意識の展開をも、小倉書簡の「まえがき」部分は系統的に示している。

課題意識として重要なのは、被爆一二、三年後という歴史時点において獲得された、その間の広島復興史の歴史的評価であり、さらに、被爆の後障害に直面しての歴史認識・核時代の認識である。

第一の点について、一九五八年四月三日付書簡で小倉は広島復興大博覧会にふれ、大略、以下のように指摘する。すなわち、コンクリートの建物と道路で広島は復興しているが、それは歴史的記憶を失って「正常な発展の仕方」を進めることであり、日本の中都市の一つとなるだけで、「障害をもつ子どもが、大勢の中に紛れて自分の障害を隠そうとするようなものです」と。

この「正常な発展」を進める側から、五〇年代末には原爆ドームの取り壊しや長岡が収集した展示品の除去を求める声が強まる。そうした動きに対し、河本と子どもたちはいち早く危機感を抱いた。こうした動きは逐一、小倉からユンクに伝えられ、一九五九年八月五日付中国新聞に、原爆ドームの保存を訴えるユンクの論説が掲載される。長岡展示品の意義も、欧州での展示計画がユンクから繰り返し伝えられ、排除の動きは沈静化される。この過程を通して小倉は、被爆の記念碑としての原爆ドームと長岡展示品の保存はもとより、被爆関係の歴史資料の収集・保存こそ、被爆都市広島復興史の柱をなすものと認識していく。その後の小倉の渉外課長としての活動も、この問題意識に貫かれる。哲学的人類学者ギュンター・アンデルスの言う「破壊の破壊」をくいとめ、「破壊」の記録を保存してその記憶を伝える、「国際都市」広島の人類史的使命である。

第二の点について、焦点は河本と子どもたちによる「原爆の子の像」の建設とサダコ物語にある。一九四七年から五三・五四年ごろまで、蜂谷道彦やABCCの主張にも示されるように、原爆症は消滅し、放射線の影響はないとする言説が支配的であった。国際的には、むしろ原爆の放射線の影響で病が治り、子を産めない女性が産めるようになった、といった記事が出回っていた（若尾、二〇一七年、二八四頁を参照）。ほぼビキニ事件・第五福竜丸事件と並行して、広島で白血病による死亡が被爆の後障害として注目されるようになり、五〇年代後半の中国新聞には「原爆症」の死者名が掲載され、その数は一年に三〇名前後に達した。「破壊」の後に続く「破壊」、終わりなき核被害の危険を伴う時代の始まりである。この時点で、プルトニウムに魅入られた大人社会への抵抗のシンボルとして、生きたい子どもの意志を託された折鶴の物語が生まれる。その創生記に寄りそった小倉書簡から、冒頭で示したユンクの言葉につながる、核時代認識への歩みを読み取ることができるだろう。

小倉書簡には、いわばユンクと小倉が共鳴し合って、核時代の苦痛を背負った人間状況を把握・記述しようとする、温かい息づかいがあふれている。そして、被爆（曝）と放射線の恐怖に人類が初めて直面した、その歴史状況の克明な記録がここにある。しかも、その状況は単なる過去のものではない。現在に重なり、未来をも覆う可能性を意識せざるを得ない現実がある。

たしかに、日本政府の消極性とは対照的に、二〇一七年には国連総会において一二二ヶ国の賛成で核兵器禁止条約が採択された。いま各国でその署名と批准が進められている。だが、そうした核兵器の廃絶を求める声の高まりにもかかわらず、核軍拡・核拡散・核テロの危険性はいっそう強まっている。核兵器の恐怖から、核爆発の知識から人類はもはや永遠に自由にはなりえないであろうが、最近の国際情勢はその直接的な恐怖をいっそう拡大させている。

のみならず、核兵器の原料となるプルトニウムは、原発の建設で膨大な量に達している。今やその核廃棄物管理の問題のみならず、繰り返される大規模原発事故により、取り返しのつかない核被害が現実となっている。核兵器の使用による「核の冬」であれ、放射性廃棄物や原発事故の絶対的な恐怖であれ、その恐怖を省みずなお原子力に魅入られ続けるのか。軍事力による紛争解決の果てにある、また電力乱用の果てにある、原子力利用が導く「終末」へとひた走り続けるのか。

そのことが問われている世界と、とりわけ日本の現況において、被爆（曝）状況を生きた過去の人々の思いを汲み取り、現在に生かす術が必要だろう。単なる自己の利那的な生存ではなく、未来へと続く、物質を超える精神性ある人間的存在のために。そのためのきわめて重要な素材を、この小倉書簡が提供していると確信する。

参考文献

Robert Jungk, *Die Zukunft hat schon begonnen. Amerikas Allmacht und Ohnmacht*, Stuttgart 1952. 菊盛英夫訳『未来は既に始まった』文藝春秋新社、一九五四年。

——, *Heller als tausend Sonnen. Das Schicksal der Atomforscher*, Stuttgart 1956. 菊盛英夫訳『千の太陽よりも明るく——原子科学者の運命』文藝春秋新社、一九五八年。

——, *Strahlen aus der Asche. Geschichte einer Wiedergeburt*, Bern 1959. 原田義人訳『灰墟の光——甦るヒロシマ』文藝春秋新社、一九六一年。

——, *Der Atomstaat. Vom Fortschritt in die Unmenschlichkeit*, München 1977. 山口祐弘訳『原子力帝国』アンヴィエル、一九七九年。

——, *Trotzdem. Mein Leben für die Zukunft*, München 1993.

R・ユンク「ヒロシマで會つた人たち——我々に必要なのはこの都市の市民への深い同情である」『文藝春秋』一九五七年七月号。

瀬谷肇「ロベルト・ユンク　広島、魂の旅」『朝日ジャーナル』一九八〇年二月二九日号。

NHK広島「核・平和」プロジェクト『サダコ——「原爆の子の像」の物語』日本放送出版協会、二〇〇〇年。

ユンク科研グループ（代表・竹本真希子）『ヒロシマを世界に伝える——核の被害なき未来を求めて』ロベルト・ユンク生誕百周年記念資料展関連資料、改訂版二〇一四年。

若尾祐司「世界に広がる記憶『広島』——一九五〇年代のドイツ語圏から」『歴史の場——史跡・記念碑・記憶』（同・和田光弘編、ミネルヴァ書房、二〇一〇年）。

——「反核の論理と運動——ロベルト・ユンクの歩み」『反核から脱原発へ——ドイツとヨーロッパ諸国の選択』（同・本田宏編、昭和堂、二〇一二年）。

——「反核の論理と運動——R・ユンクとG・アンデルスの交差」『二十世紀研究』（第一四号、二〇一三年）。

——「オーストリア国民と核技術の半世紀——『原子閉鎖』『原子力なし』への道筋」『核開発時代の遺産——未来責任を問う』（同・木戸衛一編、昭和堂、二〇一七年）。

本文の構成と翻訳について

（1）本文の特徴と構成

小倉書簡の基本は、ユンクの要望に応じて小倉が収集・取材した新聞記事など広島に関する資料の英訳にあり、いわば「ヒロシマ・レポート」集である。しかし本書では、この部分は文献名を示すだけで除外し、小倉自身の文章を中心に翻訳するため、「書簡」集の体裁に近いものとなる。そのため、「小倉馨のR・ユンク宛書簡」を本書の副題とした。

本来は、「ユンクと小倉の往復書簡」とすることが望ましいが、ユンクから小倉への書簡の所在は不明である。ほぼ一九五八年末まで、小倉はユンクからの書簡の受領を几帳面に記載している。したがって、相互の応答の日付をたどることはできる。小倉の週一回から二回へと増えた大量の書簡送付に対して、ユンクからの書簡は平均して月二回程度であった。ただし、その後は精確な記載はなされず、二一三通の小倉からの書簡に対し、ユンクからの書簡は六、七〇通にとどまると推定される。これまでのところ、関係するユンクからの書簡は一通も見つからず、失われていると考えざるを得ない。

したがって、ユンク側の要望や動向は、この小倉からの書簡や状況証拠によって推察できるのみである。だが、この往復書簡の性格からして、ユンク側の考えと動向は重要である。そこで、ユンクの

「ヒロシマ戦後史」理解への出発点を示すものとして、一九五七年七月五日付『世界週報（*Die Weltwoche*）』に掲載されたユンクの論説「広島での出会い」を、翻訳して最初に掲載した。そこに、『文芸春秋』一九五七年七月号のユンク論説（「はじめに」の参考文献を参照）と共に、ユンクの著作への基本構想が示されているからである。

また、小倉書簡自体についても、ロサンゼルスからウィーンへの移住、そして激しい欧州反核運動の渦中での執筆という、ユンクの動向にそって時期区分を行った。すなわち、五つの時期区分であり、それぞれの時期の特徴を示す題名を付し、書簡全体を五編に分けて本書の構成とした。

各編では、最初に、その時期の小倉書簡の概要を示す。次いで、小倉書簡の訳文を書簡の日付順に掲載する。この日付は当該書簡を書き始めた日付であり、たいていは四枚分を書き溜め、最初の頃は書き始めた日の一週間後に、後半は三、四日後に発送している。なお日付に続いて、当該書簡の主な内容を、小倉自身がほぼ五〇枚単位で整理した束の見出し一覧から取って、小見出しとして付記した。ただし、一九五八年八月の補遺部分など、訳者が小見出しを付けた箇所もある。

各編の末尾には解説を付けた。第一に、小倉によるインタビューの意義を理解するために、インタビュー対象人物の経歴と活動を概観しつつ、それぞれのインタビューの見どころを示す。なお、小倉が重視した一九五八年八月の中央公論の論説についても、第二編でふれる。各解説の執筆者名は、文末に記載した。

解説の第二は、ユンクの動向と執筆の状況である。当該の時期のユンクの動向を示すものとして、以下の史料を用いる。オーストリア国立図書館文書部（ÖLA：Österreichische Nationalbibliothek, Literaturarchiv）所蔵のギュンター・アンデルス遺品に含まれるアンデルスとユンクの手紙（Akz.-Nr：ÖLA237/04, Gruppe：2.5.16, Sig：Briefwechsel Günther Anders—Robert Jungk, 8.12.1956–6.1.1985）およびアンデルスと「原子禍反対闘争同盟」の代表者ボード・マンシュタインの手紙（Akz.-Nr：ÖLA237/04, Gruppe：2.4.13, Sig：237/B/474, Kampfbund gegen Atomschäden, 11.7.1957–8.6.1959）である（これらの手紙は日付順に整理されているので、出典表記は省略する）。また、二〇一二年にユンク図書館で若尾が収集した、出版社シェルツに宛てたユンクの手紙（現在はザルツブルク大学が所蔵）である。解説のこの部分は若尾が担当し、ユンクの足取りと思考の再現につとめた（参考文献の引照は文中に略記する）。

そして付録で、小倉の年譜と妻桂子のインタビューを通して、小倉の生涯を示した。また最後に、人名および事項索引と並んで、小倉が翻訳ないし要約して英訳した資料文献の一覧を添えた。

（2）翻訳について

第一に、翻訳の対象頁についてだが、小倉書簡には一〜八三六頁の通し番号が付されている。現在、まとまった形で入手できているのは一〜二五〇頁、三四九〜七四八頁、八〇一〜八三六頁の合計六八六頁分である。他に、二〇一二年九月にザルツブルクのユンク図書館で見つけた、ユンクの「ヒロシマ」ファイルに一〇〇頁ほどがあり、そのうち上記と重ならない部分は三〇頁で、その中に一九五八年八月前後の部分二五頁分が、かなりまとまって含まれている。本書で訳出の対象としたのは、これら合計七一一頁分である。残る一二五頁のうち、一九頁分は再タイプであり、また五頁分は断片的であるため翻訳からは除外した。一〇一頁分はなお未発見である。

第二に、翻訳箇所は、先にもふれたように小倉のユンク宛て文章やインタビューなどであり、また小倉宛ての手紙など未公刊の文章で個人情報に抵触しないものである。したがって、以下の部分は翻訳対象から除いた。①新聞・雑誌などで公刊されている記事。②一部が『灰墟の光』に収録されている、M回想記および河本一郎・時恵夫妻の原稿（これらの原稿そのものは、これまでのところすべて所在不明である）。③遺書や診断書など、直接に個人情報にふれるもの。④詩の原稿など未公開の韻文。

第三に、大量の文章をタイプ打ちした小倉書簡には、タイプミスや文法の誤りが多々残されており、読解の困難な箇所も多い。したがって翻訳に際しては、文意がスムーズに通ることに主眼を置いた。

第四に、通常の学術論文とは異なり、書簡翻訳の場合には日本語表現にともなう敬語の問題が付きまとう。しかし、この書簡の基本的な性格は資料の提供にあるから、敬語表現はできるだけ簡素化して翻訳した。これと関連して、原文には、つねに冒頭に「ユンク博士（Dr. Jungk）」、そして末尾に「敬具（Sincerely）」や「草々（Yours）」が記されているが、ここではユンク宛ての書簡であることは自明であるため、すべて省略した。なお、一九五七年八月一三日の書簡のみは、「ユンク博士」ではなく愛称の「ボブ（Bob）」による呼びかけである。また、文中に幾度か小倉からユンク宛ての領収書が書き添えられているが、その書式はほぼ同一であるため、初出のみを訳出し、以後は省略した。

最後に、キーワード A-bomb victim（ドイツ語では Atomopfer）の訳語について、広島では一九五二年占領解除後の「原爆犠牲者慰霊祭」や「原爆被害者の会」の結成に際して見られるように、一般に死亡者は「犠牲者」、生存者は「被害者」と区分して用いる傾向がある。しかし、英語 victim やドイツ語 Opfer にはこの区別はなく、邦訳『灰墟の光』でも生存者を「犠牲者」と訳出している箇所が見られる。したがって、「原爆犠牲者」と「原爆被害者」をそれほど厳密に区別せず、さらに「原爆被爆者」の訳語をも含めて互換的に用いた。もう一つのキーワード「放射能」radioactivity は、実際には放射線（radiation）を指しているケースが多くあり、本書では「放射能」とあわせて「放射線」の訳語を当てた。

凡例

・書簡本文の表記は、原則として新字体で統一した。
・明らかな誤記は、とくに断らずに訂正した。
・訂正に際してとくに断る必要がある場合や、文章理解のために補足・訂正を加える必要がある場合、さらに判読不能の部分などについて、訳者注を［ ］でほどこした。
・表記未確認の人名などはカタカナ書きにし、そのほか判読や解釈の困難な箇所は［?］で示した。
・人名や用語など補足説明が必要な言葉には＊を付し、その段落末に説明を加えた。
・（ ）は原文のものである。理解のために必要と思われる箇所にも（ ）を付した。
・見やすさを考え、行替えは追加して行った。
・小倉による手書きの書き込みは、必要なものに限り太字の楷書体で書き入れた。
・文献・資料の翻訳や要約箇所は▽記号で示した。
・文献・資料の原題は【 】で示した。
・文献・資料のうち、原資料を確認できないものを訳出した場合は、《 》で示した。既刊文献を引用した場合も同様である。
・『中国新聞』など周知の日刊紙や雑誌は『 』を省略した。
・プライヴァシー保護のため、省略またはイニシャル表記を行った箇所がある。
・差別的な意味合いを含むため現在では不適切とされる言葉についても、歴史的資料として、そのまま翻訳した。

ロベルト・ユンク「広島での出会い」

広島で最初に見たのは、列車に押し寄せる娘たちのにこやかな笑顔と明るい声の波だった。何十人もの娘たちが腕を差し出し、小柄な美しい女性とたくましい若い男性に向かってサイン帳を振っている。二人は日本の有名な映画スターで、この原爆都市を短い間訪問し、いま夜汽車で東京へ帰るところだった。この殉教都市は私のイメージの中では、つねになお爆撃後の最初の写真のままであり、人間によって作り出された廃墟だった。この内なるイメージを押し除け、一九五七年のまったく別の現実がようやくしだいに私の心を占めていった。そして、汚染された荒地から再び現在のほぼ四〇万人が暮らし、とりわけ享楽の中で生活する、現代的な事業都市を作るのに一二年足らずは十分であると、学習したのである。

だが、このネオンサインの光輝く興奮と活気に満ちた広島と折り合う間もなく、新しく得た見方は再び揺り動かされた。われわれ、すぐに友になる通訳者で協力者のカール・小倉と私はこの町の中心から離れ、このデルタの東にある最も幅の広い川を渡り、古い木箱やぼろぼろの厚板の余りで建てられたバラックの中にいた。ここは、現代的コンクリート建築の建つ記念碑的な平和の中心地から、およそ二キロメートル離れているにすぎない。すぐ近くに、繁栄に輝く中心街がある。また、桜の花枝で飾り立てられた何百という数の娼家の街路があり、そこには、この町にもたらされた一九四五年八月六日の恐怖の出来事を生き延びた犠牲者の幾人かも住む。［このバラック街の］生存犠牲者たちは、「ピカドン」（閃光）の日より以前にはほとんど全員が中産階級に属していた。しかし、あの日より長年、臨時雇い以上の仕事をするにはあまりに病気がちで虚弱であり、社会の階段を何段も降りた。新しい種類の賤民（パリア）である。市民の多くは破局の後に移り住んだ者であるが、彼らの大半は生存犠牲者を避けて通る。火傷や過度の放射線量に起因する苦しみが「感染る」と恐れ、あるいは単純に、密かに作用する内部破壊を物語る、黄ばんだ象牙色の顔を見ることに耐えられないからである。長年窓もない物置小屋の床の上で、植物人間のごとく生きねばならなかった痩身の老婦人を見たとき、そして彼女が現在の貧困よりも過去の豊かさをいっそう多く語ったとき、この外面的な再建で非常に誇らしげな広島が、なお今日も完全に原子廃墟であることを私は理解した。

原子賤民（パリア）

病み衰えゆく人々、この身体障害者、身体棄損者、骨格を「ミツバチの巣箱のごとくスカスカにされた」貧者たちは、いったい何者か。あの最初の原爆攻撃の生きた「瓦礫」ではないのか。彼らの多くは隠れて生きている。数ヶ月前から初めて可能になった無料診療も、彼らを閉ざされた世界から引きずり出すことはできない。なぜなら、「原爆の犠牲者」として知られるなら、その子どもたちも原子の傷痕（スティグマ）に苦しめられるからであり、健康な人々は、奇形児への恐怖から原子攻撃の生存者やその子どもたちと、結婚しようとしないからである。

自分自身は身体の損傷を受けることなく当時この町にいた人たち、あるいは原爆で親族を失った人々も、世界の破滅にも似たあの出来事の影響を心の奥深く受けている。彼らは、たしかにこの「忌まわしい日」を忘れたいし、それが話題になるとすぐにその場を離れる人も多いが、忘れることはできない。最悪の恐怖のイメージは、彼らの心の中に消しがたく刻み込まれている。信じられないほど強力な原爆の光線が、物体の影を石版や家の壁に永遠に刻み込んだように。

一人の殺人者と一人の聖者

この心の動揺の影響から、少なくとも一人の人間が殺人者となる事例があった。二七歳の殺人者Mは、二、三年前にエレノア・ローズヴェルトが広島を訪問したとき、刑務所から彼女に手紙を送った。「私の両親の家の上に恐ろしいキノコ雲が立ち昇らなかったなら、ここにはいなかったでしょう」と。キリスト教の刑務所教戒師が彼のかばんの中から取り出したこの手紙がきっかけとなり、私はこの訴状の書き手にインタビューを行った。思慮深く、まさしく純真な面持ちのこの若者は、刑務所の面会室で二、三時間私の前に座り、話してくれた。原爆から生じた道徳の荒廃が彼にどのような影響を与え、闇商人の毒殺に至ったかを。頭をつるつるに剃った彼は、犯罪者というよりも、むしろ試練と清めの炎を潜り抜けた仏僧に似ていた。かつてのMは特別に繊細な子どもだった。「小さな本箱ほど好きなものはなかった」と、彼は追想した。「けれども八月六日、燃えさかる町、うめき死にゆく裸の人々の町から比治山公園の両親の家に戻りついたとき、半狂乱になって本のところへ行き、引き裂いた。こんなことが起こるとしたら、何のための本だったのか。どんな言葉も、どんな法則も、もう無駄だ。印刷された頁を力のある限り引き裂き続けた。夜が明けて、自分がしたことを後悔した。まだ破いていなかったものを、すべて集めた。しかし、どんなに努力しても、一冊として元に戻すことはできなかった……」と。

このMと何ほどか似た衝撃を、広島から遠くない発電所で、一人の青年労働者が経験していた。その名を河本といい、私が彼に会ったのは原爆の投下中心地点からそれほど離れていない、彼のバラック住居だった。彼にとっても、あの地獄の日々を見たことは忘れられない衝撃となった。しかし、この心の動揺の河本への影響は、破壊的ではなく建設的だった。「今から全生涯を平和と人類愛に捧げなければならない」と彼は自分に言い聞かせた、という。戦後すぐに、安定した発電所の職を捨て、自分の意志で日雇い人になった。その時から彼が続けている日雇い労働であれば、原爆の生存犠牲者に小さな奉仕を行う時間がいっそう多く得られるからだった。外見はむしろ地味で、無骨でさえあるこの人物の善良さ、無欲さは、彼を知る人誰もが賞賛する。河本の静かな支援活動を長年見てきたメソジスト派の女性伝道師が私に語った。「彼はたしかにキリスト者ではありません（そして、彼が当地で出会ったキリスト者の大半が、他人の不幸に対して見て見ぬ振りをしている限り、キリスト者になろうとはしません）。しかし彼は、私の知人たちの中で聖者と言っていい最初の人です」と。

病院長が〈罷業〉

後に殺人者となるMは本を破ったが、言葉と学習の価値に対するこの疑念は、原爆による破局への最も強い反応だった、と蜂谷博士が説明してくれた。彼は『ヒロシマ日記』の刊行で世界に知られた逓信病院の院長である。「私は父の影響で野心家に、また本好きになりました」と蜂谷は回想した。「出世することを父は望み、私は大学に行き、試験に受かり、医者として成功しました。しかし、それで何が良かったのか。あの時、自問しました。家族と一緒に農村の小さな家に引き上げ、医者の職業を止めようと決めました。今後は、その単純さで自然が誰にも与える美しさだけを楽しもう、と思いました。自分の生涯の残りは、波と月を眺め、明け方の静寂を楽しもう、と。しかし、妻が心配し始めました。私が病院に行かないなら、いったいどうやって暮らしていくのか、と問うたのです。ある日、町中で誰かが話してくれました。『蜂谷さん、奥さんはじきに優れた舞踏家になりますよ』と。私はいささか驚きました。妻が踊れるとは、まったく知らなかったからです。夕方やさしくこの話を切り出すと、舞台に立つべく練習しようと、しばらく前から踊りに取り組んでいたことを、彼女は認めました。家族の中の誰か一人は、稼がなければならない、と。私は打ちのめされ、恥ずかしくなりました。これで、私の私的な反逆は終わりとなりました」。

原爆破局の「考古学者」

あの大きな不幸の最初の時点から広島の人々を。汚染された殉教都市の大地に、七〇年間草木は育たないという広く流布した主張を覆し、廃墟の中の雑草の芽生えと急成長を目の当たりにした興奮を。警察に煩わされることなく、なお居残っていた少数の人々を幾人かの無法者の頭たちが支配した、あの戦後の最初の時代を。こうしたことを語りたいなら、その話はほとんど自動的に、つるはしを携えたあの男に行き着く。毎日、瓦礫の山を登っては掘り起こし、壊れた石片、炎の熱い息でゆがんだビン、焼け爛れた木製バスの残骸、ぼろぼろの衣服で、リュックサックを満たしていた男である。これが長岡教授（ママ）――きわめて啓発的でわかりやすい広島原爆資料館の、現館長である。

長岡は終戦時、大学の地質学者だった。そして、新型爆弾の強力な光線と異常な高熱によって、どのような、通常にはない新しい鉱物学的現象が生じたのか、岩石研究者として関心をもち始めた。鉄の表面に発疹のごとく吹き出た黒いシミのついた古い寺院の鐘であり、材木や御影石に焼きつけられた「影」であり、この影の方向から爆弾投下の正確な場所も突き止められた。これこそが、破局の証人たちである。ここ以外では、天変地異の自然事象にしか見られないものである。大学からの委託なしに、この現象の研究は義務であるという信念に駆り立てられ、生き延びた科学者長岡はこの作業にとりかかった。瓦礫の中から人々は、とりわけ闇市で食料と交換できる金属を掘り出していた。この学者は、そうした「くず鉄」には目もくれなかった。それどころか、「金属」あさりたちが捜しているものを見つけると、その場所を彼らに教えてやった。この無欲な行いのため彼には、もはや正気ではないという評判が立った。しかし、こうして彼は全世界に比類なき唯一のコレクションへの基礎を置いた。他の人々のように食料を家に持ち帰るのではなく、パンの代わりに石を引きずって、夫は幾度も帰ってきた。その当時、この教授の妻はいささか立腹気味だった。しかし、夫の無欲の献身がいかに重要か、教授の妻もじきに理解した。

私は二週間広島に滞在した。普通なら外国人は二、三日の滞在で済ますだろう。この期間は、私の生涯の中で最も刺激的な一四日間だった。なぜなら、現代の戦争がもたらす最大破局の影響を追跡する中で、聖人伝劇（Legendenspiel）の中に入り込んだと感じたからである。たしかにそこに示されたのは他のどこにもない過酷な心情であり、他方で「普通の」戦災都市のどこにもない献身と無私の支援の手であった。この破局の突発性と全体性は「最後の審判」の作用をもった。そして、最高度の辛苦の瞬間には、道徳的に自己を保つことはほとんど不可能であることが示された。しかし、例外的な少数者によって無限に多くの事柄が成し遂げられた。彼らは負傷者の手当てをし、孤児を世話し、ホームレスのために家を建て、病人を助けた。こうした支援者の中に日本人、オーストラリア人、イギリス人、ドイツ人、アメリカ人がいた。現実の人間愛は「国民」や「人種」を知らない。誉れあれ！　一握りの勇敢で偏見なき人々。彼らこそが、この破局よりもいっそう強いのである。

（『世界週報』一九五七年七月五日号）

第一編　共同作業に向けて

——一九五七年五月末から同年末まで

平和記念資料館下で遊ぶ子どもたち（後ろに工事中の原爆慰霊碑。1952年）

概　要

小倉書簡は一九五七年五月二五日付のものから始まる。書簡の名宛人であるユンクは、この時期、十年ほどの米国生活に区切りをつけ、ヨーロッパへと帰還する。各地を転々とする日々であり、まず、五月一五日にユンクは広島駅から東京に向かい、フェヤーモント・ホテルに宿泊して、一八日に羽田を発つ。そして、ロサンゼルス到着後すぐに妻子と共にニューヨークに出て、船でイタリアへと向かい、スイスの保養地アスコナに滞在し、夏場はザルツブルクで過ごし、九月末にウィーンに落ち着く。この計画を小倉は前もって知らされ、当初の送付先をアスコナのホテル宛てと指定されていたと思われる。つまり、小倉書簡は六月末までは同ホテル宛てに、七~九月は指定されたザルツブルクのホテルに、そして一〇月以降はユンク一家のウィーンの住所である高級住宅街区のホーエ・ヴァルテに送られたと推測される。

さて、小倉が託されていた任務は、何よりも長岡省吾、河本一郎、M一夫などの原稿を入手し、翻訳して送ることである。しかし、これは書き手たちの都合により、すぐには進まない。そのため、まずは自分でできる作業から手を付けたものと思われる。

第一にとりかかったのは、中国新聞の記事である。被爆直後の時期の新聞は広島市内にはなかったため、呉の市立図書館に出かけていき、そこで一九四五年八~一二月の記事に目を通し、この時期の状況を示す重要記事一九本の表題をメモし、それを英訳してユンクに書き送る。そしてその内容が必要か否かユンクの返事を待って、翻訳に入る。ユンクの返事は「すべて翻訳」だった。また、原爆孤児の問題と関連して、二年前の似島学園の森芳麿学園長の公金横領容疑での逮捕記事に注目する。関係記事を収集し、さらに学園を訪れて遺書にふれ、この容疑は事実無根という確信を深めて、翻訳・送付する。そして、浜井信三（前）市長の七四回にわたる連載記事であり、この関連で浜井へのインタビューがまず行われた。そして、ユンクの要望に基づく五一回分に小倉自身の判断も加えて二つ追加し、翻訳する記事五三回分のうちの三分の二ほどが年末までに送られる。これが、分量的にはこの時期の最大部分をなす。

第二に、最も重要なのはM一夫の原稿であり、九月末に入手し、二二九枚すべてを年内に翻訳して送る。M一夫は一九五〇年の夏、ドル売買をもちかけてブローカーをだまし、毒物を混入したカルピスで一人を死亡、二人に重傷を負わせ、刑に服していた。Mの原稿を得てユンクは、年明けにはいったん執筆の態勢に入る。

そして第三に、広島大学の心理学教員久保良敏が聞き取って記した広島大学関係者四二人の被爆直後の証言記録から、一〇人分を（おそらく久保が）選び出し、そのうち七名分の記録が翻訳・送付される。

小倉書簡（一九五七年五月二五日〜一二月三〇日）

一九五七年五月二五日［中国新聞記事］

帰りの旅はどうでしたか。愛する奥さんとお子さんに会える楽しみで、素敵な旅だったことでしょう。あの短い日々のことを、これまでに私が経験した最も印象深い日々のことを思い出しています。あなたと過ごした日々は、とても大切な、心温まるものでした。この出会いに私は感謝します。高い山々は、まだ雪に覆われているでしょうか。それとも？　私はなんとものの知らずでしょう。

さて仕事です。

五月一六日　写真帳とスクラップブックを長岡［省吾］氏に返しました。ユンク氏の写真の入った記事を中国新聞から受け取りました。一部を長岡氏に渡しました。

五月一七日　［東京の］フェヤーモント・ホテルからの、あなたの手紙を受け取りました。M［一夫］への質問が列挙されていました。そこに、「彼への千円札を同封しました」とありましたが、驚いたことに入っていませんでした！　ですので、これを知らせようとすぐに「速達便」を出しましたが、きっと間に合わなかったに違いありません。ただ、このことはウィリー［・富樫］に話しました。

五月一八日　吉川豊が集めた森芳麿*の手紙をウィリーから受け取りました。翻訳した質問一覧はウィリーに渡しましたから、Mに届きます。

*森芳麿（一九〇二〜一九五六）は似島学園の初代学園長。第二代学園長は吉川豊。彼らは広島県・市に働きかけて、広島湾内の似島にあった旧陸軍施設跡地を借り受け、一九四六年九月に三四名の児童を受け入れて広島県戦災児童教育所似島学園を設立した。森には公金詐取嫌疑がかけられたが、本書五三七頁の中国新聞コラムにあるように、四年後にはその疑いは完全に晴れる。同学園は二〇〇二年にペスタロッチー教育賞（広島大学）を受賞する。なお、後に登場する「上栗所長」は、同様に引揚児や戦災児の児童福祉に尽力した、児童養護施設・広島新生学園の設立者である上栗頼登。森の遺書は、戦後広島における児童福祉の開拓者となった三者の強いきずなを窺わせる。

森の手紙の翻訳を進めています。中国新聞の記事の翻訳は終わりました。これらの記事は次の手紙で送ります。昨日、呉の図書館へ行きました。戦後、朝日と毎日が協力し「代行して」、中国新聞の名前で、小倉で記事が印刷されたことを知りました。そのため、記事はたいていが全国ニュースで、地方の社会ニュースを意味する、いわゆる三面記事ではありません。しかし九月からはしだいに原爆投下に関する記事、とりわけ科学的データに基づくものが見られるようになりました。次の手紙で、そのリストを送ります。

中国新聞の記事を訳します。

▽一九五七年五月一五日【録音室　世界週報記者ロバート・ヨンク氏（チューリヒ、スイス）　立派な都計に感服　道路公園　管理をもっと十分に】

今回お送りするのはこれだけにします。写真も入るため、かさばりますから。次の手紙ではもっと多くの情報を送ります。期待してください。

お送りする手紙の順序がわかるよう、封筒に封をするとき、一、二、三、……の番号を振ります。また便箋には一つの手紙から次の手紙へと連続する通し番号をつけます。お送りするものの順序をすべて追えるように。

そういうわけで、この手紙の中身は以下のとおりです。

①吉川（きっかわ）［清］氏の写真　焼き増し五枚とネガ五枚

②写真のレシート　八六〇円

③中国新聞の記事二件

④手紙

私の新しいタイプライターはいかがですか。高価なものでしたが、自分で小さな文字でタイプできるため、なるべく多くのことを取り扱いたいと思います。

この最初の書簡が無事に届くことを願います。広島は再び雨です。しかし、コックドール［堀川町にあったレストラン］はまだ営業中で、中国新聞社は以前にもまして忙しくしています。

一九五七年五月三〇日［中国新聞記事、森］

五月二五日付の最初の書簡が無事に届いたことを願います。吉川氏の写真の焼き増し五枚とネガ五枚、あなたのインタビューについての中国新聞の記事二件、写真の支払いのレシート、便箋二枚の手紙が入っていました。

▽中国新聞一九四六年六月九日夕刊【彼らに与えよう「母の涙」 街の浮浪児がつづる黒い日記 あやしい闇市の誘惑 類が友を呼んだ五人組 みんな父のない子】

地方ニュースです。［一九五七年］五月二五日 カトリックのケルン大司教の［ヨーゼフ・］フリングス（日本語の発音［を音写したもの］ではFlingsで、綴りはわかりません［正しくはFrings］）が広島を訪問した。

ゲッティンゲン宣言への賛同声明を日本の……［判読不能］ことはご存じでしょうか。

▽中国新聞一九四六年六月二七日夕刊（「君たちは太陽の子ども 草津母子院（孤児院）の孤児日記 上栗所長と一四人の女教師」）【キミタチこそ太陽の子 草津母子寮の「みなしご」日記 悪かった とボクタチにわびて 先生は指を切った 声をあげて泣いた皆んな】

▽中国新聞一九四七年六月二八日夕刊【マダムは何を覗いたか？ ヤミ屋さんは上客 金ばなれの悪い泥棒】

▽中国新聞一九五五年四月一一日夕刊【けさ似島学園を捜索 森園長、退職金など詐取？】

▽中国新聞一九五五年四月一二日夕刊【時評 似島の問題】（最近の風潮についての評論——社説ではありません）、【ゆうかん 調】（風刺のきいた短評）

逮捕が取り調べに続きました。逮捕後のエッセイや社説はありませんでした。おかしなことですが、市民の声を取り上げた記事は見つかりません。

▽中国新聞一九五五年四月一九日【森園長を逮捕 「似島学園」の不正事件】

▽中国新聞一九五六年四月九日夕刊【似島学園長自殺　十日の求刑を控えて】
森氏が残した遺書です。
▽吉川豊先生あて遺書、［妻］玉代あて遺書、人びとへの遺書

これら二通の遺書は別々の紙（五×七［単位は不明］）にインクで書かれていました。吉川先生、妻、上栗先生にあてた手紙は他にもいくつかありますが、自殺とは直接関係ありませんので、別の機会に翻訳しタイプします。

一番目の書簡で述べたように、呉の図書館で見つけた、注目すべき記事の見出しを書き留めます。ご覧ください。どの記事についてより詳しく書くべきか、返事をください（［中国新聞］一九四五年八～一二月）。

八月二三日　【原子爆弾現地調査報告　防衛本部　鳥居技師】
九月四日　【食糧品の配給拠点　広島市内に二〇ヶ所】
九月四日　【広島の被害世界一　日米記者団が一問一答】
九月七日　【残留市民十三万人　すでに都市計画図も完成す　再建広島語る高野知事】
九月一〇日　【嘘だ、七五年説　連合国の原子爆弾調査団来広】
九月一三日　【全壊は市が整理　半壊家屋は修理材料】
九月一七日　【絶対よそう胸部露出　中国連絡本部から特に若い婦人に】
九月一八日　【橋は落ち、道路は湖　台風広島県下を襲う】
一一月五日　【郷土の復興いつの日】、【米兵も祝う本社復興祭】

一一月一〇日【福屋にも映画館　暫くのご辛棒　広島市民の娯楽】、【来月中には全市に送水　出ない水道に広島市の弁】

一一月二二日【広島市の人口　十三万七千　被害直前は十八万三千】、【バラックにも表札を　郵便局からお願い】

一二月四日【罪は何処にある？　暴力化して来た少年犯罪】

一二月一〇日【正月用にお酒一升　復興の意気発揚にもと　財務局が近く特配する】

一二月一三日【浜井氏任就（ママ）　広島市の助役】

一二月二四日【生活の確保は此一手　広島にも消費組合結成】、【広島に天然痘】

今日は以上です。この手紙は、［スイスへの］あなたの到着前に届くでしょうか。

一九五七年六月一〇日［森、浜井］

五月二三日付のロサンゼルスからの手紙、ウィリーを介して拝受しました。ノートを失くされたと知って本当にお気の毒です。どのノートでしたか。情報のすべてを記録したものでないとよいのですが。［お知らせした］私の住所と、フェヤーモント・ホテルにお送りした書簡は、それほど重要なものではありません。出版の計画に関するいかなる資料も含まれてはいませんから。ただM氏へという千円札の件は、調べていただきたいと思ってお知らせしたのです。すでに一番目の書簡で記しましたが、この千円札は入っていませんでした。

今はスイスでしょうか。生活を落ち着かせるために、忙しくされていることでしょう。私のほうは、二番目の書簡をお送りした後、その後の週は多少とも次の資料の準備に集中しました。

次の主題に入る前に、森の手紙を片づけてしまいましょう。

遺書に関して、同じ用紙に、こちらもインクで書かれた、子どもたち宛ての別のものを見つけました。

▽森学園長の、子どもたちなど関係者宛ての遺書

吉川先生と上栗先生に宛てた二通の手紙は、どちらも同じ自殺四日前の四月三日付ですが、この事件を心理的側面から説明してくれるかもしれません。

▽森学園長の、一九五六年四月三日付吉川および上栗宛ての手紙

あなたの関心を引くかもしれない短い書き付けが、あと二つあります。

《幸福に値するものたちに苦痛を与え、
救いを求めるものたちから救いを取り上げ、
私は幸福に欠けることはなかった。
しかし、その幸福さえも保つことはできなかった。》

ペスタロッチのこの言葉は、仕事の失敗を振り返っての弁です［出典不明］。私も自分の人生を、よくよく振り返っています。

もう一つのメモは、封筒の束をまとめた紙片に走り書きされていました。

▽森学園長遺書

以上で、似島の事件と学園長自殺について見つけたものはほぼ終わりです。他の角度からのご質問があったら、お知らせください。

あなたの著作［英語版の］『未来は既に始まった』、ウィリーから受け取りました。心からお礼申し上げます。内容の大半を拝読して、たいへん興味深かったです。それだけでなく、あなたの叙述方法やテーマへの接近方法、そのテーマが読者にどのように提示されるかも知りました。次の著作に期待しています。

あなたが東京で見た映画の題名について、お知らせします。『満員電車』［市川崑監督、一九五七年公開］といいますが、人がいっぱい詰まった路面電車のことです。制作者の意図は、農村の若者が都会に出てきて、現代的で冷たい設備の数々に囲まれ、いかに巨大な都市のメカニズムに取り込まれていくのか、それを示すことでした。あなたが本で取り上げてきたテーマと、どこか似たところがあります。

文芸春秋［一九五七年七月号］にお書きになった「ヒロシマで會つた人たち」は、二、三日前に出ています。写真がすてきです（実際、ハンサム！）。人物説明も十分になされています。来るべき著作のよき先触れです。

さて、次の話題は広島の政治についてです。前の市長である浜井［信三］と、六月一〇日に彼の家で良い話ができました。あなたから依頼された問題に対応するため、また原爆報道の検閲とも関係して、最初に何らかのかたちで連合国軍の圧力があったか、という問題を持ち出しました。

一九四七年、日本で最初の公選が行われました。浜井市長は当時広島市の助役で、他の候補者との接戦の末に、その候補者が辞退し、最終的に市長に選ばれました。この候補者は、もう一人の助役でした。彼が思い出すことには、現在のＮＨＫの地方［ラジオ］局の中に検閲を担当していたＣＩＤ［Ｇ－２（参謀第二部）の民間検閲支隊（ＣＣＤ）の誤記か］の事務所があり、この選挙のとき、原子爆弾に関する問題を選挙演説の放送に取り上げないようにとの命令が出されたと言います。すべての原稿は放送される前に検閲されました。しかし巧妙なことに、この命令は書面では出されませんでした。あるとき、選挙候補者が演説している最中に、ラジオ放送が打ち切られたこともありました。

実のところ、彼は検閲に関するいかなる文書についても、その存在を思い出せませんでした（このことについては、中国新聞やＮＨＫに対して、私もあらためて確認しようと思います。ＮＨＫはすでに、何の記録もないと言っていましたけれども）。

浜井市長が指摘したのは、広島の諸問題で援助の手を伸ばすことに、日本政府自身は非常に慎重で抑制的だったという点です。ＧＨＱに対して気がねをする感覚です。

ＧＨＱに対して政府がこのように躊躇する感覚について、彼は広島平和記念都市建設法に関連する一例を挙げました。ご承知かもしれませんが、復興に向けた最大の課題は財源で、そのためには法律が不可欠でした。彼が最初に、市議会議長である任都栗［司］氏にこの提案をしたときは、いい計画だがとても難しい、もし市長が強く主張するのであれば私も力になりましょう、という答えでした。

そこで、東京にこの案を持っていき、トップレベルの政治家と相談をすると、彼らは皆、特別な状況にある広島を助ける必要を感じていました。しかし、主要な都市のほぼすべてが［空襲による］なにかしらの損害を受けているという事実があるなか、広島に対する特別の支援は非常に難しいと感じていました。さらに重要なことは、GHQがそのような提案に同意するか否か、疑問だったのです。そのため、この問題を解決する最も手っ取り早い方法は、直接GHQに持ち込むことだと市長は考えました。もし彼らが同意をすれば、すべてのことはうまくいく、と。市長一行は［GHQの］国会担当であった［ジャスティン・］ウィリアムズ博士に会いました。ウィリアムズは彼らの提案を注意深く聞き、驚いたことにこの要求に同意し、この法律を制定するために援助し、支持をすると言いました。ウィリアムズは、これまでは国内的な方針の法律しか出されていないが、この法律は議員立法によって象徴的な平和都市を定めるという点で、国際的レベルの重要な意義をもつだろう、と述べました。また許可を得るときが来たら、自身がGHQに出向いて［ダグラス・］マッカーサー将軍に説明し、署名してもらう、とさえ付け加えたのです。

帰って政治家たちに会うと、彼らは大いに驚き、素晴らしいと称賛しました。そしてGHQの反対がないのであれば、みな広島を援助する意志があると述べました。日本の有力な政治家の一人である星島二郎がGHQと話す機会を得たとき、彼は広島の市長が持ってきた案は本当にGHQの同意を得られたのか、と用心深く尋ねました。答えは肯定的で力強いものでした。そして政府はこの待望の法律を制定し、予算を計上したのです。

この例が示すのは、広島とその厄介な原爆災害に関する、日本政府のGHQに対する躊躇や遠慮です。

GHQの圧力に関して言えば、原爆の効果を誇張するような宣伝をしてはならないという警告はありました。これは言論の自由に対する圧力と呼べるかもしれません。しかしそれを除けば、彼［浜井］は特別の指令を少しも思い出しませんでした。

ただ、この点で引き合いに出された興味深い一件は、注目に値します。長崎大学の永井［隆］博士による有名な本『長崎の鐘』が、その頃に出版されました（もし必要なら詳しい情報を手に入れておきます）。この本には、寝たきりで死の淵にある著者によって、原爆の惨憺たる影響が書かれていたため、発行が許可されるまで長い時間がかかりました。そして、最終的な解決方法として、出版社はこの本に、日本が行ったマニラ市民の虐殺の記録を挿入しなければなりませんでした。そうした脅威を与えたのは一方の国だけではなく、相手側も同じであった、という印象を与えるためでした。

市長は、ＧＨＱの政策は実に巧妙で、多くの命令はいかなる文書資料もなく、口頭で発せられていたと言います。概して、連合軍のせいでしたくてもできなかったようなことは何もなかった、と言います。しかし、喜ばしくなかった出来事についても彼は話しました。

一九四八年と四九年は、日本の労働運動が激しく展開され、非常に劇的な段階に入りました。［中国］地方軍政部は公安条例の制定を強要しましたが、それに対して市長はまったく否定的な立場を取っていました。集会とデモを制限することは、民主主義の原理に反するという確信を彼はもっていました。それは、自由の諸権利の剝奪を意味するものでした。

もしそのような条例の制定がどうしても必要というなら、全体の状況を見て中央政府がそのような規則を出すべき、というのが市長の見解でした。しかし、そうする代わりに責任はすべて地方自治体に押しつけられました。この条例は憲法に抵触しうるとさえ、彼は考えていました。名のある学者の中にも、この条例についてそのように解釈する人がいました。法律解釈の問題としては、［違憲かどうかは」微妙な点での、わずかな相違にすぎません。しかし市長は命令に抵抗することができず、彼の意志と良心に反して、ある妥協案を提案しました。すべての集会やデモについて、三六時間前に事前の申告を求める届出制度を採用するというものです。これは、市長の意志に反していた、厳しく権威主義的な許可制に対する代案でした（この件の詳細も、必要ならばお知らせします）。こうした決定により、彼は共産主義者と見なされました。共産主義者ということでは、この件以外にも彼は、［占領軍の］憲兵を説得するのに苦労があったようです。例えばある日、彼が共産主義者だという噂があるといって説明を求められました。彼は大変憤って、こういうことを言うのは不名誉なことであるが、現在、日本人の噂すべてを信じることはできないし、信じるべきでもない、と言ったそうです。噂がいつも正しいとは限りません。他人の失脚を目論んでの噂もあるのです。

別のことですが、公立の平和協会［平和祭の運営などを行った、広島平和協会のことか］の新しい役員全員に腐敗があると、彼は非難を受けました。どんな根拠があって、そのような主張がなされたのか、まったく疑問です。

共産党員の市職員を解雇するにあたっては、彼は心を痛めたようでした。軍政部は三二人の共産主義者がいるとほのめかしましたが、彼が見つけた本当の共産党員は四人のみでした（ご記憶かもしれませんが、これらの職員を市役所に復帰させるべく、この問題は法廷に持ち込まれました。その一人は、市役所の前のグリルで昼食を取った時に話をした男性です。去る間際に、私たちを案内しましょうと言った男性を覚えていますか）。

別の話題としては、「闇米の禁止」、やくざ抗争の全般的な概略、浜井の落選、記念碑をめぐる論争について話されました。しかし、その話についてこれ以上進める前に、今回は間隔が長く空いてしまいましたので、まずこれだけを送ります。

その他に、まる二冊のスクラップブックを渡されました。「原爆十年——広島市政秘話」という浜井の連載を切り抜いたものです（このタイトルは中国新聞がつけたもので、市長はまったく秘密のことではないのだからとあまり満足しておらず、市政回顧録というタイトルを望んでいました）。これは七四回の連載記事で、昨年二ヶ月続きました。翻訳が必要な記事を選ぶため、次の手紙で記事の見出しリストを送ります。すべての記事が詳細かつ有益ですから、あなたの本の助けになると信じます。

久保〔良敏〕教授に会い、八月六日から七日にかけての、大学教授やその他の人々四七（ママ）名の体験をまとめた記録集を手渡されました。行動と気持ちの両面で、彼らの実際の反応が記録されています。彼は優れたもの十点を選んでくれましたので、その翻訳を始めるつもりです。

ウィリーを通して玉井〔義治〕牧師*にお願いした質問表に、M氏からはまだ何の反応もありません。お待ちください。

＊玉井義治牧師は教戒師として広島刑務所で働き、受刑者に大きな影響を与えていた。同編『汝われとともにパラダイスにあるべし』（新教出版社、一九五四年）を参照。

伝説に関する本を二冊借りましたが、あなたのお求めに沿う適当な物語は、残念ながらまだ得られていません。二人の地方史家に会うつもりです。一人はＮＨＫ広島放送局の薄田〔太郎〕氏、もう一人は広島市立図書館長の田淵〔実夫〕氏です。

では、あなたの手紙がすぐにでも届くことを願います。さようなら。

一九五七年六月二〇日〔浜井〕

あなたから手紙が来ないのはなぜでしょうか。何も問題が起きていないとよいのですが。新しい環境に落ちつく際には、さまざまな問題が起きることでしょう。どうか無理はせず、新しい本に手をつけられるよう回復してください。先日、スイスのカラー映画を見ました。その美しかったこと！　映画の中にあなたの姿を見つけようとしましたが、無駄でした。

さて、先日中断した浜井の話から始めます。彼の個人的な見解についてです。

やくざの抗争は、広島でのみ見られる珍しい出来事というわけではありません。このタイプの抗争は、どの都市でもまったく一般的なものです。例えば、つい最近も別府で、広島と同じくらいの規模の似たような事件が、二つのグループの間で起きました。うち一つは市議会議員が率いていました。

広島では、岡組（「組」は党、グループ、チームを意味します）は、広島駅周辺の地区で勢力をもった古いやくざでした。それから戦後、小さいバラックが、駅の近くで急速に増え始めました（この都市の中心部は、まだ廃墟でした）。そしてこの時期、よそ者の村上が、これらの闇市の小屋を後見する利権を得ました。

日本語で「テキヤ」（これは品のいい言葉ではなく、辞書にも載っていません）と言いますが、彼らは自身の暴力で外部からの脅威を防ぎ、人々の安全を守る集団です。人々は自身の生活を支えるため、見返りに一定額の金を支払います。こうして「テキヤ」は、その区域内の土地や小屋を賃貸する権利をもちます。ご存知でしょうが、その当時、警察の力は弱く、実力をもつ彼らが秩序を維持したのは自然なことでした。［村上が］しだいに力を増していくことに、古くからの岡組は我慢がなりませんでした。劇的な反目が、こうして始まりました。

誰が誰を殺し、いつどこで何件の殺人が起き、その余波や最終決着はどうなったのか。これらのことを生き生きと描くために、記者である友人の金井［利博］*を訪ねなければなりません。これは、市長の見方に対する批判（ママ）としてです。市長は、これほどはっきりとは述べませんでした。

*金井利博（一九一七〜一九七四）は中国新聞記者で、後に原爆被災白書運動などに尽力。その遺品文書類は広島大学文書館に保存されている。

軍政部に関するもう一つの愉快ならざる記憶として、彼［浜井］は「闇米」の禁止令にふれました。最初に、日本では米は食糧問題において大変に高い地位にあることにご注意ください。私たちが米を「主食」と言うのは、米か大麦のみを食べることを意味しています。ビタミンの欠乏は、かっけという日本の典型的な病気につながります。昔と比べて、戦後は状況がとてもよくなっていますが、田舎の農家では魚や肉を食べるのは本当にまれなことです。米か大麦だけ、しかも大麦のほうを多く食べる生活です。それというのも、都市の消費者に米を送って金を稼がなければならないからです。そして、他の食物というと、大根、かぶ、葉野菜などの漬物を摂るのみです。これは極端な場合の話ですが、貧しい農民がどのような食生活を送り、米を大切に思っているかを示すためです。現在でも米の価格の上昇という問題は、内閣が辞職する原因になりえます。この問題が、今の日本で再び登場しています。若い世代や都会の人たちは、戦後はパン食の習慣を身につけていますけれど。

戦後、広島だけでなく日本中どこでも、闇米は都市に持ち込まれて売られ、また都市の住民は米を買うために農村に行き、宝石や美しく高価な日本の着物などの持ち物を売りました。こうして農民の「一尺祝い」が生まれました。紙幣が一尺に積み上がるとお祝いをするのです。これについては中国新聞社でお話ししたと思います。

ともかく、そのような環境で、どこの世帯もすべて闇市の米を何とかして買うことで、食べていくやりくり算段をしていました。どのような生活水準であっても、配給の米はまったく足りなかったのです。

軍政部は〔闇米を〕禁止することが必要だと考えて、浜井市長に統制するよう求めました。浜井市長が、現状の配給量に照らすと闇米を統制することは困難だと抵抗すると、軍政部長〔コワルスキー大佐〕は浜井にどうしたらよいか教えると応じました〔浜井回顧録48参照〕。「市長と警察本部長は闇市で米を買わずにやっていく、と新聞で広報しなさい。そうすれば市民も、二人〔のよう〕にするだろう」と。西村〔徳二〕警察本部長と浜井市長は当惑しました。命令は命令ですので、浜井は闇米禁止の広報を出しました。その後かなり長いこと、闇米を買わないようにと浜井は妻に命じていました。これは実際、彼の妻の人生の中でも、最も絶望的な時期の一つでした。

同じことが、闇建築にも言えました。建物を強く求める市民たちは、建材の配給を待つことができなかったのです。

次は、彼が三回目の選挙で敗北した理由です。

一、主要な理由は、市民が彼の二期八年の任期であきあきし、彼への関心を失ったことです。市民生活がそれほど良くはなかったので、気分転換が望まれました。なにか違うことへの、ささやかな期待があったのです。

二、若者や知識人から成る有権者の半分はこうした状況をよく理解でき、彼を支持しました。しかし、もう半分にとっては、市長が誰であろうと重要なことではありませんでした。

三、デマの影響です。

a．もし浜井が第三期目の当選を果たしたら、彼の恩給が膨大な額になるというものです。この恩給は公務員だけに与えられるもの（日本では、民間の会社はそのような特権をもちません）で、そのために一般市民には、この問題に本能的な反感があるのです。これは老獪な政治家が取る手段です。しかし、退職する市長に、そのような恩給はないのが真実です。

b．池永清真市議会議長がスキャンダルで逮捕されたことです。池永の逮捕は、この件に関して市長の何らかの関与がなければ考えられない、というデマが流されました。

c．選挙の三日前に、収入役の台寿治の証言がなされたことです。言うまでもなく、彼は後に無罪で釈放され、現在、市役所で地位を得て活躍しています。選挙の三日前になされたこの証言が致命的で、結局二〇〇〇票の差となりました（効果的な政治攻撃です）。

四、広島駅前、河岸沿い、基町（かつての広島城のあたり）に建っているバラックの撤去を彼が課題として掲げたことです。これは市の基本的な復興計画の一部でした。

五、彼の選挙演説です。「私は汚い策略で市長になりたいとは思いません」というのは実際、彼の本当の気持ちでしたが、彼はお高くとまっている（尊大だ）と考えている市民の間で反感を招きました。

反省することが多々あると彼は言います。しかし、彼が次期市長になれるよう、私は応援します。先日は料理屋であなたがご馳走したということを、彼の家で知りました。けれどあなたが次に広島を訪問するときに彼が市長の地位に就いているなら、名誉ある客人としてあなたを接待するでしょう。あなたのために何としても、彼を市長の地位に返り咲かせねばなりません！

［原爆慰霊碑の］碑文論争について話をしましたが、その前に、彼の「広島市政回顧録」［「広島市政秘話」、以下、浜井回顧録］の見出し一覧をお送りします。とても面白く有益ですから、あなたにお知らせしなければなりません。見出しは彼が書いたものですが、括弧内は中国新聞社による見出しです。［25番と26番は元の記事では順序が入れ替わっている。］

1　序文【火炎の中を市役所へ　「危い、ダメだ」　引止めの声、後に…　逃げて行く半裸体の群】
2　同前【真っ先に食糧手配　「心配なく」と路傍の市民に連呼　献身的な青年たちの奉仕】
3　同前【目覆う庁舎内の惨状　日暮れてなお県庁へ連絡に赴く　課員数人が奇跡の命拾い】
4　その翌日【路傍に累々瀕死の人　どうしてあげることが出来よう、すべもなし　「父は危篤」迷う公私の別】
5　応急措置【放射能症も赤痢扱い　順番待ちつつ多数の人が息引取る　治療に当った医師も倒る】
6　焼けなかった部屋・終戦の詔勅【のちほど知った「原爆」　蚊とハエの発生に遂に徹夜　終戦

詔勅で身心グッタリ】
7 生活諸物資の配給・黄金山事件【物資確保に苦心惨憺　食油の配給に消防ポンプまで動員　波紋呼んだ「黄金山事件」】
8 通常配給への切替え【ようやく正常配給へ　食品組合員の努力で業務を開始　損得抜きで活動の商人達】
9 軍服の配給【衣類配給に心血注ぐ　陰の奉仕を感謝される西条農校生　てこずった一万梱の軍服】
10 同前【軍服姿はんらん　楽だった海軍払い下げ交渉】
11 原爆症・大洪水【白血球が三千二百に　足の傷で原爆症に気づく】
12 木原氏市長に就任【勧められ助役に就任　感激した高松宮のご来広】
13 機構整備【再建の悲願こめて…「復興審議会」輝く発足】
14 復興計画【平和文化都市建設へ　将来考え百メートル道路設定】
15 同前【河岸緑地設定で紛糾　夢破れた広島駅都心移転】
16 緊迫した市民生活【食糧難で「草団子」も　防空壕生活はまだまし】
17 吹きさらしの庁舎・復興財源【財政難で都計進まず　不可解な県の事業介入】
18 復興財源・供養塔【石橋蔵相が堅い約束　旧軍用地払下げ　だが「追放」でゴ破算】
19 国際記者団の来広・外人顧問【「広島再建は米の責任」　市長発言に外人記者怒る】
20 復興会社の構想【「復興会社構想」立消え　市営製塩所も効果上らず】

21 市長公選【市長選立候補を決意　谷川氏不出馬で踏切る】
22 同前【山本氏辞退で市長に　悔い残す決選投票回避】
23 市長就任【まず市政の民主化を　市長就任第一声で誓う】
24 平和祭【盛上った「広島の心」　初の平和祭無事に挙行】
25 助役選任【難渋した助役の選任　三氏決定のいきさつ】
26 天皇陛下行幸【終始「涙」で御送迎　陛下御巡幸に感激の市民】
27 総合大学設立【岡山にとられては…　立遅れた総合大学設置】
28 同前【驚嘆した「事務能率」　中国軍政部を訪れて…】
29 同前【「設置構想」具体化へ　苦心した旧市工専の編入】
30 同前【「広島大学」遂に進水　寄付金割当は難航したが…】
31 電鉄報償金問題【契約問題で揉め抜く　年々一二五万円の寄付で落着】
32 平和美術展【美術展・音楽会で賑う　第二回平和祭は平穏に】
33 海外の救援運動【在米県人から一一万ドル　児童図書館も寄付金で】
34 同前【国境越えた「人間愛」　精神養子続々決まる】
35 平和記念都市建設法【復興財源獲得に狂奔　猛陳情でやっと五千万円】
36 同前【平和記念都市建設法案成る　ＧＨＱ支持で勇気百倍】
37 同前【満場一致で両院通過　忘れられぬ各分野の尽力】
38 平和記念都市建設法の効果【住民投票の結果公布　市民に勇気と希望与う】

39　ＡＢＣＣ【比治山案に極力反対　ＡＢＣＣ敷地選定でもむ】
40　同前【中央指令で比治山に　治療機関併設は実現せず】
41　高等学校整備【実業高校設置を主張　県教委の反対で総合制に】
42　同前【整理統合で県と対立　結局、五校の発足に決る】
43　公安条例【軍政部の強制で制定　行過ぎた労働攻勢が災い】
44　カープ球団の結成【カープに二百万出資　球団結成に市も一役買う】
45　東練兵場の問題【開拓団貸与は条件付　二十二年以降は無契約】
46　同前【反対陳情に全力傾注　県農地委決定にも屈せず】
47　同前【原則論ウのみに憤り　旧東練兵場の農地払下げに反対　市会で決議、訴訟を提起】
48　アメリカン・フットボール【切符の捌き不振が因　市政に八つ当りの軍政部】
49　ＭＲＡ世界大会の出席【出発前に市会の承認　万難排しＭＲＡ大会へ】
50　平和郷【ＭＲＡ大会平和郷（ジュネーヴ）に繰り広ぐ　日の丸の歓迎に思わず涙】
51　同前【世界政治の混迷に断　ＭＲＡの理念　平和は個人の心から】
52　同前【平和郷も努力次第で　勤勉と協力の必要を痛感】
53　平和記念公園【国補不足で工事難航　平和記念公園　遠大な計画で推進】
54　京橋会館【困り抜いた敷地問題　京橋会館　地元と公庫の板挟み】
55　同前【一応県住宅公社が買収　融資完済後は市の所有へ】
56　知事選挙【県知事選で議論沸騰　市長会決定に市会対立】

ます。

［以上、ユンクが依頼した五一項目に小倉が63と64の二項目を追加し、合計で五三回分が英訳される。］

ここまでにしておきましょう。次回は久保教授の記録集と一緒に、碑文に関する議論の要旨を送ります。

率直に言いますと、お金が必要です。六月分として一万五千円をお送りいただければ、とても嬉しいです。タイプライターは二万九千円ですが、その半分しか支払っていません。人に会うたびに、額はささやかですけれども、少しずつお金が出ていきます。あなたが理解してくれることを願います。

先日、通りで偶然、［広島女学院の宣教師］ミス・［メアリ・］ジョーンズに会いました。あなたが家族と共にヨーロッパに帰り、その地にとどまるつもりだということを、彼女はとても残念がっていました。あなたのような人が永く住んでくれることが、アメリカには必要なのだ、と。みんな、あなたのことを良く言います。神のご加護を。次の手紙を楽しみにしていてください。

一九五七年七月二日［浜井、久保］

［スイスの］アスコナから六月二五日付の絵葉書が届きました。嬉しいことです。私の手紙が届いていないのではないかと、少し心配していましたが、やっと安心しました。あなたが旅行しているところを想像できました。ところで、どこに落ち着くのか、まだ決めていないのですね。どこであれ、あなたとご家族全員にとって良き地でありますように。

日本は梅雨に入りましたが、今年は雨量がいつもより少ないだろうと報道されています。実際そうだったのですが、先週は大変な豪雨が降り、大阪周辺では過去七五年で最も多い雨量が記録され、いくらか被害がありました。

浜井市長との話について書き終えようと思います。彼に慰霊碑について尋ねました。たしかに、慰霊碑には多くの解釈があります。「安らかに眠って下さい　過ちは繰返しませぬから」という碑文です。ある年老いた女性は、慰霊碑の内部に納められた〔原爆死没者〕名簿から自分の息子の名を消してくれるようにと主張しました。彼女が言いたいことは、息子はいかなる過ちも犯していないし、私たちは自分を卑下して、犠牲者に向かって過ちを繰り返さないと言う必要もない、ということです。しかし、これはもちろん、碑文の言葉を決めるために集まった人々の本当の意図でありません。市長が言うには、彼らが望んでいたのは人類の立場からの表現であり、広島の地域という狭い視野や日本という一国の見地からのものではありませんでした。真実の言葉は、特定の国とはかかわりのない、全人類的見地から発せられるべきものです。広島市民が世界全体に代わって苦しんだ、あの破滅的な過ちを繰り返さないという責任をそれぞれが果たし、それを通じて世界平和を求めるという、謙虚な願いでなければならないのです。

ある市役所の職員が、言葉〔英文学〕を専門とする大学教授の名前を知らせました。雑賀忠義という名前の〔広島大学〕教授です。市長は彼がふさわしい人物だと考えて、上記のような思いを適切な言葉で表現するよう頼みました。こうして碑文が書かれました。

東京裁判の判事の一人だったインドの〔ラダ・ビノード・〕パル博士（彼は実のところすべての被告に無罪判決を与えました）は、この言葉について市長に反対を表明しました。彼が考えたのは、戦争を引き起こしたのは自分たちの過ちだと言い、この過ちを二度と繰り返さないと言う、そのことで日本人は実際のところ謝罪しているのだということでした。もちろん、これについては後日、個人的な会話の中で［市長からパルに］詳しく説明がされました。パル博士は、アジアの人びとは概して、白人の言うことはすべて正しいと考えがちで、アジア人が悪いことをしたと白人が言うと、すぐにそうだと信じこんでしまうと感じていました。これは、何ごとにつけイギリス人との関係をめぐって、インド人によくある見方の一部です。歴史的に言うと、大英帝国の支配による長い圧政の中で、インド人は、何をするにしても間違っているのは自分たちであると思うよう訓練されてきたのです。それで彼は思ったのです。日本人もまた、この大災難は自分自身の罪で、アメリカ人に罰を下されたととらえているのではないか、それでこれまでのことを後悔して、二度と過ちは繰り返さないと言って、犠牲者に謝罪しているのではないか、と。パル博士は話し合いの後には、その［碑文の］真の意味を理解し、完全に同意しました。しかしまた、この言葉はまだ不十分であり、誤解につながるとも付け加えました。

詩もそうですけれども、読む人により解釈がさまざまなのは確かです。左派と右派、アメリカ人と日本人で、考え方が異なるのは自然ですけれども、個々の人々の心に真の意味が届くことを願います。日本の諸グループの中では、とくに右派がこの言葉に反対しています。

この時に市長は、誤解はいつもあるもので、平和大橋という橋も、この碑文と同じような事情だとほのめかしました。有名なアメリカの彫刻家イサム・ノグチが設計した、この橋の独特の見た目を、あなたはご記憶でしょうか。ノグチはアメリカ市民で現在ニューヨークに住んでおり、有名な日本の詩人ヨネ・ノグチ［野口米次郎］とアメリカ人女性との間に生まれました。彼は現代彫刻家で、その設計料はとくに高くつきます。その当時、彼は日本の映画女優シャーリー・ヤマグチ［中国名は李香蘭、日本名は山口淑子］との結婚で、うわさの種になっていました。二人は数年前に離婚していますけれども。こうしたことはあまり話題にしなかったので、これ以上詳しくお伝えすることはできません。

それから市長は、専門学校の設立についても、軍政部［の考え］が彼の考えと異なるために苦労したことを思い出しました。これは要するに、日本全体の教育制度の問題です。今でも、アメリカの教育システムの導入に対しては議論や批判が数多くあります。この問題について、あなたがさまざまな方面から意見を聞いていたと承知しています。この制度は、戦後社会党が政権の座にあり、現在は広島大学学長の森戸［辰男］*博士が文部大臣であったときに実施されました。もちろん、このシステムには長所も短所もあります。主要な変更点は男女共学と六・三・三制でした。

＊森戸辰男（一八八八〜一九八四）は広島県福山市生まれ。戦前、クロポトキンの無政府主義を紹介する論考が国家主義者の攻撃の的となり、入獄と共に東京帝国大学助教授の職を追われた。戦後は衆議院議員に三期当選して社会党右派の指導者となり、一九四七年文部大臣に就任した。一九五〇年、請われて広島大学の学長に就任し、政界を去る。六三年広島大学を退官し、以後は東京に戻って教育改革に尽力した。

以前は、

六年間　小学校（義務教育）

五年間　男子中学校（middle school）（高等教育に備える）

　　　　女学校（通常四年制、五年制のこともある）

　　実業学校（商業、技術、農業、その他）
三年間　高等学校（high school）（大学進学準備のため）
　　専門学校（商業、技術、農業、医学など）
三年間　大学（全学部あり、高等学校から進学する）

現在では
六年間　小学校
三年間　中学校（junior high school）（義務教育）
三年間　高等学校（senior high school）
四年間　大学と総合大学（二年制も）

このように現在の中学校と高等学校は、戦前のものと少し異なります。浜井の話に続く久保教授の記録集のために、これを示しておくことが必要でした。

浜井市長は、新設の中学校のすぐ後に専門学校を置く必要性を感じていました。なぜなら日本では、普通高等教育に進学する前の段階の、さまざまな分野の職業教育修了者への需要がまだ大きかったからです。戦後の貧しさの中で、普通高等教育に進学する余裕が皆にあったわけではありませんし。こうしたことを主張しましたが、占領政策すべての実行者であった軍政部に一蹴されました。それで、この単線型の教育制度のために、彼は意に反して自分の望みを諦めなければなりませんでした。軍政部だけでなく、県の教育委員会が反対に回ったことも、浜井が直面したもう一つの困難でした。

これで市長と話したことのおおよそすべてを書きましたが、私が立ち去ろうとしたとき、前の手紙でリストをお送りした、「原爆十年」のスクラップブックを手渡されました。なんとも詳しく書かれていることにまたも驚いて、これは役に立つかもしれないのでお知らせしなければと強く感じたのです。あなたの主要な関心が政治だけでなく、人々が自身と都市の回復に懸命に努力した、その個人的な経験の全体像にあることは承知しています。しかし、この都市の全体像について、背景を正確に示すために、あの［見出し項目］リストだけからでも、都市復興に関してなにがしかを知ることができるに違いありません。

さて、久保教授の記録集です[*]。これは大学教授四二人の、あの八月六日およびそれに続く七日の、行動と心理両面での体験報告を取りまとめたものです。その教授たちの名前が出されることを久保教授は望みません。例えばA教授というように、イニシャルだけにしていただけたらよいでしょう。きっと理解していただけると信じています。

＊広島大学教養部教授久保良敏（一九一三〜一九七八）の手稿『原子爆弾被害者体験聞書』（広島大学文書館所蔵）。A4判レポート用紙に横書きで、久保自身の手で各人の被爆体験が整理・記載されている。目次には一番から四二番まで番号をふって、各人の氏名・肩書・被爆場所が記されている（その中の一〇名の番号に丸が付され、七人目までが翻訳され、八人目は名前欄のみ翻訳され、残り二人は翻訳されていない）。久保良敏「廣島被爆直後の人間行動の研究――原子爆弾・原子力の社会心理学的研究（一）」『心理学研究』第二二巻二号、一九五二年、二七〜三三頁を参照。

▽記録1　N　［旧制］広島高等学校西洋史学教授　高等学校講堂前で［被爆］

▽記録2　T　広島工業専門学校数学教授　広島工業専門学校で［被爆］、妻は広島の広瀬元町

〔現在の広瀬町および西十日市町〕で〔被爆〕

一九五七年七月九日〔久保、河本〕

広島についてこれといったニュースはありませんが、一つだけ。ＡＢＣＣとアメリカ文化センターの新しい所長がほぼ同時に広島に着任しました。同センターのロバート・Ｗ・マックヘンリー氏は六月末に、ＡＢＣＣのジョージ・Ｂ・ダーリング博士は今月の初めです。『英文毎日』〔*The Mainichi*, July 2. 1957〕は、「ダーリング博士はＡＢＣＣが地方自治体当局、医師会および世論一般から十分な協力を得られるようなシステムを作ることを望んでいる。また、厚生省と相談した後で新たに長期的な調査を開始したいとも述べた」と報じました。とくにニュースになることは、何も発表されませんでした。

Ｍ氏がすでに現在、ほとんど一五〇枚に達する長い原稿を書き上げていると玉井牧師から聞きました。二、三日中にこの原稿を受け取ります。さて、この前に中断した久保記録集を続けます。

▽Ｔ教授続き

▽記録３　Ｓ　広島文理科大学東洋史学教授　広島市段原町で〔被爆〕

▽記録４　Ｋ　旧制広島県立第一中学校一年生（一三歳ないし一四歳と思われる）雑魚場町〔現在の国泰寺町および小町〕の中学校〔の動員現場〕で被爆　父は市役所で死亡　工業専門学校生の兄は一年後に死亡

不思議なことに、久保記録集に含まれる学徒の報告はこの一人だけで、その他はすべて教授その他の大人の報告です。

次に、気分転換に、河本氏の詩を入れます。

▽河本時恵・河本一郎「原爆を作る者たちの意識への警鐘と反響」広島市猿楽町［現在の大手町一丁目］（原爆ドームの下で暮らす）［出典不明］

五枚が上限ですので、また次回まで。（本を）書き始めていますか。幸運を祈ります。

一九五七年七月一七日［久保、おとぎ話、領収書］

本の計画はどのようになりますか。この本の筋立ては私にはわかりませんが、本当に期待しています。出版社へのおおよその締め切りをお知らせ願えるでしょうか。M氏はそうした細かいことは考えず、原稿を完成させるべく手をかけているように見えます。さて、久保記録集を続けます。

▽記録5　T　広島文理科大学理学教授　大学の一階で被爆

▽記録6　C　広島文理科大学西洋史学教授　皆実町で被爆

相談があったおとぎ話の代わりに、少し歴史的事実にふれておきましょう。市立図書館長の田淵実夫氏の話から出たことです。彼は市内に住み、民話の一流の専門家でもあります。私はおのずと、計画している本に関連するおとぎ話を知りたいというあなたの希望について尋ね、なにかちょうどよい物語を教えてもらえないかと聞きました。残念ながら、あなたの求めそのものに合う物語は思い浮かばないということでしたけれども、原爆と性質が一致する、史実に基づいた歴史上の出来事を挙げてくれました。災害です。彼は来年春開催の広島復興大博覧会の準備に加わっていたものですから、広島歴史絵図・模型展示の原案がちょうど出来上がって、机の上にありました。彼はその写し一部を私に渡し、以下のように説明してくれました。

歴史的に言えば、比治山から出土した土器、石器、その他の考古学的発見物はおおよそ紀元前三〇〇年頃のものと見られています。広島の歴史時代に入りますと、三つの大規模な自然災害が注目に値します。大洪水が一回と、二度にわたる大規模な火災です。もちろん、現代の原爆災害に先立つものです。田淵氏は、こうした出来事は、過去の住民の苦難や再建の苦闘への何かしらの導きの糸になるかもしれないと述べました。事実の問題ですから、おとぎ話のように想像力を掻き立てるものではないかもしれません。さらに、前に話されていました旧広島市史全八巻*を見てみました（中野教授が彼の家で述べたように、彼と他の人たちが新版を準備しています）。それによれば、事実は以下のとおりです。

＊広島市役所編『廣島市史』第一〜八巻（大正一一〜一四年）。以下は、復刻版（名著出版、一九七二年）の第一巻第二章第四節「承応の洪水と明暦の大火」（三六三〜三六六頁）と第二巻第三章第八節「宝暦の大火（一）」・第九節「同（二）」（三三五〜三四五頁）を参照。

一、承応二年、一六五三年八月五日に大雨が広島県全域で観測されました。それに続く八月六日（原爆の日、不思議な一致です）、大洪水が全地域を押し流し、内陸の山間部の雨が流れ込んだ太田川の莫大な水量で、広島の市域は最大の損害を出しました。その当時、この領域は浅野藩主一族の下にありました。そして、城の濠で観察された水位で、水流が記録されました。その高さは七フィート［約二一三センチメートル］あり、この土地の住まいをやすやすと押し流したことがわかります。この本の記述はそれほど詳しくはなく、哀れな被災者に米を提供すべく藩主一族の蔵のすべてが開放され、町なかの再建作業を支援すべく郊外から人々が動員されたことが書いてあるだけです。

二、明暦三年（この元号は一般に天皇の統治年で決められます。ご存じのとおり今年は昭和三二年です。その前は大正です。私は大正九年の生まれで、大正一五年は昭和一年です。大正の前は有名な明治時代です）の一六五七年二月五日のこと、恐ろしい大火が革屋町［現在の本通、紙屋町一丁目・二丁目］地区（爆心地から東へ約百メートル）で発生しました。この火災は細野道寿邸から出火し、それまでの広島市の全域をほぼなめ尽くしました。次の頁に火災の地域を示します。

三、もっと大きな火災が宝暦八年に発生しています。一七五八年四月三日午後四時のことです。場所は白神五丁目［現在の中町］です（百メートル道路の、市街電車の軌条の側にある神社をご記憶ですか。これが有名な白神社で、広島にある最古の神社です。その隣には浅野藩主一族の菩提寺である国泰寺がありました）。先に述べた明暦大火で燃えた旧市のほぼ全域を、この火災が襲いました。一四二二世帯と五五棟の蔵が燃え、午前四時にやっと消火しました。しかし、国泰寺の中にあった大きな松の木の残り火で、再び午後二時に火が付きました。その火は［現在の］ＹＭＣＡや広島駅方向へと向かって広がり、さらに二日間燃え続けて、結局は三日間燃えさかりました。統計によれば、損害は以下のようです。武家屋敷二八〇軒、その他の家屋三〇九〇軒、神社四社、寺院二一軒、武家の蔵五二棟、町民の蔵六五棟、矢倉四棟、そして中心部から東側の地域一帯の焼失です。浅野宗恒藩主一族は同月一六日に、この災害のことを江戸で知りました（江戸は現在の東京で、藩と東京に二年交代で住むように命じられていました）。

浅野は藩を取り仕切る家老への手紙で、領民の死と財産の喪失を悲しみつつ、手紙の最後に日本でよく知られている古いことわざを引いています。中国の哲人老子に由来する思想で、「禍福はあざなえる縄のごとし」と。幸運と災いは密接に織り合わせられており、交互に現れるということです（申し上げたいのですが、日本人は虚無的な考え方をし、無（nihil）の価値をたたえます。太平洋戦争中も広く見られたことです。これはすべてこの老子から来ています。『ヒロシマ日記』の著者である蜂谷〔道彦〕先生は親しい友人ですが、あの被災後は何をしたい気分にもならず、何の（経済的）欲求もなく、頭を占めていたのはただ生きるために協力し助け合うことだけだった、と力を込めて語りました。そこで私は、ニヒリズムの思想を伴う実存主義が、戦後の欧州でとくに若者たちの間で力をもったことはまったく自然なことと思われる、とほのめかしました）。

その後、藩主は三つの触書を出しました。①支出を最小限に抑えるため、武家の奉公人やその他家来の数を削減すること。②衣食を節約し、武士の妻子の華美な服装を禁じること。③書簡や贈答、無駄な饗応や会議を廃止し、克己節約すること。三年後の宝暦一一年に、まだ家のない者が百戸あり、そのため無利子で貸与がなされました。

一六五七年の火災地域と一七五八年宝暦の大火〔図1-1〕

上記は〔二つの〕火災の地図です。この地図は久保記録集の理解にも役立つと思いました。浜井の十年回顧録に戻りますか。まだ、〔この回顧録は〕手元にあります。一万六千円の小切手、ロサンゼルスのバンク・オブ・アメリカから受け取りました。感謝します。とても助かります。七月二二日に届きました。領収書を書きます。

cut the numbers of the folowers that is servant and others of the samurai to minimize expense 2. To economize on food and clothings and prohibit the extra-vagance of clothesamong their children and wives 3. Abolish letters ,presents and u: useless parties and conventions and have all self restrain and economize in expense. Three years later in the 11th year of Ho-reki there were still 100 without houses so loans were made without interests to them.

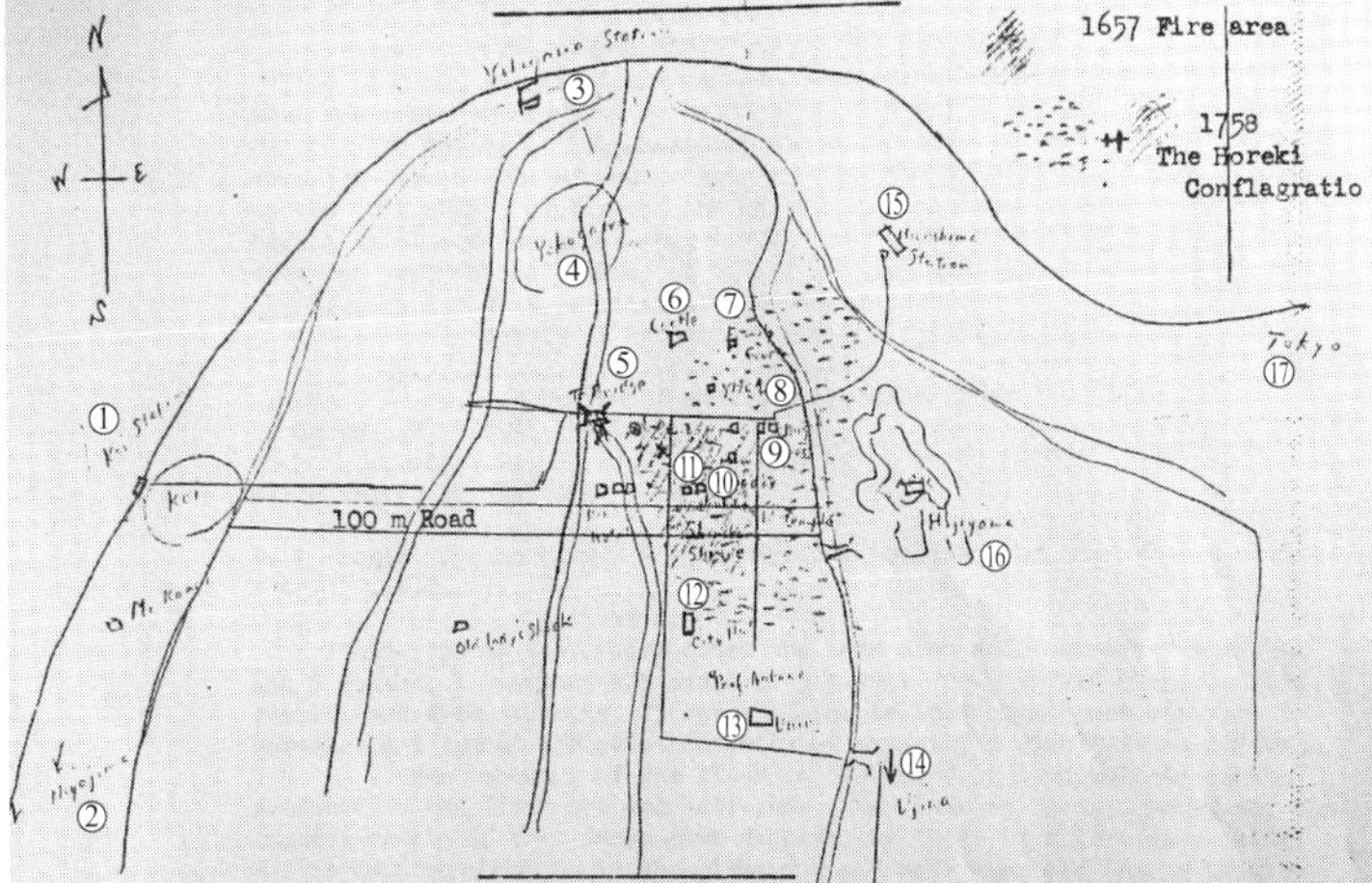

The above is the map for the Fire. But I thought it might give you idea for Kubo's report too. Shall I return Hamai's Ten Years' memoir ? I still have it. Your ¥16,000 check was received from the Bank of America in L?A. Thank you ever so much. I am much relieved. It came on July 22. I wll make out a receipt.

- - -> - - - - - - - - - - - - -cut off line -

RECEIPT

To: Dr. Robert Yungk

I, Kaoru Ogura, duly received the sum of ¥16,000 in check of the Bank of America, on July 22, 1957, as research fund in collecting materials for Dr. Robert Yungk.

Kaoru Ogura

Hera Hatsukaichi Saekigun
Hiroshima Ken, Japan

- -

The Peace Festival for the coming August 6th is near now. This year is the 12th anniversary but in the Buddhist way of saying it is the 13th year and special ceremonies is held for deceased in that religion.

図 1-1　近世広島の二つの大火の地図

①己斐駅 ②宮島 ③横川駅 ④横川 ⑤T 字橋 ⑥広島城 ⑦家庭裁判所 ⑧YMCA ⑨中国新聞社 ⑩国泰寺 ⑪白神社 ⑫市役所 ⑬広島文理科大学 ⑭宇品 ⑮広島駅 ⑯比治山 ⑰東京

切取り

領収書　ロベルト・ユンク博士へ

ロベルト・ユンク博士のための資料収集の調査資金として、一九五七年七月二二日、バンク・オブ・アメリカから小切手で一万六千円を受け取りました。

広島県佐伯郡廿日市平良　小倉馨

八月六日の平和記念式典（Peace Festival）が近づいています。今年は一二周年ですが、仏教徒の風習では一三回忌といい、故人のために特別の法事が営まれます。

一九五七年七月三〇日〔久保、浜井〕

いま日本では、梅雨が七月一〇日に終わると予測されていましたが、異常に長引いています。先週、九州では記録的な大雨で大洪水となり、およそ千人の人が亡くなる災害となりました。イタリアや欧州では熱波の犠牲者が出ていると新聞が伝えています。クレムリンでは政治的な変化があるようで、世界中が終わりなき「映画」のようです。ドイツでは、西側から統一への動きがあると聞いています。

▽記録7　S　広島文理科大学物理学教授　大学の南の道路で被爆（この教授は私たちが大学の研究室に会いに行った人です）

▽記録8　O　広島文理科大学東洋史学教授　比治山町で被爆（いったん、この翻訳は中断します）

七月二五日付ザルツブルクからの手紙を受け取りました。いろいろなことを聞けて嬉しいです。仕事のことや家族のことなど、さぞお忙しかったことでしょう。奥さん、そして小さなお子さんがうまくやっていけることを願います。さて、あなたの手紙［の質問］に関して記します［以下、箇条書きを補った］。

一、前便の手紙で書いたとおり、小切手はたしかに受け取りました。うまく送金されました。

二、シュヴァイツァー賞は残念でしたが、この本のための時間が与えられたことは良いことでもあります。

三、本のプロジェクトへの関わりを継続することに喜んで同意します。ただ、浜井回顧録は膨大な分量があり、全部の翻訳（私としてはそうしたいのですが）はかなり時間を要する仕事になるだろうと危惧しています。私の計算では連載一回分に、この便箋で三、四枚が必要です。その七四回分にくわえてM氏の原稿となりますと、一〇月一〇日というあなたの締め切りと競争できるか、やや不安があります。八月前半に一週間ほど留守にする予定です。平和記念式典やお盆、それから山のほうにちょっと出かけますので。ですが、次の頁からすぐに浜井回顧録にとりかかります。その間に、この期限の問題と、またあなたの次の住所についてご返信をいただければ幸いです。

四、久保記録集は、何かしら結論を手に入れるつもりです。

▽浜井回顧録　1序文［図1-2］、2同前、3同前

［一行欠落］

広島市政秘話 ①

浜井信三

原爆十年

火炎の中を市役所へ

〝危い、ダメだ〟引止めの声、後に——

逃げて行く半裸体の群

図 1-2　浜井回顧録 1「原爆の日」

一九五七年八月一三日［浜井］

広島はかつてなく暑いです。八月六日にもそう特別なことはありませんでした。ただ、八月五日に広島大学の一二教授が、四月のゲッティンゲン宣言の一八教授グループに呼応して声明を出しました。その目的は、「東側と西側の双方が互いに一致して原水爆の実験、使用、研究を禁止するよう世界平和のために努力し、とりわけ世界で最初の原爆犠牲者である広島の科学者の立場から、原子力の平和利用を促進する」ことを世界に訴えることです。この声明はマックス・プランク物理学研究所のオットー・ハーン博士やその他世界中の一流の大学・研究機関に送付されました。

浜井［前］市長に回顧録全体を翻訳する許可を求めたところ、喜んで同意して

原爆十年

広島市政秘話 ⑤

浜井信三

応急措置

放射能症も赤痢扱い

順番待ちつつ多数の人が息引取る

治療に当った医師も倒る

被爆直後の日赤病院

原爆十年

広島市政秘話 ④

浜井信三

路傍に累々瀕死の人

どうしてあげることが出来よう、すべもなし

「父は危篤」迷う公私の別

廃墟の街

図 1-3　浜井回顧録 4「その翌日」と 5「応急措置」

くれましたので、そこから手をつけます。

▽浜井回顧録続き　4その翌日、5応急措置［図 1-3］、6焼けなかった部屋・終戦の詔勅

本日八月二二日の朝、一九五七年八月一六日付ザルツブルクからの手紙を受け取りました。七月二五日付の手紙も七月三一日に受け取っていたことをお知らせします。この［七月二五日付の］手紙の件、私の書簡八番でふれて、そこにあったあなたの質問に順次お答えしました。七月三〇日付の書簡を見ていただければ、そこに書かれています。たしかに、段落の中できちんと改行しなかったので［翻訳にあたり改行を補った］、あいまいだったに違いありま

せん。私は休暇を終え、書簡九番が紛失することのないよう、あなたの住所［を知らせてもらえるの］を待っていました。一時滞在の八月二三日以降は、手紙を送らないようにと注意されていましたので。しかし、新しい住所に転送されると思いますので、この書簡九番をお送りします。あなたの質問に再度簡単にお答えします。一、一二月末まで、さらにその後の四月と五月に再び、あなたの本の計画に協力いたします。二、浜井回顧録の翻訳作業はすでに始めています。彼の個人的な同意も得ました。私の心配は時間の問題です。長い原稿ですし、くわえてM原稿の翻訳がありますので、一〇月一〇日までに終えられるか不安があります。しかし全力を尽くします。三、最初のお金が無事届きました。感謝します。四、久保記録集は一時中断しています。記録集全体の結論がないか［確認するため］、来週彼に会います。

あらためて、「平和図書館」への交渉の配慮、感謝します。マックス・タウ氏［ドイツ系ノルウェー人、作家］の手紙はたいへん思いやりに溢れたものでした。今日の午後にすぐドイツ大使館のミス・バーバラ・クラフトに宛てて手紙を書きます。あなたの追伸と一緒に、タウ氏の手紙を同封します。クリスティアン・ヴェーグナー氏［ドイツ人、出版業者］が広島に立ち寄る際の予備知識として、その写しを森戸博士に見せるつもりです。

重ねて、この手紙が無事に届きますように。とてもお忙しいことでしょう。あなたの幸運を願います。そして奥さん、お子さんによろしくお伝えください。

一九五七年八月二六日〔浜井〕

まだ暑いですが、朝晩は涼しくなりつつあり、酸素供給者である植物だけでなく、炭酸ガス供給者である人間も生き返っています。日本の新聞では、疑いなく、政治問題が他の分野を圧倒しています。だからというわけではありませんが、浜井回顧録を続けます。

▽浜井回顧録続き　7生活諸物資の配給・黄金山事件、8通常配給への切替え、9軍服の配給、10同前、11原爆症・大洪水

（追伸）手紙をミス・クラフトに送り、森戸博士に会って写しを見せました。

一九五七年九月二日〔浜井〕

ウィリーがアメリカに去るという、広島にとって悲しいニュースです。一四日に広島を、一九日には日本を離れることを、今日知ったばかりです。彼は私の真の友人であり、友という貴重な宝は、お金や時間、努力では得られません。ともかく、「アメリカに行くための」書類はこの上なく順調に調いました。私は彼を祝福しなければなりませんが、人間とは自己本位で、愛する者との別れを望まないのも確かです。仏教思想の基本は、「人は愛する者と別れる宿命にあるという苦悩」です。

▽浜井回顧録続き　11続き、12木原氏市長に就任、13機構整備、14復興計画

今日九月一二日、ファースト・ナショナル・バンク・オブ・ニューヨークの大阪支店から三万円の支払いを受け取りました。感謝します。

一九五七年九月一七日〔浜井、領収書〕

一五日に受け取ったクラフト博士からの手紙によれば、東京に着いたヴェーグナー氏は非常に多忙で、われわれが東京に行って彼と会うことを望んでいる、ということでした。彼に広島を見てもらえたらその方が良いですが、彼は準備のために忙しいでしょうから、これもまた無理な話です。私は東京へ行けませんが、森戸博士は用件があり、昨日一六日の晩東京へと発ちました。もちろん、重要で具体的な話し合いが〔森戸〕学長となされるでしょうから、具体的な回答を待ちます。しかし、ヴェーグナー氏とはぜひお会いしたかったです。

▽浜井回顧録続き　14続き、15同前、16緊迫した市民生活、17吹きさらしの庁舎、18復興財源・供養塔

最後の日に、ウィリーと素敵な時間をもちました。二、三軒バーを飲み歩き、彼の旅立ち（ボンボヤージュ）に乾杯です。おのずと、あなたのことが話題になりました。彼の行き先はワシントンＤＣです。その地からあなたに手紙を出すと思います。

二、三日前に蜂谷先生から手紙を受け取りました。九月一四日に彼があなたに送った手紙の写しが同封されていました。ちょっとした誤解があったかもしれませんが、二人の優れた知識人の「良識（ボンサン）」で、すべてがうまくいくと信じます。その際、邪魔になる言語の壁を乗り越えるお手伝いを、私もいたします。がんばりましょう。

領収書を書きます。前回は紙幅が足りませんでした〔以下、領収書は省略〕。

一九五七年九月二四日［浜井］

森戸博士からの連絡はありませんので、彼とヴェーグナー氏との会見の成果についてお知らせすることはまだできません。そこで、課題のタイプを進めましょう。

▽浜井回顧録続き　18続き、19国際記者団の来広・外人顧問、20復興会社の構想

秋のザルツブルクはいかがですか。この町に関して私の知っていることは、モーツァルトの生誕地であることと、岩塩鉱があることだけです。まったく乏しい知識です。幸運を願います。

一九五七年九月三〇日［M］

浜井回顧録を一休みして、M原稿の翻訳についてお知らせします。この原稿は非常に長く、みごとな日本語［の文章］です。玉井牧師は強い感銘を受け、翻訳が終わった後、この原稿を保管したいと希望しています。私が読んだところ、彼はたいへんに知性的で、叙述のスタイルには芸術的センスがあります。彼の日本語にできるだけ忠実に、可能な限りそのまま英語にして伝えることが私の義務です。この物語の全体が、あなたの質問のすべてをカバーしています。質問に一つ一つ応える形ではなく、一つの長い物語で記述された回答です。用紙はすべて玉井牧師が用意しました。最初に届けた九六枚はすべて使われました。そこで次に一三三枚を届けました。最初の執筆で紙を使い切ったので、再度送ってほしいと玉井牧師に依頼があったのです。

　この物語は非常に感動的で強烈です。考えが子どもっぽいところもありますが、彼は若いのですから、当然のことです。しかし、私は批評する立場にはありませんので、どう取り扱うかはあなたが決

めてください。指示を待ちます。その間に、川崎［良雲］氏（刑務所の分類・教育部長）の手紙を翻訳します。玉井牧師宛てのもので、お借りしました。この手紙の内容をあなたに伝えるよう玉井牧師に頼まれましたので、そのまま訳すのが最善だと考えました。

［川崎氏の手紙］

《玉井牧師様

彼［M］の原稿をお送りします。最後の部分では彼は赤痢に苦しんでいましたが、ようやく書き終わりました。会うたびに「まだ終わらないか」と彼をせかしました。そのため彼はいっそう落ち着かず、気がせいていたに違いありません。学校時代の動員からあの惨害へ、それに続く混乱（カオス）、社会の劇的な変化、占領軍に対する見方、殺人事件、そして裁判。彼は厳密な意味では原爆の直接的な被害者とは言えませんが、彼は自分の身体を通じて体験を記述しています。彼がこの貴重な報告で、物語全体を通じて、原爆の惨害を遠（間接的）・近（直接的）の両面から描こうと大きな努力を払ったことは、容易に見て取れます。

この件について、この原稿が出版される本の一部になるならば、その本一冊を必ず彼（M）に贈られることを希望します、というよりは、条件とさせていただきます。

敬具　川崎

追伸［刑務所の］規則により、彼の名前が公表されると問題が生じます。したがって、M氏の名前は使わないようお願いします。

また、申し上げておきたいのですが、ユンク氏がインタビューをしてメモを取ったときも、幾人かの人たちや会社の名前は、本当の名前と似てはいるけれどまったく同じではないようにした、とM氏は述べていました。本名が出て、その人たちに迷惑をかけることを彼は好まなかったからです。》

以上、これは玉井氏に返す手紙です。M氏への報酬についてですが、多大な努力をして書いてくれたことへのお礼の手紙と一緒に、もう少し何か贈り物ができれば、彼は非常に安心し喜ぶだろうと思います。あなたが手紙で依頼した絵のことは、当然ながら彼には時間がなく、また彼がどう返事をするかも私にはわかりません。その絵がまだ必要とお考えなら、手紙でそのことも依頼するのがよいでしょう。

さて、この物語の内容がわかるように、私の方で章分けして示します。そうすれば、どれか一つの章を早急に翻訳するか、でなければ順番どおりに翻訳するか、考えていただけるでしょうから。以下の章分けはすべて彼ではなく、私がしたものです。

第一章　一～四四頁

原爆、恐怖の町での一日の苦闘、結局は死亡した同級の女子生徒スミコとの絶望的な行動、両親との再会、親友を失った悲しみ

第二章　四四～九六頁（綴り二）　一～一六頁（綴り二）

靴を盗まれた経験とその時期の闇市、この時期の一般的な社会状況（四四～六四頁）、貯金局での最初の仕事（六四～七二頁）、映画館の宣伝の仕事（七二～八二頁）、配管工の見習い、GIとのけんか（八二～九六頁。綴り一は終わり、綴り二の一～一六頁まで続く）

第三章　二〇（ママ）～六七頁

建設会社での新しい仕事、娘との恋愛、プロ野球選手の友人が彼の恋人と親しくなる、自殺（一六〜三六頁）、電気工事の仕事、金銭欲、闇ドル稼業、殺人（三六〜六七頁）

第四章　六七〜一〇三頁

裁判への反対尋問

第五章　一〇三〜一三三頁

判決、原水爆実験への抗議、平和への祈り、短歌、エピローグ

以上がこの物語の章分けです。［元の原稿には］段落や会話の引用などの際に改行がありますが、紙幅をとりすぎますので、翻訳では段落の切れ目に印をつけます。もちろん、必要な改行は適宜行います。どの程度の場所をとるのか見てみるために、最初の部分を訳してみます。

▽M回想記

ここで、物語を中断します。ご覧のとおり、元の原稿二〇枚の翻訳でおおよそ三枚半になりました。ですから、一回［の手紙］で、二五枚分をお送りできるでしょう。浜井回顧録を進めるか、あるいは中断してM回想記にするか、あなたの指示を待ちます。ともかく、次の手紙ではこのM回想記を送ります。その間に、あの死亡した一二歳の少年犠牲者の情報を得るよう努めます。本は書き始めましたか。幸運を祈ります。

追伸　これまでにお送りした六九ページ分については、私の手元に控えを残してあります。［一行欠落］

追伸　原子力機関［国際原子力機関（ＩＡＥＡ）］の第一回の集まりがウィーンで一〇月一日から開

催されることを知りました。

一九五七年一〇月五日［M］

九月二四日付のあなたの手紙、一〇月一日に拝受しました。いつもありがとうございます。浜井回顧録を気に入っていただき、とても嬉しいです。最初に読んだとき、少なくともその項見出しだけでも知らせなければ、と感じましたので。［回顧録には］都市復興の背景全体が提示されていますが、その織り目から、再建へ向けた個々人の努力の経糸、緯糸を見出していただくことができるでしょう。ようやくMから原稿を得られたことも、とても喜んでいます。前回の手紙でふれましたように、刑務所では集団赤痢がありました。しかし、その頃より前に、玉井氏に七、八回繰り返し、この回想記のために電話を入れたと思いますが、詮無いことでした。誰かに責任があるわけではなく、誰もができる限り良心的に努めましたが、これほど遅れてしまったことは残念です。

別の手紙で、蜂谷先生からあなたによろしくとのことでした。次に一二歳の患者について、今週、原爆病院に行きデータを集めるつもりです。森戸博士に会ってヴェーグナー氏との会談について聞く機会はまだありません。彼は非常に忙しい人で、一昨日の日米協会（JAFA）の会議でも会えませんでした。私たちの文通の写しについては、私は一部控えてあります。他の資料は、たとえば書簡の来往信は、ユンク（YUNGK）［正しくはJUNGKと綴る］という名の専用のノートに記録をとっています。資料［探し］のために外出するときも、ちょっとしたメモをこのノートに取ります。昨日、中国新聞の沼田［利平］氏から、同紙に掲載されたあなたの原稿の翻訳料二五〇〇円の半額を受け取りました。残りの半額はあなたの希望で写真部に渡されたとの、沼田氏の言でした。

▽M回想記続き

彼の物語はいかがですか。この後の部分が、あなたにはいっそう興味深いかもしれません。九月二七日付のウィーンからの手紙、五百円と一緒に安全かつ無事に受け取りました。ありがとうございます。書簡一一番［九月二日付］が紛失したと聞き残念ですが、仕方ないですね。その部分を送ります。

一九五七年一〇月一七日［K、M］

今回は九月二日付の手紙五枚を再びタイプしたものをお送りします。先日、一二歳の少年犠牲者の資料集めに中国新聞に行ったとき、ある記者から、欧州の新聞ではいつ頃から原爆死に関する記事が出て、報道がなされていたのか、と尋ねられました。あなたがオーストリアの新聞に報道されたものを見て、そのデータを探すように依頼されていると私が話したためです。広島の原爆への関心が欧州の新聞でどのように取り上げられているのか、彼は非常に関心をもっています。お答えいただけたら、非常に喜ばれるでしょう。次にABCC図書館の資料について、今も私にはよい伝手があります。主任司書の女性はたまたま私の古い親しい友人で、SCAP［Supreme Commander for the Allied Powers（連合国最高司令官総司令部）の略。ここでは占領機構全体を指している］のCIE図書館の開館当初に一年半近く、一緒に働いていました。だから何か資料が必要な場合、手に入るかどうかは心配ご無用です。

さて、今年の二四番目の原爆犠牲者である一二歳の少年K氏の事例について、詳細を記します。まず地方紙の中国新聞の記事を翻訳します。次に英文毎日とジャパン・タイムズの切り抜きを貼りつけます。最後に、Kの治療を担当した金子憲夫医師の話です。彼は非常に親切にインタビューに応じてくれました。この少年のカルテを注意深く調べ、そこから読み取れる仔細のすべてを物語のようにして話してくれました。彼の誠実さをありがたく思いました。

▽中国新聞一九五七年九月二一日【胎児だった少年死亡　原爆症　今年二四人目の犠牲】

▽英文毎日一九五七年九月二二日【広島の少年、原爆二次［放射線］被害者とされる】および同日ジャパン・タイムズ【広島の少年、原爆の影響で死亡】

さて、広島赤十字病院小児科部長金子憲夫医師の話です。彼は原爆病院にもオフィスを持っています。彼の名前の使用（引用）が許可されるか尋ねましたら、構わない、との答えでした。

カルテには次のように書かれています［以下は、インタビュー記録として訳出する］。

K

出生　一九四六年一月

出生地　豊田郡

［家庭の］職業　農業　長男、小学校六年生

父　T　四四歳　母　T　四一歳

母の母乳で育つ

赤十字病院での初診　一九五七年九月五日　同晩　入院

病名　急性骨髄性白血病

原爆投下の日の母親の行動です。

翌七日に、母親は住まい（現在と同じ）を小舟で離れ、午前一一時に宇品桟橋に到着しました。

Kは五ヶ月の胎児でした。母親は宇品から吉島、中島［現在の平和記念公園付近］、相生橋（T字橋）、旧西練兵場まで、おばを探しに歩きました。所要時間は全部で四時間でした。夜は宇品で寝ました。その翌日の八日に、もう一度宇品〜大手町〜西練兵場〜小網町というルートを回りましたが、六時間たっても見つからず戻ってきました。そして一二日まで六日間、彼女は西のほうを回りました。これは爆心地に近い地域だったのです（中国新聞によると、彼女は一二日に捜索のために［広島に］戻ってきて、六日間過ごしたそうです。これは私の簡単な手書きのメモとは違っています。もう一度電話して、正確なデータをもらわなければなりません）。そして結局のところ、彼女はおばを見つけることなく家路につきました。

当時の母親の健康状態です。

一、一二日に一度嘔吐しました。

二、一三日に彼女は普段と違う疲れ（倦怠感）を三、四時間感じて休まざるを得なくなり、それから身体を使うことは少ししかできませんでした。

しかしこれらはいわゆる原爆症の症状とは呼べません。なぜなら彼女には原爆症に決定的に見られる斑点がなかったからです。

三、けれども一九四七年五月になって、彼女は三ヶ月にわたり、髪が大量に抜け落ちるのを見ました。秋に髪の毛が抜けるのは普通のことです。しかし五月というのは、普通の時期ではありません。このことは［原爆症の］兆候と見なせるかもしれません。しかし、まだ原爆症であると決定づけるのは難しいです。こうした脱毛は一年半後にも起こりました。

原爆後一ヶ月の彼女の生活状況は、米や野菜、魚が手に入るなど、比較的望ましいものでした。一般的に見られたような、栄養の不足はありませんでした。上述のことを除けば、自覚症状はまったくありませんでした。

赤ん坊は一九四六年一月に生まれました。体重は三キログラムで、普通でした。彼は母親の母乳を飲み、一歳三ヶ月で歩き始めました。これも普通のことでした。そして一一歳になるまでは、それほど丈夫な体質ではありませんでしたが、原爆症が疑われるような兆候はありませんでした。学校では背が低いほうでした。

彼の最初の訴え（愁訴）は、次のような順序でした。

熱。痩せる。食欲不振。腹部が肥大する（肥満）。手足が痛み始める。膝関節が我慢できないほど激しく痛む。脚が腫れるようになる。

初期の状態は次のように報告されています。

一九五六年一〇月から、膝関節が両方とも痛いと訴え始めた。一〇月八日から膝と腰が痛い時は学校を休むようになった。膝の方が悪かった。それを地元の村の医師に診せたところ、リューマチだと診断された。熱は三八〜三九度だった。倦怠感は食欲不振をともない、こうしたことが半年続いた。

痛みを感じると、学校を休んだ。五月二四日までこれが続いた。五月一六日に、親指大の腫れものが左の膝関節にできた。

一九五七年五月二二日、広島大学医学部の外科・小児科に行き、血液検査を受ける。肝臓と脾臓が異常に大きい。五月二三日から六月二六日にかけて、医学部附属病院に入院。六月二六日に医学部［附属］病院を出て、九月五日まで呉の阿賀にある私立病院に入院。同院での状態は以下の通り。

体温はほぼ毎日三八度から四〇度。関節の痛みは手にも広がり、腫れてきている。八月初旬に左の顎の下に潰瘍ができ、腫れた。手術で取り除き、治癒。九月五日、赤十字病院へ転院。それまですべての入院費や治療費は自費であった。原爆病院にきて無料になることを知った。

赤十字病院入院時の全身の状態

体重　二一・五キログラム　年齢からすると非常に小柄

体温　三九・八度

脈拍数　一二〇　　栄養状態　不良

危篤状態（医師は初見では一〇日も生きられないと考えていた）

肝臓と脾臓が極度に肥大。肋骨の下で肝臓は一二センチ、脾臓は一六センチに露出［？］

肋骨を叩くと痛がる。体を起こしたり横に向けたりすると、強い痛みがある。

意識は明瞭。

医師の直観では、骨髄性白血病の末期だった。

血液検査の結果は、以下の通り。

	白血球	赤血球	ヘモグロビン
九月六日	五二六〇	一二〇万	三〇％
九月一一日	四八〇	二〇六万	三一％
九月一七日	三〇一	一七二万	三六％

九月一七日　血小板値は五万五〇四〇を示す（通常は二五万）。

体温はつねに三八～四〇・九度の間にある。

脈拍　一一〇～一五〇

かなり痛みを訴えるので、日に一、二度モルヒネ注射を行う。泣き叫ぶ。夜は眠れない。食欲はかなりあり、流動食を自分で摂る。

輸血　毎日二〇〇cc

第二週目から二日に一度

骨髄性白血病に最も効果的だと考えられる薬、プレドニゾロンと6MPを一緒に投与するが、効果は見られず。

急性骨髄性白血病に間違いない。

抗生物質の鎮痛剤など他の薬も投与。

九月二一日午前四時死亡。

検死（解剖）。

顕微鏡検査の結果は一、二ヶ月を要するため、まだ判明していない。

しかし肉眼での検査によれば、急性骨髄性白血病の典型的な症状が明らかに見られる。それは肝臓と脾臓の両方の重さがそれぞれ一四〇〇グラム、五〇〇グラムと、実に通常の五倍の重さになっていることである。

他の目立った特徴は、関節の痛みである。これは子どもではかなり珍しい。この少年の例では、吐血や斑点といった他の特徴は見られなかった。

しかし［何よりも］この事例の際立った特徴は、一一年後に二次放射能の影響が死をもたらしたということである。

ここから金子医師はカルテを離れて自由に話しました。その内容は私にとって印象的なものでした。とくに二次放射能の影響についてです。

一、二次的影響は子ども（胎児）が小さいほど、つまり年少であるほど大きくなります。広島医科大学の田淵［昭］実験室は［以下二行判読不能］、妊娠後期に入ると、すなわち妊娠六ヶ月を過ぎた胎児は、放射線に対して耐久力と抵抗力をもっています。もし放射線が強すぎれば、当然ながら流産で終わります。そのため問題は、完全に成長した大人（母親）には放射線はわずかな影響しか及ぼさず、しかし五ヶ月の胎児にとっては大きすぎるものだった、ということでした。この事例はきわめて珍しいもので、その意味で貴重なものです。彼［K］はたまたま、犠牲となって流産した子どもたちと生き残った健康な子どもたちの間に位置したのです。

二、彼は一年間、母親の母乳を飲んでいました。多かれ少なかれ、母乳の中に放射線があったに違いありません。

三、戦前の統計では、子どもの骨髄性白血病は、年に一、二例記録されているだけでした。しかし戦後、一九四九～五〇年以降は、広島赤十字病院だけでも一〇例以上が記録されています。これは著しい対照をなしています。

四、他の記録すべき際立った点は、環境条件です。幸いなことに、母親は戦争の後だけでなく、戦前も田舎にいました。このことは彼女の健康な体質に表れています。彼女は放射線を浴びる前に良い栄養状態にありました。そして放射線を浴びた後も、一般の人々、とくに原爆直後から市域内で暮らしていた人々に比べて、はるかに恵まれた食事を摂っていました。これは体力の根本的な条件です。そのため、田舎への避難は、生き残るか死ぬかの重要な要因になっているのです。もし原爆の犠牲者が体力をつけられる適切な環境にいたならば、生き長らえることができたか、もしくは放射線の影響が出てくるのが遅れたことでしょう。

五、しかし遺伝の件に関しては、まだ大いに心配が残っています。

ここで最後に、朝日新聞に掲載された金子医師のコメントをそのまま訳して引用しておきます。

これまで直接被爆、第一次放射能にあった母親の胎児が放射能症にかかった例はあったが、直接被爆しない母親の胎児が第二次放射能の影響とみられる原爆症にかかったのは初めてだ。きわめて珍しいケースだと思う。広大医学部産婦人科田淵昭博士が放射能の影響は妊娠の前半期に大きいと報告しているが、これにあてはまる例だろう。今後は同じようなケースの子供についても血液検査などをして調査する必要がある。〔朝日新聞一九五七年九月二一日夕刊【放射能　胎児で浴びて死亡　被爆の直後に広島歩いた母　あわれ十一歳の少年】〕

以上で、この症例について私が取材したことはすべてです。新聞の切り抜きを貼りつけていますので、今回は同封した九月二日付の手紙五枚プラス四枚に制限します。M回想記を付け加えます。

▽M回想記続き

一九五七年一〇月二二日〔浜井〕

広島はいつもどおり平和です。九月にインドの〔ジャワーハルラール・〕ネルー首相が三時間だけ広島に立ち寄り、熱狂的な歓迎を受けました。ネルー首相は日本中から歓迎されました。このことは、日本人の感情や性格を理解する上で、何らかの手がかりになります。

M氏から先日、手紙が届きました。私は玉井牧師を通じて彼の原稿に対する率直な感想を述べただけですが、自分の立場や感情を理解する人がいたことで、彼は幸せだったに違いありません。この手紙で彼が言うには、日本の受刑者の文芸コンテストで彼の著作の後半部分は一等賞を得たそうです。*石川利光と円地文子という、二人の作家による賞です。後者は女流作家です。正確に言いますと、日記体で書かれている最後の四分の一が、昨年受賞したのです。なるほど原稿がみごとに書かれていたわけです。驚きました。手紙の中で、彼からあなたによろしくとのことでした。

＊「転換期」の題で、『刑政』六七巻九号（一九五八年九月）二四〜二六頁に収録。

浜井回顧録の翻訳を再度続けます。九月二四日付の手紙［本書七七頁］の続きです。

▽浜井回顧録続き　21市長公選、22同前、23市長就任、24平和祭［図1-4］、25助役選任

広島市政秘話 (24)

浜井信三

原爆十年

盛上った〝広島の心〟

初の平和祭無事に挙行

平和祭

二十二年の三月に、一応自然消滅になっていた観光協会が再発足した。その観光協会の常任委員会で、市の観光事業について、いろいろな意見が交された。その常任委員の一人であった石島放送局長から「広島市の特徴を生かしながら世界的な年中行事をやることにしてはどうだろうか。例えば原爆被爆の日である八月六日を中心として、大々的に平和祭をやることなどは、国際的にも相当アピールするのではないか」と言う意見が出されたことがあった。

六月の初めごろ、商工会議所会頭中村藤太郎氏が来られて、「会議所では何でも今年の八月六日から、大々的に平和祭をやろうという機運が非常に高まっている。それについて県の軍政部の意向も、たたいておきたいから、一緒に県へ行ってもらいたい」と言う話があった。私は心の中で[illegible]大々的にやるのには、少し準備が足らないのではないか。下手なことをすると却って物笑いになるかも知れない」と考えたが、とに角、中村会頭と一緒に県政部へ行くことにした。県政部の司令官は、平和祭の企画には積極的に賛成した。それから数日後に市内の各種団体、会社、商店街など各階層の代表者が招集された。平和祭の執行について討議するためであった。これはすべて商工会議所があっせんしたと記憶しているが、まことに民主的な行き方であったと思う。私はその年の八月に直ちに大々的な行事を行うということについては、きわめて消極的な気持であった。しかるにこの第一回の打合会の空気は全般的に非常に積極的で、単に平和祭執行の可否についての意見ばかりでなく、将来の広島市民の平和運動推進の役割などについても誠に傾聴すべき意見が多々述べられた。この会合には、百五十人ないし二百人くらいの人が集ったと記憶するが、私はこの会議の中から「広島の心」をはっきり知ることができた。会議は結論として、そうした市民の平和運動の一環として平和祭も考えるべきで、開催の期間が短かい事でもあり、何事も始めからうまく行くものではない。年々これを行っている中に、追々立派なものにして行けばよいので、そんなことに拘泥せずに、直ちに着手すべきであるという意見に一致した。

元来平和運動のようなものは下から盛り上がる意欲を結集して、推進していってこそ、初めて意義があるので、出来る丈け上からの押しつけは避けるべきであるが、広島の場合その点はまことに会心の滑り出しをしたと私は思った。そうした意味からも、平和祭は民間の手で執行することとし、その主体として平和祭協会が設立せられ、会長に市長、副会長は三人として商工会議所会頭、市議会議長、および一般会員から一名を推すことになった。一般会員からの副会長としては、石島放送局長が選ばれた。

平和祭のやり方としては、平和祭協会の主催で平和式を挙げる。平和式において、会長は八時十五分に、平和の鐘を鳴らし平和宣言を発する。副会長は三人でそれぞれ分担して、平和樹を植え、鳩を放ち、[illegible]地に平和の記念樹を植えることになった。

慰霊祭は、先に[illegible]氏らの世話で発足した供養会が主催して中島の供養塔で執行することになった。

市の中心行事は、平和式典と慰霊祭と二つだけと集約したが、その他の付帯行事は、各団体ならびに地域の創意に委すことになった。

平和式典の式場として、中島[illegible]に応急にバラックの舞台を造った。舞台の東端に小さな塔を造り、その塔の上に平和の鐘をつった。

市では八月六日を市の祭日と定め公休日とすることにした。

八月六日になって、行事はすべて予定通り厳粛に進められた。平和式典にとくに光彩を添えたのは、マッカーサー元帥のメッセージであった。メッセージは、短いものであったが文章も立派だったし、その内容も[illegible]すべきものであった。このメッセージは、市会議長寺田[illegible]氏が同氏の友人であるU・Pのホープライト氏と共に、東京マッカーサー元帥を訪れて、もらって来たものであった。聞くところによると、このメッセージは元帥が自身で書いたもので、後にも先にも地方的な行事に元帥がメッセージを出した例はなかったということである。これは寺田議長のヒットであった。

八月六日には、外国記者も続々広島に集って来た。そして国外に対しても大きな反響を呼んだ。ただ当日の付帯行事に、全然統一がなかったために、祝賀行列や、シャギリなども出るし各町では、それぞれ舞台などを造って賑やかな催しも行われた。それが余りにも、お祭騒ぎに堕して、遺族のひんしゅくを買った。外国人の中にも「広島の人たちの心がわからない」と言った人もあった。特に外国[illegible]見たら広島の平和祭は、何のことはない、イナカのカーニバル祭のようなものだと書いていたのもあった。この年の平和祭は初めてのことではあり、市民の間にも、多少戸惑いもあって失敗もあったが、これらは、後に開かれた反省会で、率直に反省された。この平和祭は私がリードしてやったように誤解している向きもあったが、事実は全く反対で、私たちはむしろ平和祭協会を結成した市内各階層の代表者たちの盛り上る気勢に圧倒されて、ついて行ったようなかたちであった。この平和祭を開催するまで、終始縁の下の力持ち的役割を演じ、誠心誠意世話をされたのは中村会頭であった。

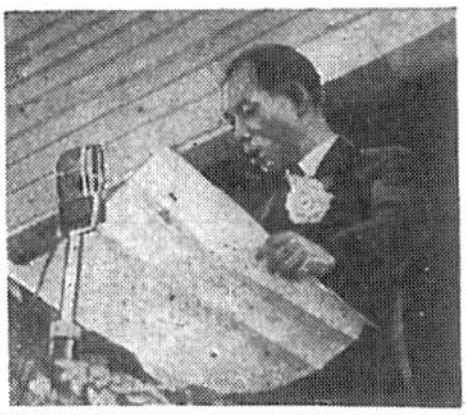

平和宣言を朗読する前浜井市長

図1-4　浜井回顧録24「平和祭」

一九五七年一〇月二九日〔浜井〕

秋はその色合いを深め、山の緑葉を赤や黄色に染めつつあります。日本の季節の移りかわりははっきりとしていて、太陽暦を使ってこそいますが、季節や古い習俗はなお太陰暦に沿っています。新旧の交じり合いは、ウィーンでもきっと同じでしょう。広島の若い天文学者たちは木のサンダル（ゲタ）をつっかけて、ソ連の科学者が打ち上げた新しい人工衛星〔スプートニク〕を観察すべく、熱い視線を望遠鏡に注いでいます。

浜井回顧録を進めます。

▽浜井回顧録続き　25続き、26天皇陛下行幸、27総合大学設立、28同前

一九五七年一一月六日〔浜井〕

執筆はいかがでしょうか。全体の構想は立ちましたか。すべてがうまく進んでいることを願います。世界は、かつてなくソ連を話題にしています。〔ゲオルギー・〕ジューコフ元帥の転任と、もちろん第二の人工衛星についてです。軍縮の問題はいっそう解決困難の度を深めそうです。浜井回顧録を進めます。

▽浜井回顧録続き　29同前、30同前、31電鉄報償金問題

一一月四日付のあなたの手紙を今日（九日）受け取りました。Mの文章に心打たれたとのこと、また聖ミヒャエーリス教会会議でのあなたの演説のこと、嬉しく思います。すべてが良好です。私はあなたにできるだけ早く詳細な情報を送る気でいっぱいです。これまでは毎週土曜日に五枚ずつ送るこ

とにしていました。しかし、前回の書簡は三二〇円かかりました。一グラムオーバーしたためです［オーバー分は］一〇グラムごとに一一五円です）。この手紙は二一グラムあったのです。新しい用紙で、少し重かったためとみえます。用紙はただ一つ決まったものしかないので、同じブランドのものでしたが、品質の改善がなされているようです（私には残念なことですが）。だから、これからは四枚の送付とします。ただし一週間よりも早めに、四枚分を終えたらすぐに送るようにします。次回はMの文章を続けます。

一九五七年一一月一四日［M］

長岡氏に会いに行き、あなたに言われたように、彼の研究グループについて書くように依頼しました。彼はたいへん忙しい様子で、長崎に一週間、さらに東京に一週間出張します。したがって、原稿は来月上旬に出来上がるでしょう。

博物館の展示についてのあなたの手紙を見せたところ、彼は感謝していました。彼に、広島復興大博覧会はいつ終わるか尋ねました。三月から五月とのことです。私は［原稿の依頼は］その後の方が良いだろうと思いましたが、彼は大丈夫だと言いました。彼は博覧会自体にはあまり熱心ではありません。河本氏と奥さんは不在でしたので、別の日に出向きます。

▽M回想記続き

一九五七年一一月一八日〔中国新聞〕

一九四五年の中国新聞の翻訳のため再度呉へ行きました。これまでお伝えしていませんでしたが、九月に行ったところ山口県の徳山から来た人がすでに新聞を借り出し、マイクロフィルムに写していました。彼は私よりもさらに遠方からですから、その日、私は作業できませんでした。言い訳になりますが、こういうわけで、もっと早く送るべきところ、遅くなってしまいました。ご容赦ください。

五月三〇日付書簡にある、私がリストアップした項目〔本書四〇〜四一頁〕を見てください。

▽中国新聞一九四五年八月二三日【原子爆弾現地調査報告　防衛本部　鳥居技師　木造は全壊全焼熱感持続は約二秒】

▽中国新聞一九四五年九月四日【食糧品の配給拠点　広島市内に二〇ヶ所】

▽中国新聞一九四五年九月四日【広島の被害世界一　日米記者団が一問一答】

▽中国新聞一九四五年九月七日【残留市民十三万人　すでに都市計画図も完成す　再建広島語る高野知事】

▽中国新聞一九四五年九月一〇日【嘘だ、七五年説　連合国の原子爆弾調査団来広】

▽中国新聞一九四五年九月一三日【全壊は市が整理　半壊家屋は修理材料】

▽中国新聞一九四五年九月一七日【絶対よそう胸部露出　中国連絡本部から特に若い婦人に】

▽中国新聞一九四五年九月一八日【橋は落ち、道路は湖　台風広島県下を襲う】

▽中国新聞一九四五年一一月五日【郷土の復興いつの日】、【米兵も祝う本社復興祭】

▽中国新聞一九四五年一一月一〇日【来月中には全市に送水　出ない水道に広島市の弁】

▽中国新聞一九四五年一一月二二日【広島市の人口　十三万七千　被害直前は十八万三千】（原爆の日に実際にどの程度の人が死亡したかはわかりません。しかし、家屋疎開の手伝いのため、市外からの人が市中に多数いたことは事実です。もちろん、「一九四五年一一月一日の広島市の人口」一三万六五一八人という数字は、すべてが「原爆の」生存者（サバイバー）ということではなく、復員兵や引揚者、また外から来た者が多数含まれています）。

一九五七年一一月二一日〔中国新聞の一九四五年記事、M〕

昨日、ファースト・ナショナル・シティ・バンク・オブ・ニューヨークから三万五千円を確かに拝受いたしました。そのうち五千円はしかるべく玉井牧師に渡します。M氏に渡すためです。これで彼は非常に喜ぶだろうと思います。彼ら宛てのあなたの手紙はそのまま翻訳しました。M氏宛ての手紙については、彼が現金為替を受け取ることができないケースを考慮し、お金のことにふれていないことを、玉井牧師にもちろん話しました。

広島にはまだ犠牲者が数多く存在し、新聞では原爆症でまたしても死者が出たと報じられています。この「また一人死亡」という記事は、実際の「直接の」犠牲者であった人たち、また被爆地に入りいわゆる二次放射能を受けた人たちにノイローゼを引き起こします。最近報道された数字は、原爆症で今年三二人目の患者が亡くなったというものです。この「原爆症という」用語法それ自体は厳密な医学用語ではなく、一種の政治的な用語と言えます。厳密な意味では白血病と呼ばれるべきだということです。そして白血病には多くの原因があり、「にもかかわらず、原因の」はっきりしない死亡のすべてを、原爆症というカテゴリーに押し込む傾向があるように見えます。これは、最近会った蜂谷先生の説明です。原爆症という言葉は、戦後すぐに都築［正男］博士によって作られた用語です。

このように込み入った状況をどのように分析し判断すべきなのか、私自身にはわかりません。ですが、私が記しておきたいことは、原爆に起因する死亡を新聞で報道することは、二種類の効果をもつということです。一つは、現実の犠牲者にとっては心理的に耐え難いということ。しかし他方で、核兵器禁止のための抗議や警告として、この種の死亡率こそ真の、そして統計的な証拠であるという点です。この新聞報道の問題が、広島の社会問題に最近なりつつあるというわけではありませんが、ついでに観察したことをお話ししておきたかっただけのことです。**この問題は一九五九年四月、社会問題に発展する！**［小倉の後日の書き込み。本書三九四頁参照］

（一九四五年中国新聞記事の続き）

▽中国新聞一九四五年一一月二二日【バラックにも表札を　郵便局からお願い】

▽中国新聞一九四五年一二月四日【罪は何処にある？　暴力化して来た少年犯罪】

▽中国新聞一九四五年一二月一〇日【正月用にお酒一升　復興の意気発揚にもと　財務局が近く特配する】

▽中国新聞一九四五年一二月一三日【浜井氏任就（ママ）　広島市の助役】

▽中国新聞一九四五年一二月二四日【生活の確保は此一手　広島にも消費組合結成】、【広島に天然痘】

これで、一九四五年八月から一二月の中国新聞記事の翻訳はすべてです。興味深いものもあれば、普通の出来事もあります。Mの文章の翻訳を続けます。浜井のものよりも、より急いで入用でしょうから。

▽M回想記続き

河本氏宅に行きましたが、無駄でした。YMCAに電話しました。はるか以前にそこで彼と会ったことを思い出しましたので。しかし最近は来ていないとの返事でした。彼の家は出入りが自由で玄関に集会のチラシが貼ってありますから、あなたの提案について、それから私に返答してほしいことを、記しておきました。次回にはその返答を送れるかもしれません。

一九五七年一一月二七日〔M、領収書〕

Mの文章の翻訳を続けます。

▽M回想記続き

(次の章は切れないで続いています。しかし、この物語全体にアクセントをつけるため、ここで中断を入れる方が良いと考えました。)

▽M回想記続き

一一月二六日付の手紙を、同封の、長崎大学の築城〔士郎〕博士に関する切り抜きと共にちょうど受け取りました。まず、あなたの手紙にあるいくつかの質問にお答えします。①郵便料金と交通費について、臨時の費用を計上していただけたらありがたいです。というのも、とくに郵便料金については、同じ費用で九枚送れるのに五枚送るといった、不経済な送り方には不安を覚えるからです。たくさん送ろうとすれば、あいだも空くことになるでしょう。だから四枚に収めて期間を短くし、費用も節約することに決めたのです。交通費は、おっしゃるとおり私が支払っていますが、こちらは大丈夫です。②築城博士について、私が取っている朝日新聞で読んではいません。日本で最も良い新聞なのですが。しかし、中国新聞に行き、ことの詳細すべてを調べてみます。久保教授にも相談します。③先の手紙で書きましたように、長岡は彼の記録を一二月半ばに渡してくれるはずです。また河本からは、彼のいろいろな活動についての印刷物を同封した返信を受け取りました。彼の原稿自体は一週間以内にできるでしょう。

さて最後に、④資料の送付を急ぐ件です。私は、あなたという汽車を発車させられるよう、できるだけすばやく燃料を送りたいと心から望んでいます。しかし、ご承知のように、燃料を送る手段は限られ、もちろん燃料の「製造」過程も時間を食います……［一行判読不能］。あなたに新広島ホテルで、私の時間のすべてをこの計画のために使うことはどうしてもできないとお伝えし、その上で支払いや費用の約束をしたと思います。その後、あなたもご承知のように、私は大学の地理の手引き書を作る仕事に携わりました。これは生活のためにやむを得ません。そして今も、三つの会社の、翻訳と英文資料の仕事をしています。あなたの支払いが少ないとか、そうしたことを言おうというのではありません。ただ、あなたの翻訳の仕事をできるだけ進めようと真剣に努力していますが、他にもしなければならない仕事がいくらかあることを、ご理解いただきたいのです。とはいえ実際のところ、私の時間の半分以上はあなたの翻訳と資料調査に使っていますし、私がもっとも気にかけているのもあなたのこの計画です。それに比べれば、家のことや会社関係のことは、すべて小さなものです。どうかご理解ください。

一九五七年一二月三日［M］

（日本ではこの月は「師走」と呼びます。文字どおりに「師が走る」ということです。動きのゆっくりとした僧侶でさえ、一二月には走り回らなくてはならないという意味です。）

さて一二月です。あなたの求めに応じて、できるだけ集中し、すばやく、かつしっかりとした分量をお送りするよう努めます。これが言葉だけに終わりませんようにと思っています。というのも、今月は一年の中でも最も忙しい月ですから。

▽M回想記続き

今日は以上です。中国新聞に行きました。築城博士に関する記事があったかは思い出せないようでしたが、引き続き探してくれます。明日は外出の日で、この件で人々と会います。次の手紙に期待してください。

河本の原稿はできているはずですが、私への連絡はまだありません。長岡氏の期限も来週です。

私はいまアジアかぜと格闘中です。広島経由でこの地域［廿日市］を襲っています。まったく困ったものです。幸運を。

一九五七年一二月一一日［M］

M回想記を続けます。新しいものに手をつける前に、これを終わらせなければいけないでしょう。

▽M回想記続き　第四章

昨日受け取った手紙によれば、河本は、原爆犠牲者の子どもたちに題材を取った、『千羽鶴』という題の児童映画［木村荘十二監督、一九五八年公開］を準備していてとても忙しいそうです。しかし、［今月の］一五日には原稿を仕上げるつもりです。だから次の、ないしはその次の手紙で翻訳をします。長岡の原稿も同様です。私はこの間、アジアかぜでひどい目にあいました。もうほとんど完全に回復しています。今度はわが家の料理・洗濯大臣［母親か］にうつり、まったく身動きの取れない状態です。今年、日本では七百人以上がこの風邪で亡くなりました。大変なことではないでしょうか。

一九五七年一二月一七日［M］

あなたと、あなたの親愛なるご家族にメリー・クリスマス。

この言葉をドイツ語で書くと、あなたには愉快でしょうね。

［ドイツ語で］クリスマスおめでとう。

日本では今年、バーなどの娯楽産業は、クリスマスの営業を午前一時までに終えるよう指示されました。戦争が終わってからこれまでは、気でも触れたかのように、徹夜で営業していたのです。これはキリスト生誕の日を祝うやり方としては、どう見てもあまりにひどいものだと思われました。日本は本質的にキリスト教国家ではなく、［クリスマスの］ばか騒ぎは非キリスト教の人々が取り入れました。もちろん、良い点も取り入れられています。子どもたちの、楽しいプレゼント交換や、孤児院やその他の施設のための、思いやりに満ちたパーティーです。

▽M回想記続き

短歌がもう一首続き、それから二、三頁でMの心打つ物語は終わります。だから次の便で完成を見るでしょう。長岡氏は一六日に東京から戻ったばかりです。そして、博覧会の準備のために長崎出張をとりやめにしました。

一九五七年一二月二〇日【M（終了）】

まだ築城博士から返事はありません。今回で終わらせられるように、M回想記を続けます。新年が近づいています。

▽M回想記続き（終了）

これでM一夫が書いた、心打つ長い物語は終わりです。この原稿を読む機会を与えられたこと、さらにあなたのために翻訳する機会をいただいたことに感謝します。もちろん、下手な表現が多々あるとは思いますが（原文ではなく、私の翻訳の問題です）。書き手の言わんとするところは、原文では鮮やかに描かれていたのですが、それを十分にお伝えできなかったとしたらお許しください。

さて、この原稿をすぐに玉井牧師に返却するのか否か、私には何も案はありません。玉井牧師からは、この原稿を手元に置いておけるか聞かれていまして、私にはそれを決める権利はありません。あなたに提案がなく、また訳文についてご質問がなければ、原稿を玉井牧師に返却します。考えをお知らせください。

M氏のキリスト教に対する態度に関する質問には、まだ回答をもらっていません。五千円のお金は、玉井牧師宛ておよびM氏宛てのあなたの手紙の翻訳と共に、玉井牧師の娘さんに渡しました。私が行った日には、彼は旅行中だったのです。このお金の受け取り証をもらうのかは思いあぐねました。彼が神に仕える身であることを考えるなら、そうした証明を受け取るのは正しいことではないでしょう。しかし、あなたの仕事のために必要だということでしたらもらってきます。このことについてご指示ください。

長崎大学の築城博士から、あなたの質問に関する非常に短い手紙を受け取りました。きわめて短いので、ここにそのまま翻訳します。

《一九五七年一二月一三日　小倉馨様

お手紙拝読いたしました。現在、原爆に関する著作を執筆しており、その英語版も準備しています。完成しだい、お送りします。お送りいただいた記事の切り抜き、感謝します。同封してお返しします。重ねて、感謝します。お返事まで。

築城士郎拝》

この手紙にもあるように、資料が届くことを待つ状況にあります。河本について、原稿を一五日までに送ると彼は約束をしていましたが、まだ返事はありません。明日もう一度、督促に行こうと思います。長岡については、公務で多忙を極めていますので、一月初旬まで待たなければならないと思います。久保教授の返事は数日内だと思います。そのような状況ですので、待っているものが届くまでは、浜井回顧録の翻訳を続けます。

さようなら、一九五七年。良い新年をお迎えください。

一九五七年一二月三〇日［浜井］

もう一日で、この偉大な一九五七年は歴史の中へと過ぎゆきます。前便の手紙で述べましたように、浜井回顧録を続けます。

▽浜井回顧録続き　31続き、32平和美術展、33海外の救援運動

孤児たちの木版画「トラッペートの星空」の美しいカード、とても嬉しく受け取りました。素朴な白と黒はそれ自体で、二つの基本的なテーゼとアンチテーゼの合一試行を意味する深遠さがあります。とても感謝します。あなたが［エリカ・］アンダーソン女史のお仕事を手伝う機会がありますようにと願います。また、もう一度広島に来られることを心から願います。ぜひ、私のささやかな仕居に滞在してください。

解説1　浜井信三インタビュー

書簡からうかがえるように、ユンクはおそらく富樫と共に前市長の浜井信三と会食し、知己を得ていた。また、浜井に対する小倉の強い親近感も、書簡からうかがうことができる。広島の原爆被害と人々のその後についての記録に着手した小倉は、何よりも一九五五年の中国新聞に連載された浜井の回顧録「原爆十年――広島市政秘話」全七四篇に注目し、その項目一覧をユンクに送り、翻訳必要項目五一を指示する返事を得て、その翻訳に入る。この翻訳作業に関連して小倉は、一九五八年夏に浜井の自宅でインタビューを行った。浜井は敗戦後、木原七郎市長の助役を務め、一九四七年四月の選挙で若年層や革新勢力を含む広い支持を集めて、初の公選広島市長となった。インタビューは、二期八年を務めたあとの落選期間中に行われたものである。浜井は一九五九年の市長選挙で返り咲き、さらに二期とあわせて、合計四期広島市長を務めた。

被爆直後、浜井は市の配給課長として臨機応変に対応し、また助役・市長として復興事業の先頭に立った。浜井へのインタビューは、この行政第一線の経験を聞くためのものである。中国新聞記事七四篇のスクラップブックを、浜井は小倉に自身の手で提供している。その内容は、被爆当時の救護活動から「平和都市」としての復興事業に至るまでの、浜井の回想に基づく戦後広島の十年史である。この浜井の年代記が、ユンク『灰墟の光』における叙述の基礎に置かれている。

浜井の連載はのちに、自伝・浜井信三『原爆市長――ヒロシマとともに二十年』（朝日新聞社、一九六七年）として再編・出版された。その後、『原爆市長――よみがえる廃墟広島の記録』（浜井順三編、二〇〇六年）として遺族の手で再刊され、さらに二〇一〇年には在広の翻訳家エリザベス・ボールドウィンによる英訳で、多くの写真と地図資料を追加した英語版 *A-bomb Mayor Warnings and Hope from Hiroshima* が刊行された（『原爆市長』英語版刊行委員会、二〇一〇年）。そして、東日本大震災から四ヶ月後には、放射線被曝の図解資料等を加え、『原爆市長――よみがえった都市　復興への軌跡』（原爆市長復刻版刊行委員会、二〇一一年）が復刻版として刊行された。再刊される毎に、浜井自身の文章の復刻にとどまらず、写真や資料が追加され、三・一一を経て総体として広島の「警告と希望」、「復興」を伝える文献として編みなおされてきたのである。

他方で、本インタビューの重要性は、新聞連載や、今日私たちの手に届きやすい著作となった『原爆市長』では必ずしも表されていない、当時の苦悩や支持者との関係が読み取れることにある。落選期間中とはいえ、公的な立場への復帰を志向する浜井には、語りえなかったこともあるだろう。それでも、このインタビューで浜井は、いくつかの点について自分の考えを語っている。そこには、「復興の功労者」にとどまらない浜井の姿が示されている。

一九四七年に行われた初の公選で、浜井は復興の担い手は旧勢力ではなく、「意気と情熱」にあふれる「青年」だと訴えた（中国新聞一九四七年四月二日）。そして、配給課長時代に経験した逼迫した食糧事情の改善、戦災者・引揚者住宅の増設などを主眼とし、「市民の大多数は勤労者です、これらの勤労者すなわち会社、工場、銀行、官公庁の従業員、農民、漁業中小商工業者の働きよい、住みよい都市を建設したいと思います」（同前）と、復興の理想を掲げて当選した。そこには、被爆によって壊滅的な被害を受けた都市の再建を目指し、四十代前半の若き自治体首長として新時代を担う「意気」が込められている。

しかし、百メートル道路や平和記念公園、河岸緑地の整備をはじめとする都市計画は目新しいばかりでなく、現実には人々の生活を圧迫し、経済的にも困難が伴った。敗戦直後の若さや清廉さといった浜井のイメージもしだいに曇り、一九五五年の市長選の落選要因ともなった。本インタビューでは選挙敗北の理由にいっそう立ち入っており、朝日新聞社版の『原爆市長』には収録されたものの、二〇〇六年の再刊にあたって一度は削除された「落選市長の記」に相当する部分も、詳しく語られている。

また、浜井のインタビューは、占領権力の見えにくさも伝えている。とくに、一九四九〜五〇年頃の公務員レッドパージや、労働運動への対応に関する言及がなされていることは重要である。この点は、本書下巻収録の山本芳雄へのインタビューにも言及がある。占領下、共産党国際派の地盤となっていく広島で、浜井は激化する労働運動に対する距離感を覚えつつも、大学時代に培われた社会主義への共感も抱えていたようだ。『原爆市長』では、公安条例制定に関する占領軍からの圧力や、実際の制定にいたる苦悩についてふれられている。加えて浜井はこのインタビューで、公安条例を許可制ではなく申告制にするなど、抑圧的な制度を可能な限り回避しようとする過程で占領軍から共産主義者と見なされたり、またその疑いがあるとして説明を求められたことを述べている。浜井は革新勢力を含む広い支持を受けて当選しながら、「逆コース」時代の自治体首長として抑圧に手を染めねばならなかった。

それでもなお、浜井には草の根で広島の平和運動を支えた人々からの強い支持があった。このインタビューをはじめ、本書簡はその支持者の姿を浮き彫りにしている。まず小倉自身が支持者であり、小倉の友人の広島市渉外課長の新出もそうであり、さらに河本一郎や吉川清の姿（河本一郎へのインタビューによる）もそこにあった。

浜井の略歴は以下の通りである。一九〇五年広島市三川町で生まれ、広島市立幟町小学校、広島高等師範学校附属中学校、第一高等学校を経て、三一年東京帝国大学法学部を卒業。その後、中央官僚の道には進まず、広島に戻り、三二年九月から商工会議所、三五年から広島市役所に勤務し、商工課長、人事課長を経験。配給課長時に原爆に遭う。四七年四月に初当選し、四期を務め六七年に引退。参議院選挙出馬表明直後の六八年二月死去。（西井麻里奈）

解説2 ロベルト・ユンクの動向（一）

一九五七年五月二一日付アンデルスへの手紙でユンクは、二日前にロサンゼルスの自宅に帰ったとし、子どもの教育のために米国から欧州に移住するとして、その日程を以下のように伝えている。「五月二一日にはニューヨークで船に乗り、六月八日にはジェノヴァに着き、しばらくスイスに滞在し、うまくいけば九月にウィーンに到着する」。

この日程にそって、六月前半にユンクは妻子と共にスイス入りしたと推測される。それは、六月一四日「神武以来の好景気」と六月二一日「アジアにおける日本の新しい役割」、そして前掲の七月五日「広島での出会い」と、ユンクの日本に関する論説が連続して『世界週報』に掲載されているからである。小倉宛てに六月二五日付の絵葉書がアスコナから送られているが、アスコナはユンクにとってなじみのあるスイスの保養地だった。この保養地で集中して三本の日本に関する論説をまとめた、と見てよい。この日本報告という『世界週報』への宿題を果たし、夏の休暇をザルツブルクやイタリアで過ごし、九月末にユンク一家はウィーン入りする。

この時期、七月一三日付『フランクフルト一般新聞（*Frankfurter Allgemeine Zeitung*）』にアンデルスは「原子時代の掟」を投稿し、反核運動への烽火を上げた。同時に、前年七月に原子禍反対闘争同盟を立ち上げていたマンシュタインとの文通が始まり、二人は反核国際会議のウィーン開催を練り始めた。そこにユンクが加わる。ユンクのウィーン到着をアンデルスの九月二八日付手紙は、マンシュタインに以下のように伝える。「二、三日前にロベルト・ユンクがウィーンに着きました。私たちはすぐにコンタクトをもちました。彼は並外れた人物です。こんな人物をほかには知りません。モラルに突き動かされて進む、が時代のレポーターです。彼の本の巨大な成功（原爆の本はドイツだけですでに六万部売れています）は、会議のための大きな権威を彼に与えてくれます。数ヶ月前に彼は日本に滞在し、広島原爆に関する体験談を集めました」と。

そして同じく一〇月三日付の手紙は、「ユンクが私の所に来ている」とし、反核集会の件について記す。すなわち、欧州のジャン・ポール・サルトルやカール・ヤスパースではなく、米国のノーマン・カズンズなど海外の著名人を集める国際会議、というユンクの提案である。とりわけ、「この人物が最も重要」とされたのが「長岡教授（ママ）」であり、「彼は広島の破局後すぐに（ポンペイのごとき）記録となる物を集めました。その膨大なコレクションは写真や映像なども含めて現在、広島の『原爆資料館』に展示されています。この男を彼の資料館と共に（すべてを一つの貨車の荷で、とユンクは主張しています）、当地に連れてこなければなりません。つまり、会議には展示が結びつけられます。その後、この展示は国際移動展とされます」。このユンクの提案に従ってアンデルスとマンシュタインは、ウィーン反核国際会議の準備に入る。だが、長岡省吾とその展示物を欧州に「連れてくる」には多額の渡航費用が必要である。この問題をどうするのか。これについて、マンシュタインの一二月二日付手紙はアンデルスに、ユンクは「全地上で知られている」人だから、その彼のネットワークで自費参加者や資金集めを組織化して会議をもてないか、依頼の手紙をユンクに出したと伝える。そしてアンデルスに、この件についてユンクと話し合ってほしい、と。これに対して、そうした組織化の能力は、ユンクにも自分にもあるようには思えないとのアンデルスの返事だった。

そうしたやり取りの間に、一九五八年の年明け、一二月二二日付原水爆禁止日本協議会(日本原水協・安井郁)の書簡がマンシュタインの元に届き、事態は一変する。同年八月東京での原水爆禁止国際会議への、参加意志を問うアンケートである。このアンケートをマンシュタインはアンデルスに回し、それに対し一九五八年一月一二日付アンデルスの手紙は「ユンクと長時間話した」とし、以下のように回答する。「日本から提起されたこの会議を一緒に行うべきだと思います」「日本の組織はわれわれよりもはるかに進んでいます。彼らは、この問題をはるかに大規模に押し上げられます」と。かくて、ウィーン国際会議の計画は東京の国際会議参加へと切り替わる。ただし、長岡資料の欧州展示は引き続き残された課題だった。

ところで、ユンクの予定では九月のウィーン入りまでに、長岡、M一夫、河本一郎、蜂谷道彦などに関する主な材料をそろえ、それを基に執筆に入るつもりだった。しかし、そうはいかず、しかもウィーン入り直後の一〇月初旬には、ポーランド外相アダム・ラパツキーの中欧非核武装地帯構想の提案、ソ連の人工衛星スプートニク打ち上げ、英国のウィンズケール原子炉事故と、国際世論を揺るがす大きな出来事が続いた。そのため、ユンクもとりわけ前二者のテーマにそった論説の執筆に追われる。第一は核軍拡批判であり、日刊紙『世界（*Die Welt*）』に一二月中旬、論説「原子兵器と世論」を三回連載で掲載する。第二は宇宙への進出であり、一〇月一八日付『世界週報』の論説「次のステップ　宇宙の生命」、また『未来は既に始まった』の第二版刊行のため年末までに第六章「宇宙への触手」（論説六本）が追加される。第三の原子炉事故に関しては、マンシュタインおよびアンデルスとは異なり、ユンクは立ち入らなかった。さらに、『世界週報』のいわばトップ記者として、一九四七年に始まるクリスマス向けの特別論説以来、この特別論説の担当はユンクに委ねられていた。したがって、一一月半ばにはシチリアを取材し、一二月六日号にクリスマス論説「シチリアの善良な人たち」を掲載する。このように、ユンクは欧州帰国後、記者活動に忙殺され、また材料もそろわず、執筆に向かうことはまったくできなかった。

（若尾祐司）

第二編　反核平和運動の高まりの中で
――一九五八年一月から同年五月まで

平和記念公園の平和の池から原爆ドームを望む（1960年）

概要

一九五八年の年明けから、ユンク待望の河本一郎の原稿が入り始める。ただし、期待していた被爆時点からではなく、一九四八年からの記述であった。この河本の原稿、およびこれと関連して、一九五五年一〇月の佐々木禎子の死と、原爆症で亡くなった少女の追悼会から出発して一九五八年五月五日の「原爆の子の像」除幕式にいたる、河本と広島の子どもたちの「原爆の子の像」記念碑建設運動が第二編の最大のテーマをなす。そして、第一編の主題を引き継ぐ、浜井回顧録の残り三分の一、またM一夫関係の新聞記事と裁判記録の翻訳である。小倉はMの文章と詩、またデッサンの繊細さに惹かれ、五月一八日に刑務所で面会して、真摯に受刑者生活を生きるその姿にあらためて魅せられている。

その間、一九五八年一月二二日付小倉書簡が示すように、ユンクは一月半ばから第一草稿にとりかかる。三月一七日付小倉書簡から、スイスのサンモリッツで冬の長期休暇をとり、この著作の構想を練りつつ、アメリカへの調査旅行を計画していたことがうかがわれる。ただし、二月末には歯の手術や流感で体調を崩した、という。

そして、西ドイツ連邦議会による核配備決定を目前に控えた三月二三日、フランクフルトの「原爆死(Atomtod)反対闘争」集会で、ユンクは初めて大規模な政治集会に登壇し、演説を行った。そのためにユンクは、『世界週報』特派員の地位を追われる。この件は、日本の各紙でも報道された。ウィリー・富樫と連絡を取って四月、ユンクはＡＢＣＣ関係者の取材のために米国に滞在する。その米国行きの機内で質問事項を整理し、米国到着後すぐに小倉に送り、米国取材を終えて五月から執筆に集中する予定だった。この滞米中のユンクの動静は、富樫から小倉に伝えられる。

さて、五月五日には「原爆の子の像」の除幕と並んで、ユンクの論説「ゲッチンゲンの十八人」が朝日新聞に掲載された。三月の集会に続く日本の紙面への登場である。さらに五月半ばには邦訳『未来は既に始まった』が刊行され、朝日新聞に大きな広告や書評が掲載される。まさしくユンクは日本でも、核時代の科学者の役割を問い、核軍拡に抵抗する時の人となっていた。これら、日本におけるユンク関係の記事を逐一拾って翻訳し、小倉は送付する。同時に、先のユンクの質問事項について、原爆症の女性Ｈの診断書や、阿川弘之『魔の遺産』（新潮社、一九五四年）に登場する「柳の会」の件など、関係者に直接インタビューを行って、回答を送った。

しかし、河本の原稿は完成せず、とくに一九四五〜四七年の記述が欠けていた。他方で、この五月には「原爆死反対闘争」が燃え広がり、西ドイツ各地で大規模な集会がもたれた。フランクフルト市議会の代表団は五月末に広島入りし、その記事を小倉はユンクに伝える。こうした反核運動が拡大する政治情勢の中でも、ユンクは著作の仕上げを目指し、七月二八日付小倉書簡によれば一日一八時間労働の集中作業を進めたが、集中すればするほど疑問の輪も広がっていく。ただ、六、七月の小倉書簡は大半が欠け、その内容を窺うことは困難である。「補遺」に収録した八月の小倉書簡は、主に中央公論の論説「ヒロシマ——その後十三年」の翻訳である。医療・社会保障・平和運動の三点を対象とするこの論説に小倉は注目し、ユンクが希望する翻訳箇所を尋ねる。返事は全訳であり、八月を通して小倉はその翻訳作業を優先したのである。

小倉書簡（一九五八年一月八日〜五月二七日）

一九五八年一月八日〔浜井〕

河本氏と久保教授から年賀状が届きましたが、内容は私の依頼に応じられていないことへの謝罪でした。あなたにも、期日を守れず申し訳ないと詫びています。どう応じたらいいかわかりませんが、近いうちには届くはずだと彼らを信頼するのみです。次の手紙のとき、二人のうちどちらかについては書くことができると思います。ところで、ウィリークからクリスマスカードを受け取りました。ご存じないかもしれませんので、彼の住所をお知らせします〔住所省略〕。

彼はふさわしい職を得たようです。

▽浜井回顧録続き　34同前、35平和記念都市建設法

一九五八年一月一〇日〔浜井〕

期待していたとおり、河本氏が原稿を送り始めてくれました。彼に依頼していた物語の原稿です。どれほど長くなるかはわかりません。私は約三〇頁でと頼みましたが、昨日受け取ったのが三二頁あ

り、他の部分はあとで送ると書いてありました。物語は一九四八年に始まり、どうしたものか図りかねます。戦争直後の三年間について、詳しいことをお知りになりたいでしょうか。ともかくもうしばらくこのままにしておきます。私自身もまだ読んでいません（手書きの文字がとても読みにくいのです）。

浜井回顧録の、以下のいくつかの項目が、きわめて重要で有益であると気づきました。ですから、それを続けます。

▽浜井回顧録続き　36同前、37同前、38平和記念都市建設法の効果

先日、河本氏に会いに行きました。初期の部分と、彼の妻との出会いの部分はまだ終わっていませんが、できるだけ早急に仕上げるつもりだということを知りました。順序がばらばらになるかもしれません。次回は、一九四八年以降の、子ども会の始まり部分をお送りしたいと思います。彼からあなたに、心を込めて「ヨロシク」（日本語で "regards" のことです）とのことでした。

一九五八年一月一七日［手紙への返事、河本（開始）］

今日、あなたの一月一一日付の手紙を受け取りました。私からの手紙が二週間届かなかったことを心配されていたようですね。アジアかぜにやられて、書くのに手間取ったことは事実です。ただ同時に、なにしろ新年でとても賑やかで、あなたはさほど好きではないかもしれませんが、親戚や友人たちとの普段にはない付き合いが求められました。しかし、この休みが過ぎるや否や、手紙が続いて届いたと思います。紛失していないとよいのですが。あなたの質問と指示について、少し続けます。

最初に、拝受した手紙の件です。今週、重藤［文夫］博士を訪ねます。そうです、彼は少なくとも社会的地位では、広島一番の医師です。彼とははるか以前に何度か会っただけで、忘れられているかもしれませんが、あなたの手紙と名刺を差し出して、できるだけ多くの情報を得るつもりです。彼は忙しい人なので、この件を担当の医師に回すかもしれません。ともかく最善を尽くします。久保教授と築城博士からの返事はありません。

河本氏に会いに行きました。短い時間でしたが、情報を得るべく話し合いました。被爆後の初期の部分を彼は後で書く予定です。彼が書く時間を取っている間に、「子ども会の集い」の成立部分を翻訳し始めます。これは平和福祉事業（peace welfare work）に対する彼の関心の中心にあると思われます。彼は原爆で被災した子どもたちの友となり、戦後の困難を彼らが生き抜く日々の友でありたいと望みました。私は批評する立場にはありませんが、彼の文章はM氏ほど上手ではありません。［二人は］気質が異なり、彼［河本］はイギリスの核実験に抗議して、クリスマス島に行く船に妻と一緒に乗り込もうとするような、むしろ直情的な性格です。長岡氏は長崎で、二〇日の月曜日に帰ります。

次に支払いについてです。私の記録によれば六月から一〇月まで五ヶ月分を受け取っています。三回の支払いで、それぞれ七月二二日、九月一一日、一一月四日です。ありがたく思っています。

先日、新聞（朝日）に広告があり、エリカ・アンダーソンの記録写真集『シュヴァイツァーの世界』［野村実訳、一九五七年］を紹介していました。白水社の刊行です（美しい装丁で有名な、フランス文学専門の出版社です）。まだ書店で手に取る機会はありませんが、素晴らしい本に違いないと思います。映画製作のために、彼女があなたやノーマン・カズンズと手を携えることを心から願います。

次に、あなたのことです。朝日新聞に「宇宙時代」という題名の評論が載っています。これは一月二日に始まった、新年の連載です（新しい科学の時代に、日本もいかに刺激されているかを示しています）。さて連載第一三回、すなわち一三日付の、「科学と政治」という副題の回に、あなたの名前が登場するのが目に止まりました。この評論の最後のほう、「平和の声が国境に勝る」という小見出しで、次のように書かれていました。『未来は既に始まった』の著者ロベルト・ユンクが昨夏、日本を訪れたとき……［以下省略］」。

▽朝日新聞一九五八年一月一三日【宇宙時代に生きる12　科学と政治（下）　立ちふさがる世論　科学者は大衆の教師に】

その後に短い論評が続き、国家主義の気ちがいじみた独善性でさえ、平和を求める大衆の声が繰返されることで、最終的に克服されるだろう、今こそその時である、と述べています。あなたについて話したり書いたりしたものを目にすることは、嬉しいことです。日米協会の月例の会合に出席したとき、国谷［次男］判事［広島家庭裁判所上席少年調査官］もあなたのことを尋ねました。また、その帰路、森戸学長から家に立ち寄るように言われ、彼が東京で会ったタウ氏について話を聞きました。東京の出版社を紹介する労を取ったが、残念ながら現在の日本の出版状況はあまり好ましいものではないとしか言えず、タウ氏の提案には応じられなかっただろう、とのことです。ともかく、どなたからも、あなたによろしくと言われます。ところで、先日お送りしたウィリーのアメリカの住所はお受け取りのことと思います。彼は寂しくしているかもしれません。あなたが手紙を出されるとき、よろしくお伝えください。

M原稿について、あなたから何も言われていませんので、今週のいつか玉井牧師に返します。それから、河本原稿の翻訳に入る前に、女学院大学（メソジストの学校です）のミセス・ウィルソンとミス・マクミランの名前を出さないように彼から頼まれました。二人とも熱心なクリスチャンで、マクミラン女史はまだ広島に住んでおり、地域の平和運動で熱心に活動しています。河本の書いたものを読んでいると、原稿が、彼の主な関心が集中している特定の時期に分けられていることに気づきました。例えば、第一の時期は子ども会の成立期です。さあ、どうぞ。

▽河本原稿［一九四八年、子ども会の活動的な日々］

一九五八年一月二〇日［M］

今日はM氏の手紙を翻訳して送ります。二日前に玉井牧師から受け取ったもので、翻訳するよう頼まれました。英語らしくすることを考えないで、そのまま訳します。日本人がどのように手紙を書くのかが伝わると思うからです。この［出版］計画でこれまでにお送りしたいくつかの手紙で、もうおわかりかもしれませんが。

［Mからユンクへの手紙］

《ロベルト・ユンク先生（先生はteacherを意味することはご記憶でしょう。文字どおりには先に生まれた者と書きます）**非常に尊敬されている人に使う肩書きです。**

その後、何かお変わりがあったのか、お尋ねしたく存じます。低いところに引き下がりまして（自分を謙遜する表現）、私は変わりなく、精力的に学習と自己啓発の努力を続けていますので、どうぞ私についてのお考えはお捨て置きくださいませ。

さて先日、玉井先生がいらっしゃって、あなたからの手紙とお金を受け取りました。あのようなお粗末な文章をさらすことに、私は気恥ずかしさと当惑を感じていました。その上に、ご褒美のお金をいただきました。どのようにお礼を言ったらよいのか……ただ、感謝しかございません。真実を申し上げますと、あの原稿を書くことは、私にとって古い傷に触れるようなことですから、心の痛む仕事でした。しかしながら、その告白が何かの役に立つのでしたら、さらには原水爆の使用に反対するための材料になるならと考え、喜んで書きました……。そうして書き始め、しかし私は作文を書いた経験もまったくないので、これを書かねば、あれを書かねばと心がはやるばかりでしたが、ついには大切なことをすべて書き上げました。ともかく、私としては最高の努力をしました。世界の人が一人でも多く読み、原爆の悲惨なあり様を、その激しい苦悩と、またそれがどのように人間の良心をむさぼり食らうかを、読み、聞いてくれるよう、敢えて声を限りに叫びました。

先日受け取ったお手紙には、ハンブルクで四千人の人々を前に私の原稿を読んだ、と書かれていました。そして、それを聞いた人々は涙したと……。それを読んだときの私の喜びを、どうかご想像ください。私の書いたものが外国の人々の心を打った（動かした）……それは私の叫びが外国の人々の耳に届いた、ということでしょう。涙が流れるほど幸せでした。

先生、また感謝の気持ちを申し上げます。「ほんとうにありがとうございます」。先生、二つお願いがあるのですが、お聞き届けいただけますでしょうか。一つは、私の「手記」（記録）を読んだときの、外国の人が受けた印象を知りたいです。それぞれ別の印象があると思います。ドイツ人はドイツ人の、アメリカ人はアメリカ人の。そしてできましたら、とくに青年男女の声を聞ければ幸いです。難しいことでしょうが、もし可能ならばお願いいたします。

二つ目は、先生のお写真をいただきたいというお願いです。生涯忘れることのできない人の写真を近くに置きたいと思います。どうか、あなたの誉れが私にも及びますように。あつかましいお願いですが、どうか叶いますようにと、心から願います。

文芸春秋新社から出版された『未来は既に始まった』を読みたいと思い、昨日この本を注文しました。この手紙があなたに届く頃には、この本を読む名誉に浴しているでしょう。

申し上げるのが遅れましたが、いただきました五千円のうち、三千円は父母に送金しました。残りの二千円は、ありがたく、自分の生活資金や学習の支出に使います。

最後に、先生にたくさんの幸せとご健康がありますように祈り、筆を置きます。

一夫》

ロベルト・ユンク様

玉井牧師は、返事の手紙が遅れたのは……［一行欠落］と書いています。

一九五八年一月二二日［H、長岡、中国新聞記事］

第一稿を書き始めたという、一月一五日付の手紙を受け取りました。おめでとうございます。ただ、資料がすっかり遅れていることを後ろめたく感じています。Mの法廷記録は調べてみるつもりです。H夫人の症例については、昨日赤十字病院へ行き、重藤博士と会いました。まだ私を覚えていてくれて好都合でしたが、残念なことにHという名前の女性は、この病院に入院していなかったということでした。実のところ、死者の数はこの病院では三六人のみでした。彼は市役所の原爆被害対策課［以下、原対課と略記］を教えてくれました。そこに行きましたが、赤十字病院と同じ回答でした。そこで記事に誤りがあったのではと考え、中国新聞の建物内にあり、海外配信記事をすべて取り仕切っている共同通信に行きました。そして今回は記事の正確な情報源を見つけました。それは、県立広島病院［以下、県病院と略記］で死亡した犠牲者に関する共同通信の記事で、その日本語原文の写しを取りました。あなたが切り抜いたハンブルクの新聞記事とまったく同じで、ただ非常に短い記事にすぎず、赤十字病院については何も書かれていませんでした。重藤博士を示すものとして、元の記事には「広島のS博士、一二月一〇日」とあるのみで、いささかあいまいです。この日、つまり昨日は時間がありませんでしたので、他日、県病院に行くつもりです。

ようやく長岡氏の原稿を受け取りました。原爆直後に彼が歩き回った状況に関する短いものです。この資料であなたが満足してくれるのか、私にはなんとも言えません。というのも、私も読んでからわかったのですが、ほとんどが街の情景描写だからです。彼は、文芸春秋のあなたの論説の、自分に関する部分を読んで、原爆の直後について記すことが他のことよりも良いと考えた、と言いました。しかし、この書簡をあなたにお送りしないと、［彼に］何と言ったらよいか私にはわかりません。とくに、年代順にするという点で、どんなものであれ、できるだけ早くお送りしなければと感じています。皆が思ったようには対応してくれないので、私自身、本当にじれったい気持ちです。

河本氏の原稿は良いのですが、これも順序が問題で、原爆直後の時期のものはまだ届いていません。私の手元にある一九五〇年以降［について］の原稿から手をつけなくてはなりませんでした。不平を言わず、自分ができる最善を尽くすべしです。ただ、予定どおりに、また打ち合わせたようには届かないものがあることが、あなたにはお気の毒です。

そういうわけですので、河本原稿の続きの分よりもさらに早い時期の、長岡氏の短い原稿です。

▽長岡省吾【廃墟に佇つ】『ひろしま』第五巻第五号、一九五〇年五月

これで長岡氏の原稿はすべてです。この原稿がご期待に背いていないことを願いますが、あなたが被災の日について、さまざまな情報源からたくさんの知識をお持ちなのは知っていますので、満足していただけるか不安です。もっと別のことを書いてほしいと言われるなら、もう一度行って頼みます。あなたの指示を待ちます。紙幅があまりありませんので、一〇月の日本の新聞から切り抜いた、ちょっとした事件を記します。

▽朝日新聞一九五七年一〇月二四日【遺骨悲しみの帰郷】

一九五八年一月二七日〔河本〕

久保教授と築城教授(ママ)からの返事はありませんので、河本の翻訳を進めます。

▽河本原稿続き〔一九四八～四九年〕

一九五八年二月三日〔H、河本〕

日本のならわしでは、今日は冬と春の区切りの日です。これは中国の暦からのもので、明日から春です。オーストリアでは現在、冬スポーツのスキー大会が開催されていますね。日本のスキーヤー

は、とくにこのあたりでは、例年より暖かい冬を嘆いています。一般には、誰も暖かいとは思っていませんが。

スイスのサンモリッツにある、ランガード・ホテルからの手紙、受け取りました。たしか、オリンピックの開催地でしたね。さて、お手紙の、河本原稿に関する質問への回答は以下のとおりです。まず、私も彼の文章は多くの点で非論理的だと感じました。しかし、彼は十分な教育を受けていませんので、それを彼に求めるのは行きすぎです。彼の断片的な文章をそのままにしておく方が良いでしょう。というのも、あなたは作家であり、人間の人となりを見極める類まれな力をお持ちですので、そのあなたが彼の心理を見いだす方が良いでしょうから。私は、彼の洗練されていない文章の書き方を楽しんでもいます。善きものに対する、彼の激しい性質に魅了されるという意味で。彼の純真さは、自分の真の感情をあらわにしようとする無骨なやり方のいたるところに表れています。

そこで、あなたが構わなければ、あなたが指示したような徹底的な報告［傍線は原文］を送ろうと工夫をこらすのではなく、そのまま翻訳していきたいと思います。その方が河本とあなたの両者にとってより良いと感じます。私としてもとても興味をそそられる二人の若者を主役にして、あなたが物語を書こうとしていることを知り、こうすることがいっそう必要だと感じました。また、あなたが示した質問については、彼から一つ一つ答えてもらうつもりですが、彼の原稿を読む中で、あなたが尋ねた点にまつわる、彼のさまざまな思いを知ることになるでしょう。ともかく、はっきりした回答を求めてみます。

先日、河本は私に、M氏と連絡を取れるか尋ねました。彼は、クリスマスに何か贈り物ができたらよかったのにと思っています。ただ私は、あなたの許可を求めるまで、Mの名前を出さないように注意していました。二人はあなたの物語作りの中で対比的な存在なので、Mの非常に繊細な感情を刺激するかもしれないと思ったからです。河本はMのことを、文芸春秋のあなたの記事で知りました。この点についてもお答えいただけませんか。彼らが良い友達になれるか、とても気にかかっています。ただ適切な時機というものがあり、あなたの本が出てからの方が良いと考えていました。しかし、あなたがいいと言うなら、彼にMの名前を知らせ、彼がMと知り合えるようにします。河本氏からあなたによろしくとのことです。

他日、Hの症例を調べるために、県病院に行きました。まず、彼女を担当した岡部良哲医師に会いました。そのデータの説明に入る前に、彼は、原爆によって本当に白血病が起きているかどうかということに深い関心をもっていました。原爆被災以前から患者がこの病気を患っていたのか否かは、わかることではありません。原爆が発明される前から、ある種の白血病は存在していましたから、どの症例についても決定的な答えを出すことは困難です。何らかの科学的な結論を出すには、もっと多くの時間とデータが必要です。これが、新聞紙上でいつも言われる、いわゆる原爆症の根拠があいまいなことの、一つの理由です。もう一つの理由は、何らかの原爆症に関する治療はすべて――参考までに言えば、命にかかわるものでなくても――あらゆる診断が政府によって配分される原爆医療法による給付金の下でなされていることです。このことは、被災者全般に実に助かることで、異論はありません。しかし時に、便宜のために、原爆の影響（?）――これもまったく曖昧ですが――によるのか定かでない病気が治療されています。

このことが、原爆症による死亡という報告につながります。原爆医療法のカテゴリーに相当し、同じ資金で治療されているからというだけの理由で、です。「再生不良性貧血」と呼ばれる疾病があります。輸血が行われても血液〔血球〕が増加しないというもので、血液の失われ方に、原爆症の場合と同じ症状が示されるのです。さらにもう一つの理由として、実際には幾分声を低くして話されたのですが、岡部医師は、「下層階級」すなわち貧しい人々が健康診断をしてもらうために、この原爆症の資金を利用する姿が頻繁に見られるとも言いました。

以上が、Hさんのさらなるデータを得る前にした話です。これは完全に主観的観察に基づく私の個人的な意見ですが、岡部医師の話からは、敷地内に原爆病院を併設していて、今年の第三六号というような犠牲者に関する記者発表を行っている赤十字病院について（新聞側がこの報道でイニシアチブを取ったか否かはわかりません）、その姿勢に少し批判があるように感じました。

奇妙なことに、逓信病院院長の蜂谷先生を訪問したときも、同じ感じをもちました。これはすべて参考のためで、何の価値もないかもしれませんが、犠牲者の死を一人また一人と報道することへのある種の反発が、現実の犠牲者の本当の気持ちを守ろうとする医師グループにはむしろ広く存在するという事実を、お示ししたいと思いました。現実の犠牲者は、今は何の兆候もなく働いていても次は自分の番だという恐怖の下につねに置かれているのですから、その絶望感を無視し、「原爆症による死亡を」政治的争点のために広めるようなことはすべきでない、と彼らは言うのです。

例えば、あなたが送ってこられたあの〔ハンブルクの新聞の〕切り抜きには大きな混乱があり、実際にはそこに書かれているように赤十字病院で治療されたケースではありませんでした。赤十字病院の記録によれば、原爆症で死亡した最後の人は第三六号であり、他方、ハンブルクの新聞の切り抜きでは第三七号と報告されています。この報告は、実際には県病院で起きたことを、共同通信という新聞社が番号順にしたものでした。事実はというと、県病院はこの原爆医療法の給付金を受けている患者を受け入れて治療するための正規の手続きを、最近になってようやく始めたのです。そして彼らは、特定の原爆症に起因する死亡例が四、五例あると言っています。だから私は、第三六号といった番号の付け方は、原爆症による死亡を正しく示す番号ではないのではないかと、心底疑いをもっています。実際に原爆症に起因する死亡だが、たまたま小さな病院や個人病院で治療を受けていたというだけの理由で、報告されていないケースがあるかもしれません。そしてそういう場合、新聞記者はその事実をつかむことができないのです。

その上、（いわゆる）原爆症に起因するかもしれない病気で誰かが亡くなったとき、家族は医師に、「原爆症」という病名を死亡診断書に記さないように強く懇願すると、蜂谷先生が語っていました。障害をもつ子どもが生まれるといった遺伝的影響があるという理由で、子どもたちが結婚できなくなることや、良い結婚の機会を失うことから生じる、子どもの将来の悲劇を恐れてのことです。原爆の影響に関する亀井文夫の記録映画『世界は恐怖する』［一九五七年公開］は、原水爆実験禁止のアピールとして非常に強力でしたし、最後には、原爆犠牲者のすべてが障害のある子どもを産むわけではなく、映画で写されたのはとてもまれな例なのだということを強調し、犠牲者にとって結婚は安全なことなのだと示しました。しかし、事実はというと、これは世界中で上映されるにふさわしい良い映画かもしれませんが、広島の現実の犠牲者には強烈にすぎ、真の犠牲者のほとんどは見に行こうとはしませんでした。それは、いま述べたようなことが一つの理由だったのです。すべての教育映画と同様、この映画の批評においても見解はさまざまです。

そしてこの、死者に番号を付けて報道するということに反対する医師たちの基本的な感覚は、原爆による死亡なのかそうでないのか、それをはっきりと分類するにはまだ時が熟していないという点に根ざしていることを付け加えたいと思います。長期的に蓄積されたデータを欠くためです。もう一つ、医師たちから私が感じたことですが、概して世論は、この問題を広島市の社会問題としてとらえているわけではありません。戦争目的の水爆の実験や使用の禁止といった、もっと別の方向からの関心が強いのです。この頁で説明を試みたことをご理解いただけるよう、心から願います。以上は私の主観的な観察ですが、ゆっくりと真剣に話す岡部医師の言葉を聞いて思ったことです。彼の気持ちはまだ、闇の中で確かなものを求めて手探りで進んでいるようなものでした。彼はあなたについて尋ねましたので、私の知る限りのことを話しました。

それでは、尾道市のH夫人（七〇歳）に関する報告をしましょう。

彼女は被爆の三日後に広島市に入り、市内に住む親族を探して広島に滞在しました。県病院に入院した時の病名は再生不良性貧血で、危篤状態でした。一九五六年末、彼女は便所で倒れました。顔は青白く、めまいに襲われました。尾道の地元の医師の診察を受けて回復しました。その後、十二指腸が不調で、二度の下痢に襲われました。もう一度医師の診察を受けてまた回復しました。しかし体調全般は良いものとは言えませんでした。

一九五七年九月　尾道で医師の診察を受け、神経痛およびリューマチと診断される
同一〇月　体調が悪化し、歩行不能となる
同一〇月七日　鉤虫を嘔吐する。吐き気および嘔吐
　同日　県病院に入院
　寒気を感じる
　若いころにリューマチを患ったことがある
　輸血が行われたが、増加は見られず
　八日　ヘモグロビン　一七％
　赤血球　八八万
　白血球　三二〇〇
　一七日　血小板　七四七〇〔もしくは六四七〇〕　正常値　二五万
　血液凝固　開始　九分三〇秒
　終了　二一分〔数字不明瞭〕
　（これは開始が遅く、終了まで長い）
　血液流出の時間は一五分。通常はわずか一～三分である
一一月六日　白血球の構成要素が病変する
一一月二七日　白血球の数値が急激に増加し、約三〇一〇〇になる。死の間際には二一〇〇万を数える。（この最後の記録は、内科の部屋では見つかりませんでした。入院した病

棟に保管されているはずです。電話をかけてもらいましたが十分な調査がなされなかったので、医師にけっこうですと伝えました。）

これは白血球の病気である

白血球の数値が原爆直後に減少したが、増加して再生不良性貧血に発展したと彼［岡部医師］は述べました。

ここから彼はカルテを置き、自由に意見を述べました。この例が白血病の症状を有しているからといって、これを二次放射能の影響であると正確に診断するのは、まったくもって難しいのです。広島以外の都市でも、自然に発症する白血病が実際にあるというのが理由です。事実、戦争の前にもわずかな割合ではありますが、このような病気が存在していました。そして、犠牲者が本当に原爆の影響を受けたのか、あるいは体質としてこのような兆候を有していたのかというのは、難しいところです。もちろん後になればもっと効果的に結論を導き出せる方法が見つかるかもしれませんが、今のところは、はっきりとした結論を出すのはとても難しいことです。

決定的な発言には、彼はとても慎重だったと言えます。私はそれからたまたま菊池博通医師に会いました。同じ病院の内科部長で、この症例に関して同じ意見を述べている人です。彼は、彼と彼の部局が、原爆犠牲者の赤血球の数が増加する二つの症例を新たに発見したと付け加えました。

参考のために、簡単に引用しておきます。

二名の患者は、どちらも五九歳の男性。一名は爆心地から二キロメートル、もう一名は四キロメートルのところに住んでいた。彼らはその時、直接的な被爆はしなかった。打撲も火傷もなし。両者とも翌日市内を歩いた。一名は便に血液が混じり、歯茎からの出血とわずかな脱毛があった。斑点はなし。もう一人にはこの種の自覚症状がなかった。

現在の体調

A　原爆以来、寒さに対してより敏感になり、夏はすぐに疲れを感じる。一九五三年七月から、目が充血し始め、顔が赤くなり、頭痛、食欲減退がある。結局、一九五四年九月に入院。

B　一九五二年から頭痛がして、のぼせると感じるようになる。地元の医師の診察を受け、赤血球の値が六〇〇万と異常な数値であることが判明した。X線治療が腕と脚に行われたが、回復しなかった。そしてのぼせ、頭痛、全身倦怠感のため、入院。

結論：これら二例は、原爆犠牲者に見られる赤血球増加による病気についての報告である。両者とも、爆心地から比較的離れた場所での原爆被災者である。原爆放射線の影響は、通常の値を超える最小限であると考えられた。

これが菊池医師から私に書面で渡された診断書ですが、あなたの役に立つかはいささか疑問です。かたわら、二人の医師に、精神の病について聞きました。築城博士による長崎の報告書について、あなたがふれていたことです。同じ傾向は広島でも見られると、彼らは認めました。原爆犠牲者の多くが精神的にひどく悩まされていることは疑いありません。厳密に医学的な意味で彼らが発狂していると言うことは困難ですが、ノイローゼの人の数が多いことは事実です。彼らはまた、広島大学医学部に行ってコマツ［小沼十寸穂の誤記］博士に会うよう勧めてくれました。博士は専門家なので、広島についての科学的データを確実にお持ちです。久保教授が手紙の中で、コマツ博士に相談して結論を出したい、と書かれていたことを思い出します。その［久保博士の］返事を待っていますが、また届いていません。久保博士に紹介してもらって、直接、コマツ博士を訪ねるかもしれません。

赤十字病院で死亡したＫ少年（一二歳）の、満足のいく詳しい診断書と比べて、この症例はよく整理されてはいませんでした。この点は残念ですが、医師自身が二次放射能という判断に確信をもてておらず、事案全体が明瞭になっていません。そこで、もっとはっきりした見解をもつ医師に出会えることを期待しています。とはいえもちろん、明快な言葉が真理を導くということでもありませんから、真実の、しかし明確なデータをお待ちください。

河本原稿を続けます。非常に断片的ですが、平和と原爆の問題に対する、彼のどんなときでもまっすぐな心情を、きっとあなたは認めることができるでしょう。

▽河本原稿続き［一九四九年一〇月、ＹＭＣＡの建物、一九五〇年メーデー、映画『きけ、わだつみの声』］

最近の広島であった新しいニュースの一つをお知らせします。

▽朝日新聞一九五八年二月六日【トルーマン氏に抗議　カンカンの広島】

（今日、七日のことですが、知事と市長の双方が［ハリー・Ｓ・］トルーマン前大統領に抗議文を送ったと、ラジオで言っていました。）

二月四日付で文芸春秋新社から、私の正式の住所と名前の問い合わせが来ました。あなたの毎月の支払い送金の件についてです。その額は、一月が二万円、二月から六月は一万五千円です。あなたから以前にお知らせいただいていた件だと、ここに確認いたします。まずヘンリー・ゴヴァーツ社［西ドイツの出版社］による承認を受けなくてはならず、その後に私に送金されると伺いました。感謝します。お気づきかもしれませんが、一一月と一二月分の支払いは、まだ受け取っていません。ご都合がつき次第、ご送金いただけると幸いです。

一九五八年二月一〇日［河本］

エジプトやシリアといった古い国が新しいアラブ民族の国家を建設しているとき、日本では再び新聞やラジオで、保守政党が提案した、国家の創生の日を復活させる法案について議論がされています。これは二月一一日だとされており、戦争中には最も大々的に祝賀された日で、キゲンセツと呼ばれていました。しかし戦後、この国の歴史的事実［とされてきたもの］に関する評価が下がったため、進歩的な歴史家の中には、国家の祝日と神道思想のための、あいまいな日付にすぎないと見なす者も出てきました。若い世代はおしなべてそうした理解です。しかし古い世代は、不正確ではっきりしない日であるとしても、建国記念日を復活させることに反対しません。

河本原稿の翻訳を続けます。

▽河本原稿続き［一九五〇年、朝鮮戦争、一九五〇年八月六日、峠三吉の詩、一九五一年一～四月］

一九五八年二月一八日［河本］

Mについて記す前に［補足しますが］、彼の裁判記録はまだ、私に開示する前に、裁判所側が審査しているところです。内容を細かく見るためには、上級の官吏の許可が必要と思われます。なんともお役所仕事で時間がかかるのです。裁判所から連絡があるはずですが、ほぼ一週間、返事はありません。中国新聞に記事を書いた下野［彰道］記者の話から、M事件を担当した刑事と会うべく連絡を取りました。下野記者が言うには、彼が書いたものはもっぱらヨシミツ刑事から聞いた話でした。実際の記事については、一九五〇年ごろの中国新聞はすべて、マイクロフィルムを作るためにどこかに送られています。だから、別の市の図書館で発掘しなければいけないかもしれません。もう一つ、面白いものに気づきました。亀井の『世界は恐怖する』に関する質問調査で、結婚についての考え方がいろいろ話されています。これは次回に翻訳できるかもしれません。

今日は、河本から送られた資料の一部を整理します。これで、彼の活動を客観的に、よりはっきりと見ていただくことができると思います。ただいま現在、彼の主要な事業の一つは、センバヅル（千の鶴）を中心とするものです。これは生きた鶴ではなく、紙をこの鳥に似せて折りたたんで作られる鶴で、子どもたちがよく作り、長寿の鳥のシンボルとして好んでいます。ついでに言えば、日本では新年によく、鶴を描いた掛け軸が幸運のシンボルとして床の間に飾られます。ツル（鶴）は千年、カメ（亀）は万年ということわざがありますが、この鳥の縁起のいいことを示すものです。

さて、新聞に出ている、現在の彼の仕事です。これは原爆症で死亡した佐々木禎子についての話です。一九五七年一〇月一日のＹＭＣＡニュースに書かれている話をお示ししましょう。河本氏はこの

写真は芸大・菊地一雄教授製作中の原爆の子の像の模型・広島の不死鳥千羽鶴を高くかかげている少女の像

"原爆の子の像"を作ろう
全国から続々カンパ
広島Y少年部会員の死を機に

広島YMCA少年部会員、広島鶴町中学校一年生佐々木禎子さん(一三)は、昨年十月原爆症で死亡したが学友たちの原水爆禁止の悲願をこめた"原爆の子の像"をつくる運動が、全国中学校長大会を期して始められ、全国小・中・高校生から一円カンパがぞくぞく集められ、来年五月までには完成しようという美しい話——

千羽鶴の悲願空しく

遺族に激励の言葉をお送り下さい

写真は禎子さんの遺影を抱いて全国中学校長会議で訴えた日の記念に写す（1955年11月11日）

図 2-1　「原爆の子の像」制作の訴え

運動にとても強い影響力をもっています。

▽『YMCAニュース』一九五七年一〇月一日【「原爆の子の像」を作ろう　全国から続々カンパ　広島Y少年部会員の死を機に】［図2-1］

これがYMCAニュースです。次に、手書きで謄写版印刷したビラです。この街の子どもたちに配られたものです。手元に三点ありますので、それを翻訳します。私の心を動かしたのは、河本の手で、狭い長屋で夜遅くに刷られた、この粗い紙と粗い印刷です。
▽ビラ【学校で友の会を作り、手をつなごう　岩本儀枝さんの友達・白鳩の会より】
次に河本自身の名前で、親たちに宛てた［二通の］手紙です。
▽手紙「白鳩の会の親の皆さま……［中略］一九五七年一〇月二四日　国連記念日に　広島市猿楽町原爆ドーム下　ＹＭＣＡ会員　河本一郎」［所在不明］
▽手紙「白鳩の会の親の皆さんへ……［中略］広島市猿楽町原爆ドーム下　ＹＭＣＡ会員　河本一郎」［所在不明］
書簡三八番に入れる写真二枚の説明を翻訳します。この書簡三七番と同日に出します。
一、ロベルト・ユンク博士へ
前列：白鳩の会を作っている、亡くなった岩本儀枝ちゃんの学友の少女たち
後列：右から二番目は映画制作者［実際は監督］の木村［荘十二］氏、右から四番目の諸井［條次］氏は脚本家。白いシャツやブラウスは山口の少年少女演劇グループ。彼らは実際にさまざまな［一語判読不能］でシュプレヒコールをしました。旗のようなものは、ドイツの［クルト・］エッセン牧師＊から、第三回原水爆禁止世界大会に参加した原爆被災者に送られた壁掛け。
＊中国新聞一九五七年八月六日によれば、同牧師は第三回原水禁世界大会への外国代表として、トップを切って広島入りした。
二、ロベルト・ユンク博士へ（一九五八年一月一〇日撮影）

天満屋百貨店で披露された「原爆の子の像」の前で。
左から右へ、相原［和光］広島ＹＭＣＡ総主事、河本一郎と河本時恵で二人とも友和会（ＦＯＲ）会員、妹禎子の写真を持つ、平和をきずく児童・生徒の会の佐々木雅弘、同じ病院で……［数語欠落］禎子と千羽鶴を折った少女の大倉チヅコ［正しくは記代］。

一九五八年二月二五日【Ｍ（殺人者）】

本はどのように進んでいますか。広島に集中しきっているあなたのバイタリティを感じることができます。成功を願います。裁判所はまだ裁判記録の閲覧を許可しません。八海事件という大事件があり、これが広島［高等］裁判所で再審中のため、Ｍ事件調書の調べが遅れていると思われます。中国新聞のＭ事件に関するものには、すべて目を通しました。この殺人事件の記事はトップに掲載され、写真入りでしたが、裁判の記事はとても小さくて、もちろん写真もありませんでした。殺人事件の写真を探しましたが、私たちが一緒に作業をした調査部は、いかなる写真も見つけることができませんでした。ですから、写真があなたには有益で、本質的なのは承知していますが、私が持っているのは記事だけです。Ｍの原稿の繰り返しになるかもしれませんが、もう一度Ｍ［の事件］の全体を説明します。新聞の客観的な見方です。

▽中国新聞一九五〇年七月一九日【炎天下に狂う二つの惨劇　きのう広島市で毒殺・刺殺事件　四名に毒カルピス　犯人は十九の青年・一名死亡　背後の黒幕を追求（ママ）】
▽中国新聞一九五〇年七月二〇日【呉の青少年犯罪白書　十八歳未満が五割　六月の検挙数は戦後

の最高記録】

▽中国新聞一九五〇年一〇月一〇日【毒カープス第一回公判「思わぬ結果」涙にぬれた被告】

（名前や時間などこの事件の概観は省略します）

▽中国新聞一九五一年八月一七日【Mに死刑求刑　カーピス毒殺事件「犯行悪質」と検事諭告】

（この事件がここで短く繰り返し述べられていますが、この部分は省略します）

▽中国新聞一九五一年九月九日【Mに無期　カーピス毒殺事件判決】

これで、中国新聞でのM事件の記事は終わりです。裁判に関係する写真はありません。裁判速記録の反訳が終わり、閲覧が許可されるという手紙をやっと受け取りましたので、明日行ってきます。これらの記事を読む中で、私にとって新しいことが一つありました。それは、消火訓練［出初め式の訓練］で梯子から落ちたために、精神に障害を来したと述べている点です。もちろんあなたのほうはこのことにお気づきかもしれませんが、Mの原稿を見る限り、彼自身がそうした精神の混乱にふれた箇所はどこにもなかったと思いませんか。中国新聞記者の下野氏も、Mは精神的にどうもあやしいところがあると述べました。そのとき、彼［下野］はあの梯子事件にふれました。Mは自分ではそのように思わないのでしょうか。客観的な観察や、異なる情報源からの複数の見解を調べるようにというあなたの依頼、いま理解できました。

昨日［広島地方］検察庁に行き、M裁判の速記録を見てきました。膨大な分量があり、読むのにまる一日かかりました。Mを尋問する部分は、殺人の準備と実行に関し、彼が順を追って詳しく陳述した内容のみでした。裁判官は、いくつかの質問をして説明を求めています。書類の大半は、Mの父や友人たちを含む証人の証言からなっています。しかし、全体としての主題は、彼の行為が精神的な混乱からなされたことや、その原因が消火訓練の最中に梯子から二度落ちたという事故にあるということでした。昨日、すべての時間をこの書類全体を読むことに費やし、この殺人事件への彼らの関わり方から、訴訟手続きの全体像をおおよそ理解しました。

もちろん、外科医の治療診断書が書かれ、Mが三〇フィート［約九メートル］の梯子から落ちたときに彼を実際に診察し治療した医師が尋問されていました。そして、専門家である岡山大学の藤原［高司］博士の、きわめて詳しい報告書があります。博士はMの徹底した専門的な精神鑑定を行うよう依頼され、彼の精神状態に関する結論を出しています。私が見たところでは、梯子からの転落がMの精神的混乱の直接的な原因だったとは、どちらの医師も、そうはっきりとは主張していませんでした。後者はむしろ、頭が大きいという外観がうかがわせる、ある種の障害をもってMは生まれた、と主張しています。英語での専門的な病名を医師に聞いて、正確な定義をお知らせします。

これらの医師の見解とは反対に、Mの父、友人、隣人、以前の仕事仲間など、ほとんどすべての証人は、梯子からの転落後にMの態度が変化したことを述べています（この梯子の訓練は、毎年一月二日に広島のすべての消防団が大きな広場に集まり、人々の前で実演する催し物［出初め式］です。Mは一二月の練習で一度転落し、一月二日の本番でも転落しました）。

博士、これは私自身の偏った判断ではありませんが、昨日読んだものの要点にすぎません。もう一度読んで正確にメモを取りたいと思う頁には紙片をはさみましたが、昨日は時間がありませんでした。もう週末なので、この作業は来週行います。私が来週作業をするあいだに、他にどのような点を見たらよいか考えておいていただけるよう、あらかじめお知らせしたかったのです。私はまた、Mが雇い主の娘に失恋したことについて、藤原博士が陳述で述べていたことを覚えています。プロ野球選手を巻き込んだ出来事についても。一方で父親は、女性関係でMが問題を抱えていたかという裁判での質問は、否定しました。

しかし、あなたと私にとってたいへん重要な、もう一つの点があります。それは、原爆とその影響に起因する精神の混乱については、Mはほのめかしもしなかったという点です。法廷では、この種のことは表面に出ないものかもしれません。取り調べの重点は、梯子から転落したことや、たやすく手に入る金を求めることなど、直接表に出る原因です。混乱状態がいったい何に由来するのか、その心理的背景の奥底には、法廷は立ち入らないように見えます。［しかし］それこそが、あなたの指摘する点、すなわち原爆の惨禍と、その社会的・個人的影響が人間の魂にも及び、犯罪や社会的不適応に至らしめるのだということです。検事は、金目当ての、人間らしい心を欠いた計画的で残忍な殺人であると主張しています。弁護側は、梯子からの転落によって精神的思考が混乱し、判断力を喪失していたと主張しています。審理は、転落が彼の精神に影響を与え、この大犯罪にいたったのか否か、その医学的診断に焦点が置かれました。

私が何を書こうとしたか、ご理解いただけることを願います。しかしもちろん、私自身の考えから個人的な判断をするのではなく、必ず［法廷の］言葉をそのまま翻訳するつもりです。ただ、あなたは手紙で記しています。「……Mの取り調べ部分など、重要な部分の抜粋を手に入れたい。興味深い抜粋としてどこを選ぶかは、任せます……選択は必ずしなくてはならないでしょう。Mの物語と私の主要な論点を、君は知っています。心理的な後障害（それをMはみごとに心のケロイドと呼んでいる）が、きわめて重要であるということです。だから、最善の選択ができるでしょう」と［傍線は原文］。あなたが傍線部で求めた内容については、膨大な法廷記録の中に、ほとんど何も見つけることができませんでした。精神的な後障害について少しでもふれたところがないか、見つけようと力を尽くしたのですが、甲斐がなく、がっかりしました。それでも、次回にお送りする数箇所の抜粋を見て、そこから何かのヒントを見出してください。

写真については、すでに述べたとおり、中国新聞は持っていませんでした。

河本からは原稿を書いていると言われましたが、書き終わってはいません。アルバイトに忙しく、また集会に走り回っています。一つは、四人のアメリカ人と一緒にエニウェトク（発音どおりにはEniuetok）諸島の核実験場に行く抗議船のための集まりです。

あなたの手紙をお待ちしています。

一九五八年三月五日［M（裁判）］

本当に長い間、手紙を受け取っていません。あなたが病気でないことを願っています。執筆計画に集中していてお忙しいのだとよいのですが。もしそうであるなら、著作へのダイナミックなひらめきが湧いていますように。

M裁判の法廷速記録のメモを取るため［広島地方］検察庁に行きました。今日はそれを送ります。

▽法廷議事録「第一証拠（供述）」一九五〇年七月一八日

（次は検事の尋問です。生い立ちや殺人の準備・実行について、あなたがご存知の事実関係ではなく、Mの感情が表れている部分を送ります。）

▽一九五〇年七月二八日「第一回聴取　広島地方検察庁」

（第三証拠から第一二証拠までの文章にはもう少し詳しいことが書いてあったのですが、それらは事実に関することで、彼の心理的な感覚を表現するにはあまり有益ではありませんでした。しかし第二、第一三、第一四証拠は彼の気持ちをいくばくか表していたので、これらを取り上げてそのまま訳しました。）

▽一九五〇年八月一八日「広島地方検察庁　ドル相場捜査の詳細」

これでMに関する尋問は終わります。法廷速記録には証人の証言がありますが、あなたはあまりご関心がないと思いますので、証人の幾人かの名前だけを記しておきます。もし、後で調べてほしいと言われたら、そうします。［証人の名前を列記してその末尾に］父親S（Sの部分を少し翻訳します）。

▽父親Sの法廷証言

▽一九五〇年一〇月九日「第一回公判　第三法廷　本間大吉弁護士の陳述」

▽一九五一年三月一九日「藤原高司岡山大学助教授による精神状態の判定（分析か）」

一九五八年三月一二日［個人的便り、小沼、『あゆみ』］

ニューヨーク・ファースト・ナショナル・シティ・バンクよりの支払いを受け取りました。額面は二万九六四一円です。領収書はこの手紙の最後に書きます。心より感謝します。

昨日、広島大学の医学部に行き、精神神経科学教室主任の小沼博士に会いました。医学の分野における原爆の影響に関していくつかの有益な資料を得られ、実に幸運でした。資料のうち三点はあなたに送るようにということで、小沼氏にじかに署名してもらい、いただいてきました［図2-2］。彼自身も、この問題に関心をもつ人と出会う機会を得られて嬉しいと喜んでいました。資料を読み、この研究に率直な批判をしてください、とのことです。読了後に手紙を書いていただければと願います。彼はドイツ語も英語も両方わかるので、どちらでもかまいません。宛先は以下のとおりです。日本、広島市霞町、広島大学医学部精神神経科学教室主任、小沼十寸穂博士。

彼は会議の途中でしたので、ゆっくり話す時間はありませんでした。しかし、彼は親切にも、このような問題の報告に関する率直な意見を述べてくれました。第一に、当然ですが、欧州の新聞に掲載された長崎大学助教授の簗城博士の記事のことを説明し、広島の状況について尋ねました。一〇パーセントがノイローゼという問題にもふれたところ、彼はその意見をあまり歓迎するふうではありませんでした。といって、もちろん、完全に否定することもありませんでした。この問題をあまりに性急に結論づけるなら、理解を誤ることになるかもしれないとだけ彼は言いました。彼の説明では、たくさんの統計データをとって、そこからパーセンテージがどうこうという結論を出すよりも、個別の症例と、その心理的影響の背景とに、彼と広島大学はより関心を抱いているということでした。学識者はそれぞれ自分の主題に対して自分自身のアプローチをもつと想像しますが、彼は統計をあまり重視しないとのことでした。第二に、これらの資料について、彼の名前を引用する許可を頼みました。彼が言うには、これら資料はすべて、それぞれの学術雑誌で公式に発表されたものであり、公表を控えるものではない、どうぞ自由に引用してほしい、ということです。第三に、そして最後に、この問題に関するあなたの意見、批判、あるいは質問があったら、ぜひ聞きたいと彼は望んでいます。私自身も論文の写し三点のうち二点をいただきました。

別便で送りますので、無事に届くことを願います。この手紙と同じ日に送りますので、届かなかったらお知らせください。築城博士と小沼博士との間の違いは被験者の数です。前者は七二九七人の患者を取り扱っているのに対し、後者は一四八人です。彼［小沼］は、「私は、ゆえにこのように結論づける、ときっぱり述べるようなことはしていない」とも言いました。日本語版も借り受けましたので、詳細を見てみます。何か疑問があったら、そちらを調べますので、聞いてください。

新聞で読みましたが、市は爆心地付近の一帯からの小屋の立ち退きを命じ、四月一日に始まる広島復興大博覧会の前に取り壊したいと望んでいるそうです。この地域は、以前から出ていた［立ち退き］通知を長い間無視してきました。河本が住んでいる地域です。先日彼の家を訪ねましたが、あいにく外出中で、引っ越しはどうするつもりか、引っ越したらどこで彼を探したらいいのか、書き置きを残してきました。その後の新聞で、立ち退きに対していくらかの時間的猶予が認

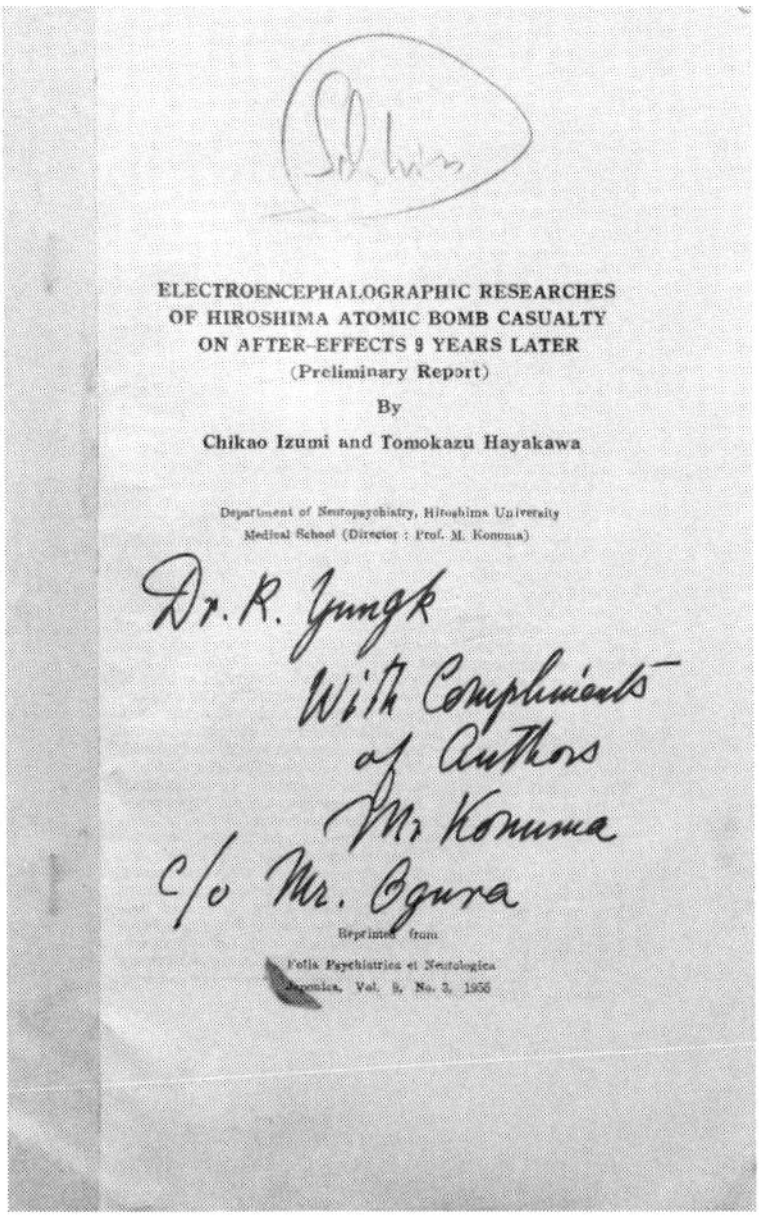

図 2-2　小沼からユンクに贈られた論文の表紙

められたことを知りました。しかしいずれにせよ、河本氏には深刻な問題です。彼に深く同情しますが、今のところは特別の手助けはできません。

今日は、「歩く、進む、一歩」を意味する『あゆみ』の翻訳をお送りします。大学の裏手にある中野［清二］教授宅へ一緒に行った日のことはご記憶でしょうか。広島子どもを守る会の青年部のグループが来ていて、あなたは彼らと会いました。夕方で、ウィリーと一緒だったはずです。さて、これは『あゆみ』第九号の「放射能と結婚」の特集です。この小冊子は中野清一教授によって刊行され、吉島の広島刑務所で印刷されています。

▽「放射能と結婚」広島子どもを守る会青年広報部『あゆみ』第九号、一九五八年一月一五日［同誌の一～一〇号の所在は不明］

次回は、このグループが作成した質問票の、実際の集計結果をお送りします。きわめて興味深いものです。

一九五八年三月一七日［『あゆみ』、河本］

やっと三月七日付の手紙を受け取りました。病気だったとのこと、たいへんお気の毒です。歯の手術と流感、さぞ神経に障ったことでしょう。しかし、良くなりつつあるとのこと、よかったです。用心をして著作を始めてください。最愛の奥さまがお世話されているでしょうから、よろしくお伝えください。さて、あなたの手紙への返答です。

一、文芸春秋のこと、残念ですが、仕方ありません。一、二月分の支払いが届いたら、河本に一万円を渡します。ところで、彼の原稿の続きを、あなたの手紙と同じ日に受け取りました。この原稿はまだ終わっていません。そこで質問です。河本原稿を進めますか（私はそうしようと思っています、こちらがより重要だと考えますので）、それともあなたのご依頼の浜井回顧録にしますか。

二、フェルナン・ジゴンについて〔この年に『原子の黙示録（*Apocalypse de l'atome*）』を刊行、複数の言語に翻訳された〕。先を越されたのは不利なことですが、質と、真実とに集中しましょう。古典に分類されるような作品にするのです。私はつねにあなたの側で、いかなる走者とでも競走します。任せてください。

三、四月と五月にはもっと時間を取ることについて。この件は、契約がある三菱の会社と相談しなければなりませんが、きっと調整できるでしょう。あなたがゴール前の最後の追い込みに入る二ヶ月間のあいだは、私自身も最善の努力をしたいと願っています。次のような計画を考えています。翻訳を四、五枚から八、九枚へと倍増し、これまでの週に一回を、週二回にして送ることです。ただし、これを始めるのは四月の第一便からのつもりです。また、このためには、月額一万円を追加して、総額で月二万五千円をいただけますでしょうか。河本の一万円から郵送料五千円を、とも思いましたが、この一万円は彼のものですから、そうするわけにはいきません。ただ、文芸春秋の印税についてあなたが提案されたように、送料と交通費のための臨時の資金も含めて、一月分として二万円と考えていたのです。しかし、文芸春秋との話がうまくいかず資金の問題があるなら、もっと少額でもかまいませんので、この件、お考えいただけたらと思っています。しかし、この計画はいま私が考えているだけのことで、今週会社と交渉してはっきりした返事を得て、次回の手紙でお知らせします。うまくいきますように。広島プロジェクトにもう二ヶ月間集中することは、何ものにも優先します。そして、その後は少し緊張をほぐして、さらなる点検をしていきましょう。

四、浜井回顧録は河本原稿を終了しだい進めます。阿川［弘之］の本［『魔の遺産』］に関して蜂谷先生と会うつもりです。ＡＢＣＣには今週行きます。長岡については、彼宛てのあなたの手紙が来るのを待ち、彼が日記をつけていたなら、それを頼んでみます。さし当たって、以上です。『あゆみ』の集計結果を仕上げます。

▽『世界は恐怖する』を見て——この映画を広島の人たちはどのように感じたのか」『あゆみ』第九号

以上で『あゆみ』の特集は終わりです。さて、河本原稿です。一九五二年までです。二月一〇日［本書一三二頁］に戻ってください。そこからです。

▽河本原稿続き［一九五二年一月、五月東京のメーデー事件］

一九五八年三月二五日［個人的便り、河本］

日本はいま暖かくなりつつあり、桜の花が来週か来々週には開花すると伝えられています。日本の観光の季節です。広島復興大博覧会［の準備］は完了しつつあり、あの有名な「くぼみ」——覚えていますか——を隠そうと、市はあわただしく、街路の舗装に作業員を急き立てています。あなたがいらっしゃった時からほぼ一年、何も目立った変化はありませんが、新しいビルディングがいくつかこの都市の輪郭線に付け加わりました。日本の新聞三紙の英語版を、あなたはいつから購読しますか。

先週、浜井前市長から回顧録の原本を返してほしいという手紙が来ました。別の本を書き上げる目的があり、この回顧録を参照して推敲したいとのことでした。そのため私はすぐに彼の家に持っていきました。残念ながら彼は不在でしたが、後に送られてきた手紙には、彼の親戚が持っている写しを借りられるよう取り計らう、とありました。写しは後ほど探します。彼の家を訪ねたときの奥さんの言葉によれば、浜井は現在の政治の主流から少し外れているとのことでした。保守がいまや中央政治でも地方政治でも政権にあるため、彼の進歩的で理想主義的な思想は時代遅れと考えられているそうです（私は同意しませんが）。

彼自身は、次の市長選に出馬するために広島にとどまるのか、彼にふさわしい仕事がある東京に出るか、ジレンマがあるように見受けます。ともかく、彼の話では今月いっぱいは東京にいるとのことで、来週には彼の原稿［の写し］を探すつもりです。私は浜井氏への手紙に、ユンク博士からきっと手紙が届くだろうが、長いこと貸していただいてありがとうと書きましたので、あなたからも彼に短い手紙を書いてくだされば幸いです。戦後すぐの街の状態はどのようであったか、とりわけ社会的および政治的側面について知る上で、彼の著作をどれほどあなたが評価しているか、私からも彼に話しました。

次に、ABCCの半期報告書です。［ミック・］ラパポート氏［ABCC総務部長］に会いましたら、その報告書は、何部かがABCCの図書館に保管され、それ以外はすべて日本の厚生省に送って配布するということでした。彼は私をABCC主任司書のミス・マツダと引き合わせました。私のよい友人で、CIE図書館時代の同僚です。しかし国立公衆衛生院に手紙を書かなければいけないというのが結論でしたので、私はすぐに手紙を書き、いま返信を待っているところです。もう一つ、ＡＢＣＣの資料から、あなたが必要とする情報を見つける件です。彼はワシントンのアメリカ科学アカデミーに宛てて、手紙を書く機会があるかもしれないと言いました。ですから、報告書の中でとくに調べたいことがあるか、次の私宛ての手紙で希望を知らせてください。

今日の新聞、三月二五日付の朝日と読売［実際は、読売新聞の記事は二四日夕刊］で、［西ドイツの］反核運動がフランクフルトの大規模な集会で開始されたということを読みました。［コンラート・］アデナウアー政権の核兵器導入に対する抗議行動［だということ］です。そしてＡＰ電で、特別にあなたについて書かれていました。この部分は英文毎日に見当たりませんでしたので、ここに翻訳します。

▽朝日新聞一九五八年三月二五日【聴衆、ゼネストを叫ぶ　アデナウアー政権に痛撃　西独で核武装反対集会】【「日本はいまも死の恐怖」ユンク氏報告】

あなたが世界平和のために真剣に努力していることを、私はとても嬉しく、また誇らしく思いました。私自身も感謝していますし、広島の市民もきっと私と同じ思いでしょう。

三菱レーヨン株式会社での計画変更の件、上司と話しました。私が責任を負っていたのは化学プラント導入のために米国に半年間滞在する予定の技術者チームで、とくに彼らの英語力［の養成］でした。彼らは今日二五日、羽田を発ちました。そして、第二陣を半年間教育することを依頼されました。時間は［週に］四日間で、一日に二時間です。もちろん、行き帰りに二時間かかりますので、四時間使うことになります。私は、あなたのプロジェクトに協力していることを彼らに説明しました。

私は週に一時間引き受けてくれれば問題ない、残りについては、二ヶ月間は別の教師を見つけるということになりました。彼らとの関係を失いたくはありませんので、この一時間は続けます。どうぞご了承ください。米国の会社はケムストランド株式会社［ジョージア州に本社を置く化学繊維メーカー］で、化学繊維の生産が専門です。三菱のプラントは、岩国近郊の大竹にあります。以上、来週からはこれまでの二倍を生み出すよう努力します。河本原稿を続けます。

▽河本原稿続き［吉川（きっかわ）らの原爆被害者の会、一九五二年八月六日の映画『原爆の子』試写、友和会大会への出席］

河本氏は写真を二枚送ってくれました。一枚は、［あなたと］一緒の写真でした。とても良い写真だと思います。彼はネガをどこかにやってしまい、見つけるのに時間がかかったので遅くなった、と詫びていました。裏面の言葉は英語で書かれていますので、翻訳しません。また一月分と二月分の四万円、そして河本氏への一万円を受け取りました。感謝します。あなたの言葉にしたがって、いま半分を［河本氏に］渡し、残りの半分は［原稿の］終了後に……［一行欠落］。

一九五八年三月三一日［河本］

世界はまったく、人間の良心と科学の進歩との闘争です。政治の枠組みは核問題で妨げられ、人間の精神を低次元へと貶めています。宇宙人がこれを見たら、自殺行為だと言うかもしれません。しかし、真実に向かって努力を続けなければなりません。あなたの本が進んでいることを願っています。河本原稿から始めます。

▽河本原稿続き［河本の詩、一九五二年一〇～一二月］

河本の原稿は気に入りましたか。本当に胸を打つものではありませんか。ことに、不幸な子どもたちのために尽くす、彼の努力の純真さは本当に驚きです。Mと河本を結びつけて物語の中心人物とする、あなたの見事なセンスには感じ入りました。彼らは二人ともなかなかの人物です。二人の人物の振る舞いと心の有りようを翻訳する中で、私自身、心が清められるのを感じます。勇敢な兵士や偉大な科学者を賞讃することは、もはや過去のものかもしれません。本物の人間は、むしろ普通の大衆の中にいるのでしょう。人間性は自分自身の中にあるのです。

河本氏に五千円渡しました。直接渡そうとしましたが、彼は不在でした。しかし、先に書き伝えておいたところ、彼はこのことにいたく感動していました。近いうちに手紙が来ると思います。ABC報告書についての返事をください。厚生省からはまだ返事がありません。唯一の方法はABCC図書館で報告書の詳細を調べることだと思います。何かとくに探し出したいとお考えのことはありますか。

以上が今週前半の便です。ペースを落とさないようにして、二番目の便を土曜日にお送りします。とくに支払いや段取りの問題を一方的に私が決めたことで、お気持ちを害されなかったことを願います。私はつねにあなたの言うとおりにしますので、同意できなければお知らせください。私たちの間では遠慮は無用ですので、はっきり言ってください。領収書を書きます。

一九五八年四月三日［河本］

広島では［広島復興］大博覧会が始まっています。私の個人的な意見ですが、平たく焼け焦げた大地からコンクリートの建物群とあらゆる乗り物が走り回る道路へと、人間が自らを物質主義的に復興させうるのは驚きです。科学の進歩は人間を前へと押し出し、そして好むと否とにかかわらず、五年という時間の力により、人間が暮らす社会の表面的な姿はいかようにも変わります。そして、この大博覧会のおかげで、多くの道路が整備され、橋が出来上がり、街全般が美化されました。広島はソ連の一方的核実験停止［一九五八年三月三一日に宣言］を支持しています。これは、この都市にとってきわめて自然なことです。国際政治がどうであれ、これこそ広島の市民が支持する最優先事項だからです。私が強く感じるところでは、広島はしだいに新しい生活様式を見出しつつあります。すなわち、歴史的記憶を失って正常な発展の仕方を自力で見つけようとしています。しかし残念なことに、正常であるということは、日本のほかの中都市に同一化することを意味しつつあります。それは障害をもつ子どもが、大勢の中に紛れて自分の障害を隠そうとするようなものです。河本原稿を続けます。

▽河本原稿続き［一九五三年、映画『ひめゆりの塔』で沖縄の悲劇を知る、峠三吉の死］

一九五八年四月八日［河本］

ここ日本では桜の花の季節です。ただ日曜日は大雨でしたが。また広島は違いますが、主な都市は私鉄に指導されたストライキで騒然としていました。私はまだ博覧会を見に行っていませんが、いつか見に行くつもりです。広島だけでなく日本の国としても核実験停止についてのソ連の提案を歓迎しています。いま世界にこの思いが広がっています。

河本原稿を続けます。彼は五千円を受け取ってとても喜び、あなたにくれぐれもよろしくと言っていました。彼が原稿を完成させたら必ず残りの五千円を渡します。彼は千円で米を買い、残りで子どもたちの本や学用品を買うつもりだと言っていました。しかし、その後の手紙では、雨のため日雇いの仕事がなく、あなたが送ったお金で本当に助かった、と記していました。私は彼に、五月半ばまでに原稿が必ず終わるよう予定表を作るようにと話しました。ユンク博士は五月末にはすべての情報を机の上に揃えたいので、原稿翻訳のために二週間の余裕を私に与えてほしいから、と。もろもろの平和集会への労働奉仕やその種のことで彼は本当に多忙ですが、予定に遅れないよう、私の手紙を壁に貼っておくと約束しました。

▽河本原稿続き［一九五三年メーデー、映画『ひろしま』の撮影］

一九五八年四月一〇日［河本］

トルーマン大統領から三通目の手紙が広島市に届きました。態度が悪かったのは日本の指導者たちだという主張です。この記事は英文毎日で読まれたことでしょう。市議会は、トルーマンへの返書を他の諸国にも送るつもりです。私が心から望むのは、トルーマンにわずかでも心の温かさと誠実さがあって、市民がこんなにも苦しんだことに同情の意を表し、その上で政治的立場に基づく主張をなすことです。この人間的感情を欠いているために、それぞれの市民がトルーマンの手紙に強い反感をもつのです。幸いなことに大きな、集団的な怒りではありませんが。これは広島とアメリカの双方にとって残念なことです。良き理解がなされるよう願います。

長岡氏は彼の発掘のための外出について、断片的な日記に基づいてもう少し書くことに同意しました。彼は、広島からほぼ一時間半かかる彼の家から通うのは、とくにこの博覧会の忙しい時期、時間を多く取りますので、代わりに広島に泊まると言いました。広島にいることにしたから、夜は時間が取れるかもしれないと言っています。何か実りある結果が得られることを願います。いまは忙しい人ですので、多くを期待することは難しいですが、うまくいきますように。

阿川氏の小説『魔の遺産』について、最初はあなたが教えてくれた英語版で読もうとしました。ABCCが英語版のある唯一の場所なので、ラパポート氏に会いに行ったときに図書館に立ち寄りました。［その時の］図書館員の話では、貸出中なので戻ってきたらすぐに知らせるとのことでしたが、紛失したという返事でした。それでどうするのかというと、日本語版を読むか、あるいは蜂谷先生に直接会って、柳の会について実際のところを聞きたいと思います。ABCC報告書について、厚生省からは最終的に返答なしです。報告書の見出しを拾ってリストアップしますので、必要なものを選んでください。小沼博士の文書、お受け取りですか。築城助教授からはまだ返事がありませんので、無事に届いたことを願います。唯一良いことは、河本が非常に真剣に原稿を書いていることです。あまりにも細かなことが多すぎると思われるかもしれませんが、しかし取り立てて説明せずとも、そうした小さな出来事の中から、広島の動きや感情のあれこれがおのずと浮かび上がります。河本原稿を続けます。
▽河本原稿続き［一九五三年六〜九月、七月御殿場での友和会第三回全国大会参加］

次回は気分転換に、浜井回顧録です！　ついに二〇〇頁です［元の書簡の頁数を通算したもの］。

一九五八年四月一四日［浜井］

四日付の手紙を、昨日受け取りました。［私の］この手紙は、あなたがアメリカから帰ってから読むことになるでしょう。ですから、直接ニューヨークかワシントン宛てに一通出し、あなたの非常に興味深い手紙にお答えします。幸運を祈ります。浜井回顧録に入ります。

▽浜井回顧録続き　39ＡＢＣＣ、40同前［図2-3］、43公安条例

一九五八年四月一七日［浜井］

昨日、ワシントンのウィリーに宛てて、あなたへの手紙を送りました。あなたに届かないかもしれませんが、一週間程度あれば着くだろうと考えました。お渡しできない場合には、とくに重要なことは何も書いていないから気にしないように、とウィリーに伝えておきました。あなたがアメリカに向かう直前に投函された、四日付の手紙への返事だけです。ワシントンは楽しかったですか。エンジョイという言葉は適切ではないかもしれません。実り豊かでしたか、が良いでしょうね。そうであったことを願います。探していた参考文献は首都で入手できましたでしょうか。浜井回顧録を続けます。

▽浜井回顧録続き　44カープ球団の結成、45東練兵場の問題、48アメリカン・フットボール

一九五八年四月二一日〔浜井〕

今日の世界の潮流は、すべての核実験の禁止にあります。これがいま生きている人間の正常な考え方であることは明白です。誰かがこの用語を使っていましたが、こうした核問題の恐ろしさを認識することを、正気が要求するのです〔一九五七年に米国で設立された有力な反核団体、全米健全核政策委員会（National Committee for a Sane Nuclear Policy　略称ＳＡＮＥ）を指すか〕。だから、この本のプロジェクトであなたが目指しているものは、人間性の本道にあると確信しています。私だけでなく、この世界の

広島市政秘話　浜井信三

原爆十年

ABCC（下）

中央指令で比治山に　治療機関併設は実現せず

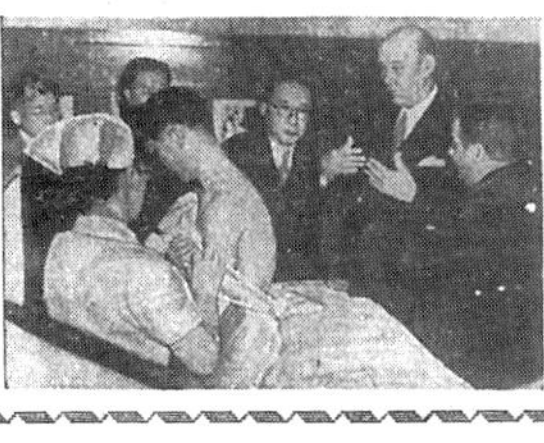

図 2-3　浜井回顧録 40「ABCC」

多くの人々があなたと共にありますから、頑張ってください。浜井回顧録を続けます。
▽浜井回顧録続き　48続き、53平和記念公園、60旧軍用地獲得運動

一九五八年四月二四日［浜井］

当地ではすべてがうまく進んでいます。今朝の朝日新聞は、アルベルト・シュヴァイツァーが核実験反対のスピーチを行ったと伝えています。この風潮はたしかに強まっています。ただし、われわれは現実の資料、文献と科学的データの双方によって、さらに確実にすることを必要とします。やりましょう。私の貧弱な見識にふれる時間はありません。
▽浜井回顧録続き　60続き、67外資の問題、68同前、69同前
次回は、あなたからのいくつかの質問にお答えできるかもしれません。今日、やっと切り抜きの写真を入手しました。次回に詳細を記します。

一九五八年四月二八日［個人的便り、浜井］

あなたの質問事項について、少し記します。
一、あなたが求めていたMの写真の件です。中国新聞のファイルに、この事件のネガフィルムはありませんでした。記事の切り抜きは殺人事件ファイルに入れられ、すでにすっかり固定されていました。それで市立図書館に行き、写真を見つけましたが、持ち出すことは許可されませんでした。しかし近くの写真店で複製を作るために三〇分の貸し出しを何とか頼み、許可を得ました。やりました

よ。ネガを二つ作りました。紛失した場合の用心として焼き増しを一枚お送りしますが、あなたが自分で引き伸ばせるようにネガも同封します。この手紙を発送する日に、別の封筒でお送りします。［その封筒に］番号は付けないつもりです。

二、Mに描いてもらう絵について。分類・教育部長の川崎氏に、特別の手紙を添えて、スケッチブックとデッサン用の鉛筆を送りました。これへの返事を待たなければなりません。河本自身の絵については、確実に手に入れられます。彼にも依頼の手紙を送りました。いま彼は「センバヅル」（千羽の鶴）で多忙です。来る五月五日の子どもの日に予定されている像の除幕式と、同じシナリオの映画の制作の両方です。最近はまったく原稿を受け取っていませんので、忙しいのでしょう。けれど、まだ浜井のものに取り組んでいますので、彼の原稿は次週ないしその翌週に手に入ると、おそらくちょうど良いタイミングです。

三、小沼教授の日本語論文の写しはすべて彼に返しました。彼が必要としているでしょうから。資料があなたに届いたのか否か、返事をもらっていません。この件を私にお知らせいただくときに、同時に彼にも手紙でお伝えいただければと思います。小沼教授はあなたの批評をぜひ、と求めていましたので。

四、私たちの依頼について、先日長岡氏に問い合わせをしたのですが、何の便りもありません。博覧会で忙しいと思われます。博覧会が終われば書くと彼は私に約束しましたが、どうなるかわかりません。

五、日本でＡＢＣＣ報告書を配布する責任部署の国立予防衛生研究所所長に宛てた手紙に、ようやく返事がありました。請求した資料はすべて全国の情報源に配布済みで、申し訳ないが求めには応じられないとの謝罪の言葉でした。ですので、前の手紙で書きましたように、あなたがワシントンでこの報告書を見ることができず、そしてまだ必要とお考えなら、必要な部分をお知らせください。それに従って［ABCC］図書館で探します。蜂谷先生は頻繁に広島を離れています。実際、四回電話を入れましたが、つかまりません。しかし、阿川『魔の遺産』と柳の会についての返事をもらうつもりです。結局ABCCからは借りられず、日本語版を読み通しました。

四月二六日に、中国新聞の通信員の沼田氏から連絡がありました。『新画報(ノイエ・イルストリールテ)』（ケルン）の主任通信員ヴォルフガンク・ヴェーバー氏が現在、西ドイツの医療チームと一緒に広島にいますが、私が手助けできるか否かを聞くためです。まず、一時間という短い時間でしたが、彼と直接話しました。犠牲者への投薬の事例を知りたいと言われましたので、市役所に行って入手してきました。現在制作されている「千羽鶴」の像について、また公園の木は新たに植栽されたのかといった地域に関すること、男の子の祭り［子どもの日］のしるしである鯉のぼりに関する質問など、細々とした質問もありました。

そして、ヴェーバー氏をちょっと手伝ったことについて沼田氏に報告したときに、中国新聞の食堂で、あなたのこと、それからあなたが反核集会に参加したために、最近『世界週報』を解約されたことについて話しました。すると沼田氏は、それは広島にとって重要なニュースなので、詳しく教えてもらえないか、と言いました。そこで私はよく考え、いまワシントンに国際新聞編集者協会のパネル・スピーカーとして招かれているあなたの名声を傷つけるようなことはないだろうと判断して、

［手紙の］集会に関する部分をそのまま翻訳する、と言いました。また、あなたの著作『千の太陽よりも明るく』は、フランスとイギリスで好評で、日本では近く文芸春秋から刊行されること、そして第三に、あなたのアメリカ渡航についても話しました。沼田氏の求めに応じて、あなたの手紙の内容を話したのはよくなかったでしょうか。そうでないとよいのですが。

▽浜井回顧録続き　69続き、70外資導入後記、73慰霊碑碑文

ウィリーからあなたに会ったという手紙を受け取りました。よかったです。アメリカでもあなたは精力的に資料集めをされているようだと聞きました。

一九五八年五月一日［浜井（終了）］

今日はメーデーです。そしてまた、来る五月二二日の選挙［第二八回衆議院議員総選挙］に候補者が立候補する公示日でもあります。日本ではこの三年間での最初の総選挙であり、しかも自由民主党［以下、自由党という表記の場合も含め自民党と略記］と社会党の二大政党に分かれたかたちになって以来の最初の選挙です。社会党が支持を得る傾向も少しはありますが、私は自民党が再びリードし、政権を取ると思っています。保守は広く好まれています。農民、商店主、女性ですね。他方、社会党はホワイトカラーと労働者、知識人の支持があるようです。

前の手紙で書きましたように、ウィリーの手紙にはあなたのアメリカでのご活躍が書いてあり、とても嬉しく受け取りました。彼はまた、私があなたの仕事によく協力していることに感謝してくれています。しかしこのプロジェクトはまことに重要ですから、まっとうな人間ならば誰でも間違いなく

賛同するでしょう。

蜂谷先生は医学の学会でまた［出かけていて、］仙台にいて六日まで戻りません。河本からの原稿はまだです。したがって浜井回顧録から始めます。今回ないし次の手紙で終わるでしょう。

▽浜井回顧録続き　73続き、74同前

これで浜井回顧録の長大な原稿はほぼ終わりです。この回顧録は私にはとても印象的でしたし、あなたも同意してくれるでしょう。彼は手直しするつもりですので、修正したり書き足したりするかもしれません。実のところ、これであなたから依頼があった項目は終わりましたが、広島公会堂（ホテルを含む）の建設に関する項目を追加したいと考えました。地元の実業家の協力を得てなされた、珍しい事業だからです。原爆都市の再建に見られる独自性というのも、あなたには重要な要素の一つではないでしょうか。まだ、六二番の「競輪」を訳すようにとお考えなら、これも翻訳します。

▽浜井回顧録の追加　63公会堂、64同前

さしあたり浜井回顧録は終わりにします。あなたがお求めの項目すべてを翻訳しました。原本はしばらく浜井には返却せず、私の手元に置いておきます。

うまく行くかはわかりませんが、博士、最近私は生まれて初めて、手頃なカメラを買いました。笑わないでください、日本ではとても人気ですし、私は長い間カメラを持っていなかったのです。日本ではほとんどの人がカメラを持っています。ドイツ製のカメラが世界で最良ですが、日本製もまた急速に改良されていて、いやはや、日本では誰もがカメラを持ち歩いていると言ってよいでしょう。外国でカメラを首や肩からぶら下げ、メガネを掛けている人を見たら、その人が日本人であることは間

違いない、という笑い話もあります。初心者ですので、私が買ったのは最も扱いやすい種類のものです。さてここからが本題なのですが、重要な人物や建物を写真に撮って、あなたの物語に生き生きとした説明を加えることができるよう、お手伝いしたいと思います。ネガをお送りしますので、引き延ばすなり、好きなように複製をしてください。三五ミリと小さいので、郵送しやすいと思います。規定がどうなっているかはわかりませんけれども。

ところで、私が調査すべき何か他のことがありますか。必ずお答えください。

メーデーはまったく平和なものでした。ジグザグ行進は許されませんでしたし、デモには家族連れもたくさん参加していました。

いま、この国は選挙の真っただ中です。広島は表面的には非常に平和で、誰もがそれぞれの目的のために一生懸命に働いています。著作の成功を願います。

一九五八年五月六日［個人的便り、原爆の子の像］

昨日五日はなんとも心躍る一日でした。朝八時半に朝食を取っている間、日本の新聞に目を通していました。仕事の大半は夜にしますので、起床は遅い方です。私は朝日新聞を取っています。間違いなく日本で一番良い新聞ですので。そしてあなたの写真を見ました！　しかもとても大きな欄があなたの記事に割かれていました！　科学の欄です。見出しは「十八人のドイツ原子科学者」で、右側には縦並びで「マックス・」ボルン、「カール・フリードリヒ・フォン・」ヴァイツゼッカー、「マックス・フォン・」ラウエ、「ヴァルター・」ゲルラッハ、オットー・ハーン、エドワード・テラーの写真が出

図 2-4　ゲッティンゲン宣言一周年のユンクの記事

ていました。あなたの写真があり、このように紹介されていました。

ロベルト・ユンクはベルリン生まれ、フランスのソルボンヌ大学に学び、スイスで記者になり、アメリカの市民権をもっている。あなたがコスモポリタンであることを示しています。アメリカ文明に関する著作『未来は既に始まった』を通して、彼をすでに知っている人は数多いに違いない。彼は昨年の四月に来日し、広島を訪問し、『灰の中から立ち上がったフェニックス』という本を書いている。あなたのとても良い写真もあります。

サブタイトルは「ゲッチンゲン宣言後の一年」で、見出し語は大きい文字で「恐るべき沈黙の圧力」、それからやや小さな文字で「必要なら第二の声明も」です。最初の部分を翻訳すると次の通りです［ゲッティンゲン宣言は、一九五七年四月に西ドイツの科学者らが発表した、核兵器に反対する宣言］。

▽朝日新聞一九五八年五月五日、ロベルト・ユンク【十八人のドイツ原子科学者　ゲッチンゲン宣

言後の一年】

これがこの記事のあらましです。その内容に、また科学界で最高の頭脳が核兵器の政治的（！）および軍事的使用にそれほど大きな関心をもっていることに、本当に感銘を受けました。日本では、自民党には強い疑念もあります。彼らは社会党と共同で、この国の核武装に反対する声明を出しましたが［一九五八年四月一八日、自民・社会両党共同提案の原水爆実験禁止決議案が衆議院で可決。参議院は二一日可決］、この五月二二日の選挙が近づいていますから、票集めのジェスチャーに終わるかもしれません。選挙が終わり、うまく政権の座につけば、追従を始める可能性もあります。そうならないことを願います。現在、とくに日本では、核問題について人々の声はきわめて強いです。

新聞を読んでいる間に、郵便屋がアメリカからのあなたの興味深い手紙を持って来ました。シカゴとニューヨーク間の汽車の中で書かれたのですね。この手紙はとても楽しく読みました。ええ、私自身もウィリーから手紙を受け取っていて、彼が孤独に感じているという、あなたと同じ印象をもちました。彼の妻と子どもたちももうすぐあちらに行きますので、彼も少し安心するかもしれません。この日はあなたのイメージが非常に鮮明で、一年前のときのように、あなたがもう一度私の現実の生活の中に入り込んできたように思われました。正確にいつ、あなたに最初にお会いしたのか、メモは取っていませんが、しかし新広島ホテルのロビーで最初にお会いしたときのことは記憶に鮮やかです。私はこの出会いを神に感謝しています。それが五月一日のことか、そうでないのか、一番最近の手紙を五月一日にタイプしたときには、日記を見て考えていました。

それはともかく、あの朝日の記事について、つけ加えておきたいことがあります。これは五月五日の新聞で、五月六日の新聞は休刊です。五月五日は子どもの日で国民の祝日ですから、その日にあなたの記事が掲載されて幸運でした。広く読まれるに違いないからです。もう一つ、個人的な意見です。前の手紙でも述べましたが、日本の思想界、とくに知識人はドイツに深い尊敬の念を抱いています。戦後、公然とは語られませんが、日本とドイツが同盟国だったということの内に、深い関心と友情が秘められています。ことに自然科学の分野では、われわれ日本人はドイツがトップだと評価しています。また政治機構と文学において、日本にはドイツ文化の流れを汲んだ強い伝統があります。ドイツ人の長所や短所について何か言おうとしているのではなく、ドイツの科学者の動きに日本人がいかに強い関心をもっているか、事実をあなたに知っていただきたくて、率直な意見を述べたのです。日本人は心の奥底では、アメリカとソ連の田舎紳士を軽蔑し、イギリス、フランス、ドイツを尊敬しています。これは昔ながらのヨーロッパでは普通のことです。とはいえ、戦後の情勢ではアジアの[民族]自決が流行していますが、このアジア・アフリカのグループに日本人は含まれない、と私は思います。政治家や新しく登場している知識人の世代は、このアジア・グループと連携する新しい視点をもつべきである、と明確に表明していますが。

さて、あなたの手紙への返答です。

一、ABCCの連絡員について。(いちばん最初からの)古株と交渉して、以前からいる人を何人か紹介してもらえることになっています。約束は来週です。

二、[一九五二年に着任した広島アメリカ文化センター所長のアボル・ファズル・]フツイの出発について、私自身がその場にいましたから、ご説明することはできます。しかし、まず中国新聞の記事か社説を見つけ、そのうえで重要と思われることを付け加えます。

三、カノ兄弟は記憶になく、K・サイチョ［サチオ（Sachio）のタイプミスか］も思い出せません。ミセス・ウィルソンのグループと私が一緒に写った写真を見たとおっしゃっていましたね。こそばゆく感じました。

四、この手紙は、あなたがウィーンに帰ってから届くかもしれませんが、五月一一日の誕生日おめでとうございます。神から贈られた恩恵と健康に感謝しましょう。執筆プロジェクト再開への、よき日とならんことを。

五、ABCCの敷地が比治山に設けられた件について、浜井［前］市長に確認することもできますが、詳細は私が送った四月一四日付手紙の浜井回顧録を見てください。そこにあるとおり、交渉に来た最初の人物はシネル中尉という人で、最後は［クロフォード・F・］サムス少将［正しくは准将*］でした。ロビンソン博士［ABCC病理部のジョン・ロビンソンか］が言う、頑固なアメリカ人がこの中尉と少将のいずれか、ここではわかりません。確認しましょうか。

*サムス准将（一九〇二〜一九九四）はGHQ公衆衛生局（PHW）の局長として、医療保険の拡充や医学教育改革など、医療・福祉分野での占領改革に携わった。

六、最後に私のサラリーについて。三月から未払いです。したがって三月分と四月分で、以下の額です。

三月　基本給　一万五千円　出費五千円　合計二万円

四月　基本給　一万五千円　追加一万円　合計二万五千円

五月分については、まだ途中ですから、五月が終わってから請求します。五月の現在の予定では、四月と同様、一週に水曜日と土曜日の二回で、倍の量をお送りします。米国旅行で大きな出費のあった後に、このようなお願いで本当に申し訳なく感じます。本当にお金がかかったでしょうから。しかし、あなたはご親切に「迷わずに言うように」とおっしゃいましたので、事実を率直に記します。あなたの寛大さに感謝します。厳しい状況でしたら、私は待つことができますので、どうか無理をしないでください。私はあなたを信頼しています。

ともかく、青い便箋のあなたの手紙で、多数の人々と会われる努力を知るにつけ、なんとも元気づけられます。ミセス・アンダーソンと出会ったことも、楽しく読みました。私はまた、ウィーンに戻ったいま、あなたは心身ともに本に集中しているだろうとも感じています。良い本が仕上がることでしょう。神様が助けてくださいます。

同じ昨日の朝、あなたの手紙と共に河本氏の手紙も届きました。まさに五月五日子どもの日、一〇時半から始まる「原爆の子の像」除幕式への出席を求める速達でした。それであなたの手紙をポケットに入れ、すぐに像が建てられた平和公園へ向かいました。あなたはご関心があるかはわかりませんが……［一行欠落］。理由は、子どもの日は国民の祝日とされていますので、子どもたちが関心をもっていることを取り上げるのは自然なことです。しかも、広島の原爆犠牲者佐々木禎子と、世界平和のためのこの像の建設に、全国の子どもたちから支援があったという、このささやかな心暖まる物語ほど、感動的で心打たれるものがあるでしょうか。英文毎日の五月五日付三面に、この像の記事と写真があります。式典については、今日は新聞の休刊日ですから、明日の新聞を待たなければなりません。

さて、「テンセイ・ジンゴ」（直訳は「天の声、人の言葉」）を、そのまま翻訳します。名前は出ていませんが、荒垣秀雄が書いたコラムです。社説と同様に重要です。というのも、より広く読まれ、機知と短い警句で読みやすく、また間違いなく読者にはより人気があるからです。つねに一面に掲載されています。

▽朝日新聞一九五八年五月五日【天声人語】

この今日の天声人語は良く書かれていると思いますので、そのまま翻訳しました。お役に立つかどうかはわかりませんが、これに私自身の解説をいくつか付けます。

この国のだれもが切望していたように、この日はみごとな「サツキバレ」になりました。空は青く、暖かく穏やかなそよ風の吹く、五月の美しい晴天の日です。少年代表の一人がスピーチで、神様がこの日を素晴らしい日にした、と語りました。この心温まる機会に、何パーセントかの大人も出席していましたが、当然のことながら多くは子どもたち、とくに中学校や高等学校の少年少女たちでした。これは真実、子どもの日です。戦争を阻止し平和を守る責任はいまや自分たちにあると、純真に感じる世代が登場していることを私は感じ取りました。世界を惨禍から防ぎ、佐々木禎子のような悲しい状況を生み出さないようにすることが、彼らの意思です。

ノーベル物理学賞を受賞した湯川秀樹の鐘［像の台座は中空の塔になっており、その内部に吊られた鐘には、湯川秀樹の筆による「千羽鶴」、「地に空に平和」の文字が彫られている］が鳴らされた時には、人々の心に深くしみいる静寂がありました（湯川氏は少年少女のアイドルで、戦後日本における理想的な人物の一人として彼を挙げることに、大人でさえ誰一人ためらいはないでしょう。彼は日本でただ一人、そのような世界的名声を得た人で、戦後の心打ちのめされた状況において、とりわけ劣等感の中にあった日本人に、ある種の自信を与えました）。

しかし、菊池一雄がスピーチで述べたように、式典の後、盗難の心配からこの鐘が取り外されることになっていたのはとても残念でした。実際、平和公園の中では、トイレの蛇口などの金物がよこしまな人々によってたくさん盗まれています。切実に願うことは、ある少年が彼らの新聞『平和』で記しているように、この鐘の音を毎日平和公園の中で聞くことのできる日が来ることです。これが、この情景の背後にある、残念なことの一つです。

この像についていくつか記します。菊池氏の説明では、台座（像が立つ部分）の形は、山から着想を得ました。蓬莱山という、古い中国の説話で吉兆を意味する伝説上の山で、日本では聖なる山と考えられています。そして、三つの側面にある、［原文に空白、V字を手書きしたか］のような形が示しているのは、子どもが一番よくするような鳥の描き方で、とりわけ鶴との関係から、鳥の気持ちになっている子どもたちの純粋さを象徴しようとしたものです［台座を設計した池辺陽（きよし）による説明の可能性が高い］。

ある教育者――この募金活動を支援したことで、北日本からこの式典に招待されたある小学校の校長先生――が、興味深いことを言いました。「除幕された像を見て、少女の足が細いのに驚きました。そして直感的に思ったのです、これこそ、教育者が注意を払うよう気をつけなくてはならないところなのだ、足を見て、子どもたちが心身の両面で健康な状態にあるのか考えなくてはならないのだ、と」。彼のこの印象は、菊池氏の作品を支える、三本の細い足にも関連していました。

広島県原爆被害者団体協議会［以下、広島県被団協と略記］の代表委員で［広島］子どもを守る会の会長である森滝［市郎］教授は、非常に力強く訴える言葉を子どもたちに送り、大きな感銘を与えました。その言葉は、「その動機のよいものは必ず成功する。おめでとう」というものです。この三年半の努力は子どもたちだけでなく、全国の子どもたちすべての支援によって、世の中全部の人によってなされました。私たちが成し遂げたことを誇る気はありません。これは、正義という嘘偽りのない目的のための、広島の子どもたちの奉仕によって成し遂げられたのです、と。

以上は、子どもたちの新聞『平和』に書かれた、支援者らに関することです。［一九五八年五月一日

【主張　動機のよいものは成功する】］

この像の建設に協力したということで、一五人ほどの紳士が、子どもたちから感謝のしるしを受け取るために並びました。その仕立てのよい背広姿の人々の中で、ただ一人、簡素なジャンパー姿の人がいました。河本氏です。しかし、郷土人形の贈り物が手渡されたときには、送り手と受け手のどちらも、なんとも心温まる笑顔を見せました。それを見て、私は幸せでした。『平和』には、「河本さん、有難う！」という特別のコラムが彼にささげられています。次回の手紙ではこの時の彼の写真と、子どもたちが彼に感謝する、この小記事をお送りできるでしょう。

一九五八年五月八日［原爆の子の像、時恵、個人的便り］

記念像の除幕式での出来事について、河本に関しもう少し付け加えます。式が散会したときには、皆が家に帰るために歩き始めました。子どもたちにはいささか退屈な、格式ばった除幕式から解放され、親しい者同士は自由に話し始めました。そのとき突然、拡声器の声がしました。「この式典は、［ドワイト・D・］アイゼンハワー大統領、［ニキータ・］フルシチョフ首相、［ハロルド・］マクミラン首相に報告されるだろう。無意味な核武装競争を阻止するために、われわれは闘わなければならない」と。それは河本の声で、このような内容でした。私は発言したのが彼とは気づきませんでしたが、彼をねぎらおうと探していると、本当に深刻な顔つきで演壇から戻ってきました。それで彼が話したのだとわかりました。私の存在に注意を促すと、彼はいつもの笑顔を取り戻しました。彼は発言するので緊張していたのです。しだいに笑みを取り戻しつつ、私が式典に来たことに感謝しながら、厳しい口調で早口に語りました。「小倉さん、ばかげている。大人たちは実に傲慢ですよ。式典を今日のように開催させるだけでも、私は苦労したんです。大人が進行を務める、もっと儀礼的な式典が計画されていました。子どもたちの参加する余地はなく、彼らは大人の計画に心から腹を立ててうんざりしていました。私はどうにか、これくらいには子どもたちが参加するようにしたんです」と。進行役は高等学校の女子生徒によってなされました。除幕と記念品の贈呈はすべて子どもたちの手で行われました。「主役」は子どもたちが演じました。しかし、子どもたちがこうして参加できるようにするためには、子どもたちの真剣な思いを大人たちが理解するよう、河本氏は説得に苦労したに違いありません。彼のいらだった厳しい言葉から、そのことを感じ取りました。これもまた、舞台裏での

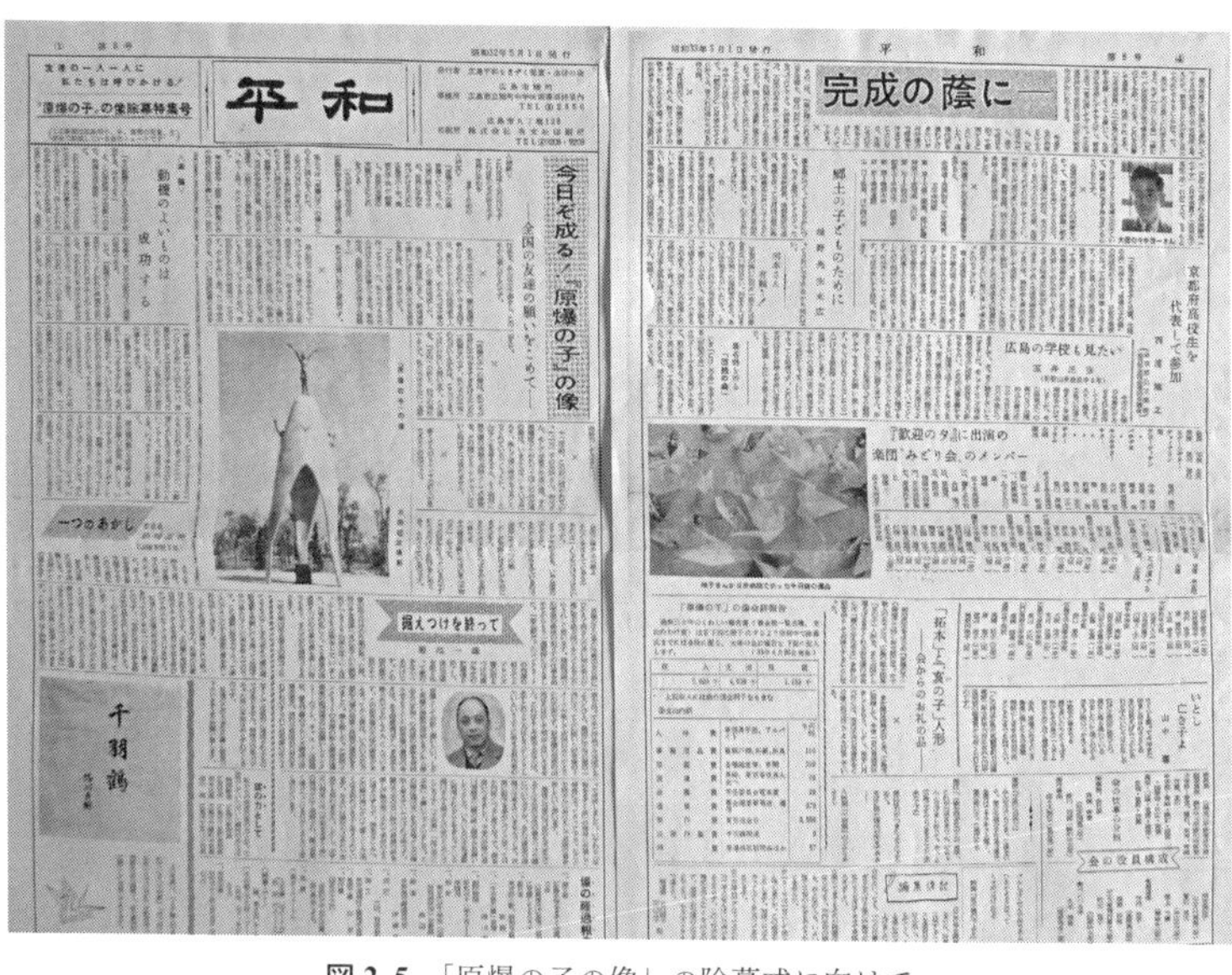

生徒の一人一人に私たちは呼びかける!
「原爆の子」の像除幕特集号

平和

今日ぞ成る!「原爆の子」の像
—全国の友達の願いをこめて—

動機のよいものは成功する

一つのあかし

据えつけを終って

千羽鶴

完成の蔭に—

郷土の子どものために

京都府高校生を代表して参加

広島の学校も見たい

『歓迎の夕』に出演の楽団"みどり会"のメンバー

「原爆の子」の像会計報告

会の役員構成

編集後記

図 2-5　「原爆の子の像」の除幕式に向けて

暗い一面に違いありません。

次に、広島平和をきずく児童・生徒の会の新聞『平和』の短いコラム、「河本さん、有難う!」をそのまま翻訳します。

▽『平和』一九五八年五月一日【河本さん、有難う!】〔図2-5〕

像の完成を記念する特別号ですので、この新聞には型にはまった式辞が掲載されています。しかしこの小さな記事には、そのどれよりも心がこもっていると思います。

来週ABCCに行き、連絡員にインタビューするまで、手持ちの資料はありません。そこで、生存者の文集『原爆に生きて』から、河本夫人の文章を翻訳します。全部で二七本の文章がありますが、河本夫人のものが最も関係が深いと思いますし、また河本氏からずっと前に、参考になればと送られてきていました。彼女の旧姓は河本の文章の中によく出てきますが、上松時恵です。ところで、翌日の新聞には除幕式に関する特別の記事はありませんでした。新聞休刊日を間に挟んで、むしろありきたりでした。

▽上松時恵【平和をわれらに】原爆被害者の手記編纂委員会編『原爆に生きて』三一書房、一九五三年

この文章はどちらかというと情緒的ですが、それでも河本のために、これを訳さねばと感じました。ご参考まで。

ヴォルフガング・ヴェーバー氏が広島に滞在したときの質問の一つは、手足の不自由な人や火傷のある人たちが広島の街頭にあまり見られないのはなぜか、というものでした。私は単純に、手足を失った人々は死んでしまっただろうし、生き延びた人は現在も生きている、火傷を負った人々はめったに外に出ない、と答えました。しかし、日本の有力な月刊誌『世界』を読む中で、五月号にF・L・シューマンの論説「世界はいくつに分れるか」（邦題の直訳です）を見つけました。そこで彼は現在の「戦争による」死傷者の恐ろしさについて述べるにあたり、『核兵器の効果』（米国政府、四六一頁）［原題は *The Effects of Nuclear Weapons*, 米国国防総省・米国原子力委員会、一九五七年六月］からの事例を引用しています（こちらも、翻訳はこの雑誌にある日本語からのものです）。

▽F・L・シューマン【世界はいくつに分れるか】『世界』一九五八年五月号

これこそが、広島のような大惨害で手足を失った人の数が比較的少ない理由だと思います。欧州の戦争では身体に障害を負った犠牲者の数が多いと聞きました。この点は広島と、一般の戦争で被災した国や都市との対照的な違いかもしれません。これもまた、ご参考まで。

除幕式で撮った写真のネガを何枚かお送りします。

六番は市役所です。広島県被団協代表委員の藤居［平一］氏に会うために、私と一緒にあなたも市役所の広報室に出向いたので、きっとご記憶のことと思います。七番、一三番、一四番は式典の全体像です。一一番は、河本が中央で横を見ています。彼は子どもたちの区画の後ろに立って、いつも助言を与えています。上の垂れ幕には「これはぼくらの叫びです　これは私たちの祈りです」と書かれています。

これらの写真が無事に届いて、値打があるとお考えなら、どうぞ私におっしゃってください。残念ながら、写真を撮った人物はまだアマチュアですので、専門家として長く仕事をする中で、優れた作品を見てきたあなたには不満かもしれませんが。

今日はここまでです。身体に気をつけて、ご家族にどうぞよろしく。

一九五八年五月一二日［蜂谷、フツイ、ABCC、蜂谷］

二五歳の原爆乙女Mさんが今日広島に戻り、新聞で語りました（彼女は来年七月にウィーンで開催される［第七回］世界青年学生平和友好祭の準備委員会に出席するため出かけていました）。

▽中国新聞一九五八年五月一三日【原爆乙女、欧州から帰る　知られぬ被爆の実相】

あなたに報告しなければならないことが、いつも原爆の話ばかりなのは残念です。しかし、これがいまこの街が抱えている最も大事なことなのです。だから、どうしても避けられない気がします。

ようやく蜂谷先生と連絡が取れて、阿川弘之氏の『魔の遺産』に関するあなたの質問、柳の会の部分は真実か虚構かについて確かめることができました。すべて虚構だとわかりまして、また蜂谷先生はこの本における阿川氏の資料の扱い方に大いに不満でした。以前、昨年秋に彼に会ったときにも、彼は不満を述べていて、『ヒロシマ日記』の使い方に関する阿川氏宛ての彼の手紙を見せてくれました。『ヒロシマ日記』が正式に本の形で出版される前、日本の逓信病院の月刊誌『逓信医学』にその日記が出たときに、阿川氏は文章の一部を引用する許可を先生に求めました。結果はというと、内容が非常にたくさん使われ、これを蜂谷氏は喜びませんでした。また、その引用に登場する関係者の中にも、立腹した人がいました。しかしそのことを私は表に出しませんでした。先生から、控えるように頼まれていたからです。しかし柳の会に関する質問と関連して、あなたに話す正式の許可を彼から得ましたので、これが内部事情です。つまり柳の会の存在は事実ではありません。最後に、蜂谷先生は五月五日付の朝日新聞の、あなたに関する記事を熱心に読んだとのことで、あなたにくれぐれもよろしくと伝えるよう、個人的に頼まれました。類を見ない二人の素晴らしい人物の橋渡しをでき、私は非常に幸せに感じています。

さて、フツイ氏の広島からの出発に関する記事です。

▽中国新聞一九五七年四月二〇日【「広島の土になりたい」　日・米文化交流に尽くしたフツイ館長　市民へお別れあいさつ】

次に、一面の「断層」という記事です（朝日新聞の天声人語と同じ種類のコラムです。短くて機知に富んだ社説で、多くの人に人気があります）。

▽中国新聞一九五七年四月二三日【断層】

中国新聞で見つけたものはこれで全部です。他の新聞はそのうち見てみます。

私自身の感想を追加します。［広島］駅は大きな人だかりで、プラットフォームは人々であふれ返っていました。見送りをすることは日本人の習慣とはいえ、実に盛大なものでした。駅前に職員が机を出して、本当は一〇円かかるプラットフォームへの入場券を無料で配っていました。彼が金持ちのアメリカ人だからではなく、見送りに来る人々に迷惑をかけないようにというささやかな心遣いからこうした準備がなされたのだと思うと、私はとても感動しました。

次に、彼と夫人が黒いサングラスをかけているのを見て驚きました。彼がサングラスをした本当の心理はわかりません。しかし私が想像するに、偽りのない涙がにじむのは無理からぬことですから、見送りされるときの悲しみや気持ちの高ぶりを抑えるため、ご夫妻は心からの涙を黒いサングラスで隠したのではないでしょうか。感動的な光景でした。彼は記憶力がよく、思いやりのある人でした。私は彼に近づいていったほとんど最後の一人で、列車の乗降口に立つ彼は、ありがとう小倉さん、と実に柔らかい声で述べました。実際、彼の態度は誰に対しても誠実だったと思います。市長、県知事、大学、中国新聞が署名をして、彼をその職に留めるよう、公式に嘆願したとも聞きました。このような嘆願はまれなことで、東京の大使館は深く感動しましたが、ワシントンの国務省の公式の動きでは何もなされませんでした。総じてフッイ氏と広島市民は双方とも、この街でかつて示されたものとしては最良といえる友好関係を結びました。

その当時のウィリーの意見では、人間として可能な限り誠実に、とても良い仕事をしている宣教師もいるが、外交官の半分も認められていないと言っていました。この点でも私は彼に賛成です。時にジャーナリズムは、あるものの価値を他よりも持ち上げます。しかしフッイ氏については、彼の努力が、市民全体の心からの反応によって報われたことに疑いありません。どうぞ、彼のことをよく書いてください。彼は離任に際して、私が［アメリカ文化］センターに戻るつもりはないか聞いたのですが、一週間考えたのちに、［一行欠落］丁寧に話しました。

フッイの離任について、『タイム』誌の記事の原本を探しました。アメリカ文化センターで見つけた、一九五七年四月八日号の記事［"Assignment: Hiroshima"］ですが、残念ながらその号が欠けていました。センター職員が言うには、彼女［自身］が他日抜き出したので無くなってはいないだろうから、見つかったら知らせるということです。

同じ昨日——何事もうまくいかない日というのはあるものです——「連絡員」に会うためにＡＢＣＣ職員の一人と会う約束がありましたが、電話をかけたところ、連絡部門全体が、自分たちの仕事について、個人的に関わり合いになったり話をしたりすることに消極的だということがわかりました。以前に、彼らの話が表に出てトラブルになったことがあったように見受けられます。直接ダーリング博士に会いに行き、以前の連絡員を何人か集めて座談会の場をもつ許可を取ったら、というようなことも勧められました。それ以外、彼らはインタビューを迷惑だと感じるのです。私の当初の計画は、内輪話を聞ける連絡員を何人か見つけることでした。ＡＢＣＣの機構の弱点探しをするものでない限り、同僚からの単なる紹介で、わざわざ所長を通すことなく、連絡員の幾人かと正式の知己が得られると思っていました。しかし、連絡員たちは過去のいくつかの出来事で、とても面倒な目に遭っているに違いないと思われます（それが解雇の結果（ママ）であったかどうかはわかりません。私が想像しているだけです）。そして、そうした理由で、何らかの問題が彼らに降りかかるということならば、しばらく待ち、その後にもっと別の、気の利いたアプローチを取ろうと考えました。

その間に、あなたのできるだけ早い返答を希望します。連絡員が貝のように固く口を閉ざす場合に備えて、もし可能なら、ダーリング博士宛ての紹介状もお願いします。この件が彼らの雇用にとって重大問題であるとすれば、とがめられません。犠牲者を見つけるのに、連絡員たちが大きな困難を抱えていたということは、私自身も、連絡員たち自身からではないですけれども、他のＡＢＣＣの職員から聞き知っています。彼らはある意味、［比治］山にいる医学チームが研究する土台を作れるよう、実際に被験者を手に入れるために前線で働いています。私に言わせれば、彼らこそこの仕事の真の「前衛」です。ＡＢＣＣに関する圧倒的な批判と厳しい意見に直面するのは彼らです。とりわけ、市内外へと出かけ、実際の犠牲者に会い、検査のために山を登ってくるよう説き伏せるときに。

ともかく、今回はできなくて申し訳ありません。しかし少なくとも何人かは見つけ出すよう努めます。ただ将来、あなたの本が日本語で刊行されて、連絡員たちのモデルが何らかの形で［ＡＢＣＣの］上層部に知られたら問題が起きるかもしれず、そうしたら彼ら、彼女らには気の毒です。あるいは、退職した連絡員を幾人か探せば、現在の職員や、ダーリング博士を煩わせることもありません。この方向で進めますが、広島の中で見つけられない場合に備えて、どうぞ紹介状を用意してください。

昨日、あなたの質問に関する個人的な手紙を蜂谷先生から受け取りました。朝日に掲載されたあなたの記事も同封されていました。東京版［の掲載］でしたから、私が読んでいないと思ったのでしょう。彼は二度東京へ行っています。一度は、天皇から勲章を受けるため、もう一度はずっと北の仙台で医師会に出席するためでした。どちらのときも、彼が留守にしていたので、私は彼と会いそこねたのでした。

原爆の時の人々への多大な奉仕と、それから記録の出版とで勲章を受けたことについて、私は彼にお祝いの手紙を書いていました。今回の手紙はその手紙への返事です。彼はまた、あなたからの質問に関して、阿川氏についての詳細を私宛てに記していて、あなたに伝えるようにとのことです。柳の会と『魔の遺産』に関する部分をそのまま翻訳します。

［蜂谷の小倉宛て手紙］

《阿川氏の英語版『魔の遺産』は、日本語版の改訂版です。昨秋、私は彼に以下のことを正式に求めていました。第一に、柳の会の部分を病院から切り離すこと。第二に、私の日記に登場する人物で、細かいことを少し付け加えただけでそのまま使われている人物たちは書き改めること。それから、使用を許可したのは四、五の場面のみでしたが、実際には貴殿は多数を使用したので、他の人に迷惑をかけないよう、修正していただきたいのです。そうしなければ、刊行はできないでしょう、と。私は［阿川氏に］このように提案したのですけれども、出版に関する法律は、違反があっても処罰はあまり厳しくありませんし、阿川氏は単なる小説だからと考えて、まったく直さず、収入のために売ろうとしているように見えます。厄介なことです。私の日記に登場する人物が、彼の短編のいくつかでも使われているのを見つけましたけれども、何もできません。私が見る限り、阿川氏の『魔の遺産』は売らんがために書かれ、当時の反米の潮流を利用し、ＡＢＣＣや、私たちを含むその他の取材元は、ずいぶんと迷惑を被りました。

以上ですが、この件については、このようにユンク博士にお答えくださいますか。

どうぞお元気で。またご家族によろしくお伝えください。

五月五日

追伸　この問題を裁判に訴えると、どの程度長引くことになるのかわかりません。とかくするうちに嫌になってしまうでしょうし、その骨折りはしないつもりです。》

以上がこの手紙をそのまま翻訳したものです。この内容に先立つのは三行、受勲して驚いたこと、私のお祝いの手紙への謝意を述べているだけです。それから首相官邸で写真を撮ったそうで、焼き増しをしているので一枚送ってくれるそうです。この手紙からして、これはあなたの質問に答えるための手紙だったとおわかりいただけるでしょう。そして間違いなく、柳の会はまったくの作り話だということとも。

今日M氏から長い、興味深い手紙を受け取りました。スケッチを描いてほしいと私が要望した手紙と、別便で送ったスケッチブックと鉛筆を彼は受け取っていました。彼は、二〇日頃には描けると約束しました。そして私に取りに来てほしいと言っています。彼に会うことができるので私は興奮しています。こうして出会える機会を私は待ち望んでいましたが、あまりに詮索好きと思われてMを当惑させることを恐れ、彼が提案してくれるのを待っていました。彼はまた、ぜひ河本一郎と知り合いになりたいと言っています。今日の手紙で、彼があらゆる種類の本を読み、おそらくは高校を卒業した人たちよりも賢明であることにとても感銘を受けました。新しく買った本を何冊か彼に持っていきます。次の手紙、ないし次々回には彼について書けることを期待します。

河本氏はあれ以来何も書いていませんが、壁に締め切りを画鋲で留めていると言っていましたので、彼がとても一生懸命にやっていることは請け合います。私が翻訳する時間を含めて五月末までに終えられるよう、締め切りは一五日だと決めてあります。

広島復興大博覧会は来週の二〇日に終わりますから、長岡氏を訪ねるか、電話をかけるつもりです。

今回はあまり有益なものではなく、単なるニュースでお許しください。

一九五八年五月一六日〔『千の太陽よりも明るく』、浜井、河本〕

あなたの『千の太陽よりも明るく』が日本で出版されました！　昨日五月一五日付の朝日新聞には、この本の刊行について大きな広告が出ています。日本語の原本［の切り抜き］を同封し、あなたのために翻訳します。

▽朝日新聞一九五八年五月一五日広告欄【『千の太陽よりも明るく　原子科学者の運命』ロベルト・ユンク著】

お気づきのように、非常に大きな広告が打たれています。実際、普通ならば日本［の新聞］は八〜一〇面にすぎませんが、この朝日新聞は日本の一流紙です。他の新聞はまだ見ていませんが、文芸春秋が引き受けたのであれば広告も心配ありませんし、権威もありますから、この本の重要性も伝わるでしょう。あなたの本が日本でも好評を博することを、期待すると同時に確信しています。

以前の手紙でお知らせした、あなたがフランクフルトの反核集会に参加したために世界週報との契約を解除されたことを中国新聞の沼田氏に話した件ですが、五月五日付の中国新聞の、海外文化欄に取り上げられました。この出来事についてあなたが述べたことがそのまま翻訳されており、また良いニュースとしては、新刊の『千の太陽よりも明るく』がフランスで評価され、イギリスの読書クラブで推薦されていることにふれています。概して広島市民は、核兵器禁止をあなたが熱心に支持していることに深い共感をもつと思います。とくに、広島の死者の霊魂に大衆が黙禱を捧げる箇所は、広島の人々に好感をもたれるに違いありませんし、この本の予備知識も与えられるわけです。あなたと広島との結びつきは、きっと良き関係を保つはずです。

さて、資料を仕上げる段階です。浜井回顧録のお求めの項目は翻訳を終えたと思いますけれども、途中で筆を置いたところに［訳を］付け足さなければなりません。一月一〇日付書簡［本書一一五頁］ですが（よろしければその頁に戻ってください）、河本原稿の新プロジェクト［翻訳］を最優先にしてほしいとあなたから依頼があったので、そこで浜井回顧録を一旦中止しています。だからその部分を仕上げます。あなたは広島で、広島市民は平和記念都市建設法にどのように反応したのかと言っていましたけれども、この項目（38番）が［平和記念都市建設法の］影響［について］だからです。

▽浜井回顧録続き　38続き（終了）

これで、浜井回顧録について翻訳が必要と考えた部分は終わりです。昨年六月二〇日付の手紙［に記した七四回分］の番号で、なお必要とお考えのものが他にあったら、お知らせください。比治山をABCCに使うと主張した人物の名前については、まだ私は彼［浜井］と会っていません。しかし、何らかの方法で調べるようにします。

河本の原稿が残っていますので、これも終わりにします。

▽河本原稿続き［ＹＭＣＡの相原和光の援助、一九五三年一二月］

（原稿はここまでですので、終わりにします。）

一九五八年五月一九日［『千の太陽よりも明るく』、Ｍ］

今朝、文芸春秋新社から『千の太陽よりも明るく』を四部受け取りました。ご親切に心から感謝します。明日は初めてＭ氏に会いに行き、インタビューをしますので、実に折良く、あなたのこの本を持って行って手渡しできます。この本はありうる中で最良の贈り物です。本屋に行って、他にも二冊の本を買ってきましたけれども、言うまでもなくあなたの本が最高です。彼はきっと大喜びすることでしょう。彼はスケッチを用意しておくと約束してくれました。

他の三部についてです。よろしければ一部は私の手元に置いておき、残りの二部は、河本氏、浜井前市長、それから長岡氏を考えています。実のところ、長岡氏はまだ我々の原稿を書いていません。彼を説得するのにはずいぶん苦労していますし、いささかばつの悪い思いもあります。しかし彼は本当に忙しいので、あまりやかましくもできません。あなたが書き上げるタイミングが気がかりで、そうするといっそう焦れったくはなるのですけれども。ただ、あなたが当地に滞在されたときには、彼からいくらかの資料を得ましたから、この本を彼に渡す方が良いと思います。ただ実際に書くということについては、河本は一番努力をしていますので、彼もこの本を受け取るに値します。そして浜井［前］市長は親切なことに、彼の回顧録のほぼすべてを私が翻訳することに応じてくれましたし、翻訳した資料の中では最大の分量です。だから彼にも受け取ってほしいと思います。結局、誰に渡してもよいと思いますが、あなたにお考えがあったらそのとおりにしたいので、お教えください。当面は私を外してもまったく構いません。私たちは直接に、密に連絡を取っていますから。

次に昨日五月一八日の朝日新聞日曜版です。この日は書評の日なのですが、この書評欄の冒頭に『千の太陽よりも明るく』が取り上げられました。とても良い書評でした。日本語版はあなたから依頼がなければお送りしませんが、翻訳します。

▽朝日新聞一九五八年五月一八日書評【原子科学者たちの不安と心の動揺　ロベルト・ユンク『千の太陽よりも明るく』】

以上です。本当によく書かれていませんか。何度も述べましたが、朝日は質の高さで名声のある新聞ですから、広報の効果も抜群だと思います。［ウィリアム・L・］ローレンスの『ゼロの暁（*Dawn over Zero*）』［一九四六年］は英語版が出たときに読みましたが、この書評が指摘しているように、私たちは今、あの時代とはまったく異なる時代にいます。この認識の報道において、あなたは前衛に立っているのです。

昨日、広島刑務所にM氏に会いに行きました。分類・教育部長の川崎氏の計らいで、彼と自由に話す時間をたっぷりともつことができました。これが彼と会った最初です。場所も教育部長の部屋でした。だから、最初の出会いにしては、Mも私をいっそう近しく感じたと思います。

彼は実に感受性が鋭く、聡明なものの感じ方をします。同じように、彼の文章や絵も優れています。精緻な正確さの中の、実に芸術的な彼のタッチに、あなたは驚くことでしょう。彼の絵には官能性さえ感じられました。彼は善良であろうといつも厳しく身を処しています。また、邪悪な感情がしばしば生じることはどんな人間にも自然なことですけれども、彼はそれと闘おうとしています。

彼はあなたを深く尊敬し、あなたとつながりをもてたことに幸せを感じています。そのような人物と知り合いになれたのは幸運なことであるし、彼を気にかけている人々は、彼の世界の外にたくさんいるのだから、良い受刑者となって、他の模範になるように、と私は彼に話しました。ええ、彼の目には光るものがありました。

彼は現在、刑務所の中で新しく誕生した、ブライユ点字［現在一般的に使われている六点式点字法］の授業に参加しています。写真を同封します。同じ昨日の朝、母親が来て彼に「ブライユ点字をやっているのか」と言ったそうです。自分が話す前から母親が知っていたことに彼はたいへん驚きました。母親は、新聞に出た写真の後ろ姿でわかったのだと言いました。それで、彼が「どうして」と問うと、母親は一言「どうしてって、親子だもの」と答えました。この短いエピソードを話したとき、彼はとても幸せに見えました。私自身はこの写真から見分けることはできませんが、後列の左から二番目だと推測します［図2-6］。一年前の記憶をたどってみて、あなたはどう思いますか。

この新聞記事の要点を訳します。これを入れる理由は、Mとのインタビュー後に、川崎部長と長くて有意義な話をしたからです。彼の言では、刑務所の犯罪者は、心を更生する望みをなかばもてずにいて、五五パーセント近くは刑務所を出ても別の犯罪でまた刑務所に戻ってきます。そしてMのような良い例もあり、とても扱いやすいと言います。Mはどのような活動にも——園芸であれ、書道であれ、あるいはこのブライユ点字翻訳グループでさえも——熱心です。私が申し上げたいのは、善と、自身が悪行を働いてしまった［相手である］不運な人々への償いとを求めるという点で、刑務所での現在の彼の生活の結果は、真の悔悛となるということです。あまりお説教くさく響いていないとよいのですが、彼が原稿に書いた、その後のことをご説明したいと思ったのです。彼は今、善を求めて闘っている状態です。自由という人間の権利に対する観念の、本当のところが欠けている人（川崎氏の言葉によれば）にとって、それがいかに困難であるか、私は理解できました。『千の太陽よりも明るく』の主題である科学者らと同じく、道義性に関わる「選択の自由」、それをめぐっての逡巡に由来する不安があるのは明らかです。「[刑務所という]限られた状況」の中でのMの努力に、私は彼の中にある勇気を見ます。

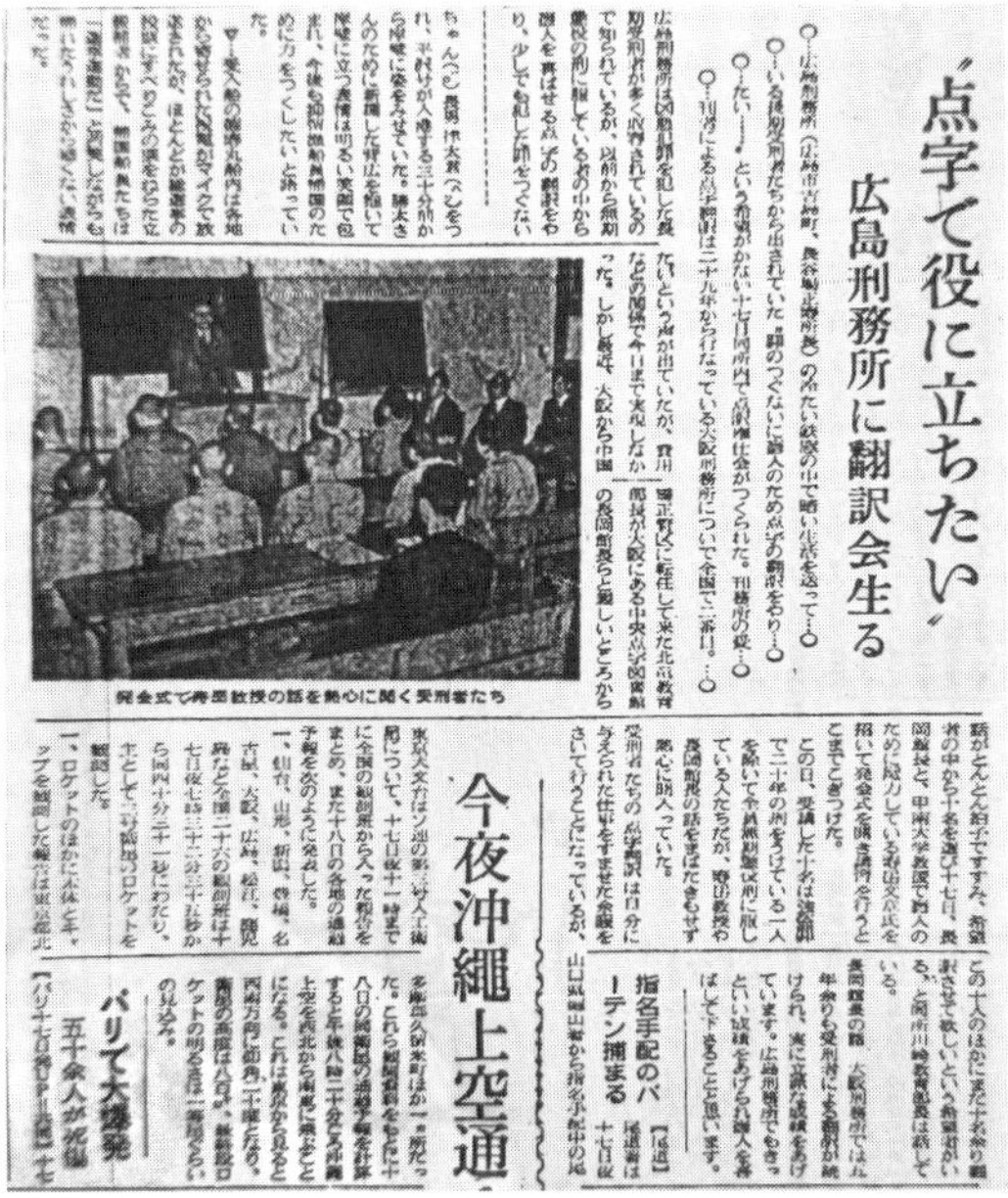

"点字で役に立ちたい"

広島刑務所に翻訳会生る

○…広島刑務所（広島市吉島町、長谷川刑務所長）の冷たい鉄窓の中で暗い生活を送って…○

○…いる長期受刑者たちから出されていた"罪のつぐないに盲人のため点字の翻訳をやり…○

○…たい"という希望がかない十七日同所内で点字翻訳奉仕会がつくられた。刑務所の点…○

○…字による点字翻訳は二十九年から行なっている大阪刑務所についで全国で二番目。…○

発会式で寿岳教授の話を熱心に聞く受刑者たち

今夜沖縄上空通

指名手配のバーテン捕まる

パリで大爆発 五十余人が死傷

図 2-6　刑務所の点字翻訳会の記事

▽中国新聞一九五八年五月一八日夕刊【「点字で役に立ちたい」　広島刑務所に翻訳会生る】

以上が、この記事の概要です。これ[切り抜きを送るかどうか]はあなたにお任せします。さて、スケッチの件です。Mが言うには、その中の四枚、すなわち原爆ドーム、原爆雲、ケロイド、祈る人々には元の絵があり、それをもとに描いたそうです。しかし残りはすべて彼自身の独創です。

河本からの原稿や絵は送られていません。遅れていて申し訳ないとのことですが、急いでやってくれるでしょう。彼はかわりに、あなたに転送してほしいと写真を送ってきたので、同封します。昨日、長岡氏に会いに行きました。この博覧会に行く時間はありませんでした。昨日二〇日に終了した広島復興大博覧会の閉幕と事後処理で多忙にしていました。この博覧会に行く時間はありませんでした。見る価値のあるものは、私の知る［原爆］資料館と、先週届いたソ連のスプートニクの模型だけですが、こちらは見たければ特別になお二［一字欠落］日まで展示されています。こういうわけで、もうしばらく書く時間が取れないので待ってほしい、と彼は言っていました。あなたが書く日付に間に合うかわかりませんが、どうにもなりませんので、待つしかありません。

一九五八年五月二七日［西ドイツからのグループ］

この土曜日は手紙が出せなくてすみませんでした。理由は二つあります。一つは選挙です。私は政治には何の関わり合いもありませんが、それでも友達が出たり入ったりしていました。この三年半で初めての総選挙ですし、自民党と社会党が二大政党となってから初めての選挙でしたので。結果はというと、自民党が二八七議席、社会党が一六六議席、共産党が一議席、無所属が一二議席で、無所属のうち自民党に入りそうなのが一〇人、社会党には二人です。以前の議席は、自民党が二九〇議席、社会党が一五八議席でしたので、政治に関する世論にはあまり変化がないことがお察しいただけると思います。自民党は自由主義の西側諸国と密接な関係があり、社会党は総評（日本労働組合総評議会）に牛耳られています。彼らが政権を取っても、能力をもって効率的にやっていけるかは実に疑問です。

もう一つの理由は、あなたに書けることが手元に何もないからです。日本語では「[話の]種が尽きた」と言いますが、私には種が尽きました。河本をしょっちゅう急かしていますが、資料は何も来ていません。昨日彼の家を訪ねていきましたが、戸が閉まっていて無駄足でした。もしかしたら、映画『千羽鶴』の撮影の最終段階で忙しいのかもしれません。連絡員については、うまくいきそうな方法を見つけるのがまったくもって困難です。すでに退職した連絡員という方向から攻めてみたのですが、[広島]市周辺に住んでいる人はおらず、みな他の県に住んでいます。現在働いている人は、個人的には良い友人である人でさえも、以前働いていた人についての情報を私に知らせることをためらい、ダーリング博士から許可を得て正式な手続きを踏むようにと頑固に言い張ります。まだ探してみますけれども、どうかぜひ、私に正式の紹介状を送ってください。そうすれば予想したよりも円滑に進み、より良い結果が得られるかもしれませんので。ＡＢＣＣはこういうことについては確かに厄介ですので、友好的な関係のためには、このことには注意を払わないといけません。

五月二五日の日曜日に、西ドイツの原爆被害調査団が広島にやって来ました。彼らが何を意図し、広島で何を発見したのか、せめて新聞報道を通じて知ることは、あなたにとっては価値があると思いますので、朝日新聞の記事を翻訳します。

▽朝日新聞一九五八年五月二六日【きょう広島入り　西独の原爆被害調査団】

▽中国新聞一九五八年五月二七日【「死者二〇万人には驚いた」　西独の調査団　原爆惨禍の跡をカメラに】

翻訳は以上です。あなたの執筆に何か参考になるかもしれないと思いました。統計について言えば、判断はまったく困難です。というのも、軍人についての報告が計算に入っていない統計もありますが、二〇万人というのは軍人を含めた推定のはずだからです。

Mのスケッチブックの発送はなかなか大変でした。地元のある郵便局では七七〇円、別のところでは千円以上かかると言われました。ようやく昨日、中央郵便局からお送りしました。

補遺（一九五八年六月初旬〜九月四日）

［一九五八年六月八日ごろ］［冒頭三頁欠落のため日付不明。日付は書簡の発送間隔から推測］

▽河本原稿続き［広島への帰途、以前母と暮らした大阪に立ち寄る］

［以下四二頁分が欠落］

一九五八年七月二八日［『広島原爆の物理的および医学的影響』、「ヒロシマ――その後十三年」、『中国新聞六十五年史』］

七月一六、二〇、二二日付の手紙、すべて無事受け取りました。手紙が届くと、あなたがいまどんなに仕上げ作業に集中しているか、よくわかります。一日に一八時間の仕事とは強烈です。しかし私はあなたと共にあって、あなたを失望させはしないということを忘れないでください。どんな情報を最初に送るのか、整理しなくてはなりません。また外での調査のタイミングも問題です。短い時間で、期限までに全部あなたに届くようにしなければなりません。そうです、私の頭のてっぺんからは蒸気が吹き上がっています。

いくつかのご質問への回答です。

一、原爆からの盾になった丘は比治山で、その裏側（東側）の街は段原町といいます。正確には、東段原です。

二、浜井市長と夫人は、ＭＲＡ会議［道徳再武装運動*］に参加するためにアメリカにいます。中国新聞に連載記事を書いています。市長だったとき（一九五〇年九月）に、彼はスイスでのＭＲＡ会議に参加していました。日本には多数のＭＲＡ会員がいます。

*道徳再武装運動（Moral Rearmament Movement）　一九二一年アメリカのフランク・ブックマンによって始められた宗教運動で、一九三八年七月ロンドンでＭＲＡとして発足した。本部はスイスのコーにある。キリスト教を基調に、心の道徳的武装による世界平和の達成を目指している。

三、市役所は今年、広島復興大博覧会に向けては、一九五三年の『今日の広島（*Hiroshima Today*）』［文献不明］のようなものを出版しませんでした。出版について言うと、広島大学医学部、広島原爆病院、そして広島市の開業医の、一九名の研究者からなる広島原爆障害研究会が、『広島原爆の物理的および医学的影響』という英語の論文集の刊行を進めているというニュースがあります。私はすぐに物理学者の佐久間［澄］博士に手紙を書いて、あなたに一部送ってもらうよう、あなたの住所を添えて依頼しました。この論集はまだ完成していませんが、彼らは八月前半には仕上げて、さまざまな国の外国人に送れるようにと願っています。

そして、中央公論の八月号の「ヒロシマ――その後十三年」は、三人の著者が三つのグループを率いて、医療、社会保障、平和運動について書いたもので、とても良い記事です。それぞれの見出しは、「原爆症をめぐって」「同情より社会保障を」「平和運動の十三年」です。歴史をうまく簡潔に整理したルポルタージュで、さまざまな雑誌の批評で重要な成果だと評価されています。中国新聞には、原爆問題を理解するためには、ロベルト・ユンクの『千の太陽よりも明るく』と、中央公論八月号を読むべし、と書かれた箇所がありました（実際、中央公論、世界、文芸春秋は日本の三人月刊誌です。インテリの読者の数もこの順番だと思います。中央公論は中立的、世界は進歩的だと思います）。この記事はぜひ全体を翻訳したいと思いますが、三つの部分よりなる二八頁の論説なので、非常に長くなりそうです。もし、まず必要な箇所がありましたら、それを翻訳します。

さて、中国新聞社の本です。一三ページ、全四節から成る、第十章「原爆！　本社壊滅」をすべて翻訳したいところです。①八月六日、②温品の中国新聞復興村、③平和の鐘鳴り響く（八月一五日から九月一七日）、④広島市復帰の先鞭つける（九月一五日から一九四九年一一月三日）。しかし、重要な事実を抜き出し、その説明をできるだけ短くつけ加えます。

▽【第十章　原爆！　本社壊滅】社史編纂委員会編『中国新聞六十五年史』中国新聞社、一九五六年［同社の創立は一八九二年で、一年前倒しの発行］。

一九五八年七月三一日［築城、蜂谷、名前の表記、浜井、日本製鋼所ストライキ、『中国新聞六十五年史』］

最近の新聞には毎日、なんらかの原爆記事が載ります。すべてを翻訳できればよいのですが、それは不可能なことで、またあなたがまったくご存じないことでもありません。そこで、できる限りでお送りします。あなたの七月二五日付の手紙を受け取りました。あなたの手紙二七番です。築城博士からの英語の冊子何冊かと同じ日に届きました。お気づきになると思いますが、彼の名前の正しい読み方はツイキ・シロウ博士でした。あなたはその手紙で彼のことを書いていましたが、忘れずに送られてきたわけです。この冊子の発行は一九五八年六月二五日付です。残念なことに完全に英語に翻訳されているのではなく、要約と言うか結論のみです。私たちが知っていることからすると、中身は多くありません。同じ午前中に佐久間博士から葉書が届き、八月前半に出る予定の一〇〇頁の論集の、英語版が出版されたら、きっと連絡して送ると知らせてくれました。どうぞ楽しみにしていてください。きっと、この種のものの中で最良でしょう。

昨日蜂谷先生に会って、あなたからの質問について尋ねました。彼はちょうどNHKの放送のために出かけるところでした。東京から都築博士、長崎から一人、広島から槇［弘］博士をつないだ、［八月］六日の放送用の電話対談です。蜂谷先生がメイン・キャスターです。彼は私の質問事項を書き留めて［余白に　やくざ、ヒロポン、かばん、地御前］、数日内に用意すると約束してくれました。彼は信頼できます。

ところで忘れないうちに、日本語の名前の使い方について忠告があります。私宛ての手紙の中に、ときどき綴りに間違いがあります。外国語の名前はどうしてもぴんと来にくいことは承知していますけれども、しかし、これは非常に重要なことだと思いますので、最終原稿を作成する時には、ぜひとも名前の綴りを確認していただけないでしょうか。たとえば佐久間（Sakuma）博士、M、蜂谷（Hachiya）先生です。あなたは原田（Harada）博士と書いていますが、これは原爆乙女とともにアメリカにわたった外科医ではないでしょうか。彼と会いましたか。それから中野（Nakano）教授です。蜂谷先生が避難したのは地御前（Jigozen）です。［原爆症で死亡した少年は］Kで、その父はTです。あいまいなもの（名前）がありましたら、お知らせください。この手紙と一緒に、別の封筒で、印刷物、築城助教授の報告書、英文毎日の切り抜きいくつかをお送りします。

質問への回答

一、浜井市長について。彼はまだアメリカのMRA会議から帰っていません。そのため、彼の家族や父親に関する情報は得られません［余白に　私の母は彼が子どものころ近所に住んで親しくしていました。［浜井の］夫人の父親は果物問屋でした］。しかし、人名録の浜井の欄にあたったところ、彼は広島高等師範学校の附属中学校を卒業し、第一高等学校から東京帝国大学の法学部へと進学したことがわかりました。［広島市役所］商工課、人事課、配給課、そして物資課の課長を務め、その後に助役に選出されました［実際は任命制］。

二、日本製鋼所ストライキ。中国新聞社の調査室で見つけた労働運動史［の切り抜き］で、詳細がわかりました。これは六月一五日に起きました。原因は一九四九年六月二日の企業の合理化［計画発表］でした。日本に特使として派遣された、アメリカ人の財政顧問［による］ドッジ・プランはまだはっきりとしていませんでした［実際は、一九四九年三月七日発表］。当時の経営環境の状態からして、賃金水準の維持は避けられないとして、組合側から出された賃上げ提案を会社は拒みました。そこで、労使双方の代表からなる企業再建委員会が設置され、企業の合理化の努力が進められる予定でした。一方で、ドッジ・ラインと呼ばれたのですが、それが公表され、これにより被雇用者の大量解雇が押し進められたのです。

その前年には、新しい産業復興五ヶ年計画［一九四八年五月、経済復興計画第一次試案が作成される］

が作られ、将来の展望は実に明るいものでした。しかしドッジ氏の着任により、優先順位は安定に置かれるように……〔以下二頁欠落〕

▽【第十章　原爆！　本社壊滅】同前の続き

〔一九五八年八月四日ごろ〕〔冒頭一頁欠落のため日付不明〕〔座談会「いつでる原爆白書　広島なにをなすべきか」〕

〔中国新聞一九五八年八月四日の学芸欄・座談会記事について〕新聞で使われている見出しは以下の通りです。「被害の科学的総合調査を」、「これを世界につなげる義務がある」、「政治への抵抗」、「…『ヒロシマ部落』になる懸念…」（部落は、日本語ではある種の共同体を指します。日本の共同体におけるこの問題についてご存じであれば、エタという少数者の身分問題に使われる言葉です）、「貫け原水爆禁止の精神」。

さてこの記事は、広島の原爆の専門家たちの座談会を元にしたかたちで編集されました。私も参加するよう打診がありましたが、連絡が間に合いませんでした。中国新聞のもともとの意図では、あなたの本『千の太陽よりも明るく』と中央公論のあの特集記事とに関する議論をする予定でした。しかし、全員があなたの本を読んでいるわけではなく、討論もそれほどよく準備されていなかったようです。これは今日会った、心理学者の久保教授から聞きました。しかし、新聞を読んで、全員の意見にこんにちの広島の問題が非常によく表れていると感じました。ですので、この記事をすべて訳します。

参加者は、①佐久間澄（物理学、広島大学教授）、②森滝市郎（倫理学、広島大学教授）、③今堀誠二（歴史学、広島大学教授）、④伊藤満（行政法、広島大学教授）、⑤久保良敏（心理学、広島大学教授）、⑥於保源作（医学博士、開業医）、⑦藤居平一（広島原水協）、⑧田辺耕一郎（日本ペンクラブ会員）です

［余白に］①、⑤、⑦はあなたは会っています。②は日本原水協の代表委員。④、⑥、⑧は写真を見ましたが知らない顔でした。

▽中国新聞一九五八年八月四日【学芸　いつでる原爆白書　広島なにをなすべきか】

［一九五八年八月七日ごろ］［冒頭三頁欠落・判読不能のため日付不明］［座談会「いつでる原爆白書」、久保質問用紙］

▽【学芸　いつでる原爆白書　広島なにをなすべきか】続き

以上が中国新聞の記事です。興味深いものでしたので、久保教授を大学に訪ね、調査に使われた基本［調査］用紙を預かりました。結果をパーセンテージの数字で示したものは、いまは藤居氏のところにありますが、必要な数字があったらお知らせします。例えばということで、質問事項を書きとめておきます。

［久保教授の質問事項］

《共通の質問

①八月六日以降、病気になったことはありますか。

②現在、疲れやすいですか。
⑤現在の仕事でしっかりと健康に働いていますか。
⑧犠牲者の悩みは、犠牲者にしかわからないという気持ちがありますか。
⑨「犠牲者の苦しみは、全国の人々に広く知らせるべき」という意見と、「犠牲者の苦しみは理解されえないから、我々をそっとしておいてくれ」という意見があります。どちらの意見に賛成しますか。
⑩犠牲者のためにまず何がなされるべきと考えますか。
⑪［被爆者］健康手帳を持っていますか。
⑫健康診断を受けていますか。

健康診断を受けていない人への質問

①健康診断があることを知っていますか。
②この健康診断のことを、いつ知りましたか。
⑤この健康診断で、何か利点があると考えますか。
⑦（ていねいに聞く）どうして今まで健康診断を受けませんでしたか。
⑨ABCCについて知っていますか。などです。続きます。》
［余白に］追伸　別便で、八月六日の式典に関する新聞記事の切り抜きを送ります。

一九五八年八月一一日［久保調査用紙、中野、「ヒロシマ――その後十三年」］

ナガサキ・デーは、広島と同じように執り行われました。明日からは東京で原水爆禁止世界大会が開催されます。八月は間違いなく核エネルギーの認識をめぐる月です。今朝の朝日新聞に、放射線［の影響］に関する報告書を国連が公開したという記事を見つけました。八月三日付のあなたの手紙を受け取りました。中央公論の論説すべてを翻訳するという件です。あなたに本当の状況をお伝えできるように、私はどんな点でも協力を惜しまないつもりです。私自身も、詳しく翻訳したい点がもういくつかありますが、時間を見つけるのに苦労しています。必要なだけ時間をかけることが許されるならば、安心して、短縮しないで訳します。一番最近の手紙にあるように、経済的な面を心配されているかもしれませんが、最善を尽くしましょう。私は協力するつもりです。

中央公論の記事に入る前に、久保教授の基本調査用紙、つまり質問項目を終えたいと思います。市民が本当のところどう感じているのか知りたいならば、このような統計が最も正直です。解説者の個人的な確信を示すものではありませんから。それに、この報告書は今日の午後に返すことになっていますので、ぜひともまず、これを示しておきたいのです。

▽久保教授の基本調査用紙・質問事項の続き［省略］

以上で質問事項の大半です。この結果を数字で示したものが必要でしたら、久保教授から得ますから、お知らせください。［別の日に］昨日、中野教授に中国新聞の本を返すという別の用件のついでに、久保教授に会いました。その時に、彼は数字についてのメモをくれました。詳細が必要でしたら、お知らせください。時間がかかりますし、まず中央公論の翻訳を終えたいので、今はその翻訳はしません。ついでに、中野教授は在宅ではなく、農村にひっそりと暮らしている［原爆被害者］家族について書き留めたノートを、中野［千歳］夫人が探してくれました［余白に］こうしたことは、**社会学者である中野教授が一番詳しいと思いましたので、そのままにしておきました。**この件は［余白に**彼女が教授と相談してから**］、手紙でお返事いただく予定です。このときの彼女の話では、T（三二歳）という名前の大阪に住む［あゆみグループのかつての］会員は、結婚後に被害者の会を作ろうとしましたが、これに反対する雰囲気が支配的で、［広島の］外では、とくに仕事を探すときは、原爆の犠牲者であることを話さないのが望ましい、ということでした。そしてT夫人によると、どんな運動であれ、核実験反対の運動に加わることは、犠牲者にとって広島においてほど容易ではないとのことでした。他方、広島大学の化学科を卒業してやはり大阪に住む青年は、まったく原爆症の兆候を感じないと言っていたそうです。ただ実際のところ、彼は連絡も受けておらず、原爆の犠牲者であったかどうか、公式の調査もなかったそうです。［付帯調査として被爆体験の有無を質問した］全国規模の最新の国勢調査は一九五〇年に行われましたから、まったく古いものです。以上は、中野夫人の話です。彼女は本当に積極的に夫を支えています。さて、中央公論の論説です。いくつか新聞記事を残していますが、まずこれです。中央公論八月号（二四八～二七〇頁）です。

▽中央公論一九五八年八月号、藤島宇内、丸山邦男、村上兵衛【ヒロシマ――その後十三年】

［一九五八年八月一五日ごろ］［書簡全体欠落］

一九五八年八月一九日〔谷本、吉川、河本の交通事故、「ヒロシマ——その後十三年」〕

今朝、来年の春か秋まで本の出版を延期することが確実になったと書かれた、八月一三日付の手紙を受け取りました。そのことの賛否について、どう言っていいかわかりませんが、それがどうなろうとも、できるだけ良い本ができるよう、私はあなたに寄り添います。「愛情と忍耐の欠如」というご指摘は、まさしくこの科学的計算の時代に非常に特徴的です。統計、数字、コンピュータ、人間存在とその社会を分析する理論的ないし論理的帰納法。あなたが情報を示すやり方は、単に静的で冷たい数字として提示するのではなく、芸術的な意義のために血肉の通ったものにするものであることを、私はよく理解しています。この点は、長い間気にかかっていたことでもあります。社会的な人間存在を客観的に研究するという事実への指向と、内面の非論理的なもの、たとえば宗教的あるいは芸術的な感受性への指向とが、私の中でつねに衝突してきました。ですから、あなたが次の本で試みていることを、私は感じ取ることができました。

計画は諦めないようにと言って、最後まで終わらせるべき項目を八つほど指示されましたが、一つとして忘れていませんのでご心配なく。十分なことがわかろうがわかるまいが、時間が許す限り、粘り強く調べます。

一つ、谷本牧師のテレビでの体験についてです。写真が届いたのは良かったです。ただ、記事について彼ら(ママ)がタイプしたといったようなことをあなたは述べていますが、私はそのように書いた記憶がありません。私が書いたのは、この朝日の記事には、テレビ出演の話がどのように進み、実現したかを、谷本牧師がアメリカ滞在時に書いた、とても長い文章があり、それが日本に送られ、掲載されたということです。とても細かいことまで書かれており、しかも時間がないときで、時間を取って全体の翻訳を行うことはためらいました。ですから、あなたのお求めがあれば、記事を取り寄せて翻訳すると述べたのです。複製した『シーン（*Scene*）』の記事で十分な情報が手に入るだろうと考えました［シカゴで日英の二言語で出版されていた『グラフ世界（*Scene: The Pictorial Magazine*）』か。ただし当該の記事の出典は未確認］。しかし、必要なようですので、中央公論の論説と数日前に一部分だけ届いた河本原稿を終えたのちに、これを翻訳して実態をお示しします。

ところで、お伝えしなければなりませんが、河本氏は革屋町の、原爆が炸裂した時に座っていた人の影がある住友銀行の近くで車にはねられ、怪我をしました。彼は島病院に入院しています。先週の日曜日に彼に会いに行きました。元気にしていましたが、おおよそ一ヶ月はベッドから出られません。事故は八日に起きたことで、東京の世界大会に出席したいと彼は強く思っていました。彼のような人が怪我をしてしまったことは、本当に残念です。時ちゃんがよく看病していますが、それでも心配なことです。

［原爆患者］第一号の吉川氏に会いに行きました。河本氏によれば、彼はＡＢＣＣのことに詳しいそうです。彼は留守でしたが、奥さんがいて、二人とも、あなたが原爆の問題について熱心に仕事をしていることに、とても関心をもっていると言っていました。そして、あなたの素晴らしい努力に対して、どうぞくれぐれもよろしくとのことでした。彼に情報を準備してもらって、日を改めて、また会いに行く予定です。そこで何か手がかりが得られるかもしれません。

あなたのご予定では、しばらく休暇でウィーンを離れ、それから戻って再度集会に出かける、ということですね。新しいアイディアで再スタートできるよう、活力を取り戻してきてください。そうして、一〇月には猛烈に書けるでしょう。あなたが帰って執筆を始めるときには資料がそろっているよう、その間に、できるだけ多くの資料を集めてお送りするように努力します。

もう一点、出版の延期と関連して指摘しておきたいことがあります。すなわち、最近、二次放射能に関して、生存者の側で漠然とした変化があるという傾向に、(個人的に) 気づきました。確実なことは言えませんが、最近亡くなった人たちは……［以下二頁欠落］

▽【ヒロシマ——その後十三年】続き

一九五八年八月二一日［原水爆禁止世界大会、名前の訂正、「ヒロシマ——その後十三年」］

核実験禁止の世界大会は昨日終わりました。今年の世界大会は単に核実験の禁止を求めるだけでなく、核武装の防止へと発展しています。いっそう政治的になりつつあるという点が特徴的です。このことは、中東危機以来アラブ諸国の［民族］自決が進んでいることと関係があると私は考えます。このように、別の要素がこの運動に加わり、そしてある意味では道を誤らせるかもしれません。

中央公論の論説を続ける前に、名前の間違いをいくつか訂正しておきます。書簡三一四頁［本書一九五頁］に戻ってください。参加者のうち、歴史学の教授はイマホリ・セイジで、イマボリではありません。医学博士の名前も、オボではなくオホ・ゲンサクです。ボと読むこともできますが、彼の名前はホの発音が正しいようです。このように修正してください。すみません。

では、中央公論の論説です。

▽【ヒロシマ――その後十三年】続き

［一九五八年八月二六日ごろ］［書簡全体欠落］

一九五八年九月一日［原子力平和利用国際会議、「ヒロシマ――その後十三年」］

原子力平和利用国際会議が今日から開催されると聞いています。この会議にあなたは出席されているのでしょうね。核エネルギーはいまや顕著な進歩を達成しつつある一方で、広島の我々は、恐怖と死というかたちで、同じ産物につねに脅かされていることを思うと不思議です。それだけでなく、未来には遺伝という、理解することのできない恐怖もあります。しかし、この事実から目をそむけず、犠牲となった不運な人々が再び歩み出せるように支援する努力をけっして怠ってはならないでしょう。河本氏から送られた原稿がいくらか手元にありますが、お求めのとおり中央公論の論説を終わらせるべく、続けます。

▽【ヒロシマ――その後十三年】続き

一九五八年九月四日［原子力平和利用国際会議、田辺、マーシャル諸島の調査、「ヒロシマ――その後十三年」］

原子力平和利用国際会議（アトムズ・フォー・ピース）、あなたの見方ではいかがでしょうか。注意して新聞を読んでいますが、あなたがじかに、正確に観察したことをお聞きしたいです。米国は平和利用のために核実験を行う権利を維持することを求めています。しかし結局のところ、その産物は、同じ汚いものを含むのではないでしょうか。私は専門家ではありませんが、この種の提案がなされるなら、再び議論が白熱するかもしれません。

ところで、ABCC内部の情報を得るために吉川〔清〕氏と連絡をとりました。しかし何もかもあやふやで、以前ABCCで働いていて今は自分で開業している医師たちの個人名は知りませんでした。ですから、この件は私自身で調べてみます。これと関連して、「イコイ・ノ・イエ」（〔アイラ・〕モリス氏が寄付した「憩いの家」*）の田辺耕一郎氏に会うように言われました。その彼に会いに行き、原爆症患者に関するさまざまな話を聞きました。彼から、あなたが彼らと長時間実のある話をされたと教えてもらいました。カメイの通訳で、モリスと画家の神田〔周三〕氏とです。ですから彼はあなたのことを知っていたので、会話もとてもスムーズに進みました。私は主に犠牲者の心の動きについて尋ねました。田辺の発言に関する新聞記事から、彼がしばしば犠牲者の精神衛生を強調していることを知っていたからです。これは、あなたと同じ方向です。しかし、私たちがすでに知っていることに関しては、何も特別なことはありませんでした。彼はまた、犠牲者がいま一番苦労しているのは、仕事を探す際に過去の記録を隠す時だとも言いました。一例です。

*憩いの家　アメリカ人作家アイラ・モリスとスウェーデン人作家エディタ・モリス夫妻の支援で、一九五七年五月に元旅館の建物を取得して開設し、市内の病院へ精密検査や治療に訪れる被爆者の宿泊やレクリエーションの施設として利用された。

四〇歳手前のある男性のことです。身体が虚弱で会社に入るのが難しいことはわかっていたので、彼は自分で小さな会社をやっています。それから、生活費の足しにするため、モーター・スクーターを買って、保険会社の掛け金を集金する仕事を得ました。しかし三ヶ月後、体調が良くないと感じて田辺氏に相談すると、一時的に仕事を辞めて、医師に助言されたとおり早期治療のため入院するようにと言われました。しかし実際には、彼はいま休むことはできません。もしそうしたら、仕事を完全に失ってしまうからです。ですから結論は、病気の事実を隠し、しかし治療のために病院に通って、そのかたわら仕事に行くことでした。

この話が示唆するのは、病が彼の暮らし全体に関する不安に大きく影響しているということです。自然にある細菌によるものではなく、人間の行いがもたらした病です。また田辺氏は、今はどの親も、原爆について子どもに何も話さない傾向にあるということを言いました。子どもの将来の結婚をめぐる、親の不安について尋ねてみました。彼の要点は、将来の不幸のいっさいを避けようとするということでした。さらに、遺伝の問題はていねいに場合分けされなくてはならないと彼は強く主張しました。すなわち、時期と、戦時であって平時とはまったく違っていたという要因を考慮に入れなくてはなりません。［これによって］結果が異なるかもしれません。そして一人一人の人間は大きく違うので、一般的な結論を引き出すには差が大きすぎます。作家ですし、また毎週集まりをもって犠牲者と親しく接し、彼らの精神的側面をよく知っているので、田辺氏の指摘は、非常に人間的であり、たいていの科学者のように温かみのない数字を信じてはいません。

最後に、あなたに必ず頼んでほしいと言って、彼から提案がありました。この提案、私は理にかなっていて真剣なものだと思います。素晴らしい作家である彼が話すのを、吉川（きっかわ）氏と私で聞いているのは、いささか夢のような趣もありましたが。

彼は太平洋にあるマーシャル諸島の調査を提案しました。彼が言うには、ロベルト・ユンク博士のような世界的に著名なジャーナリストがイニシアチブを取って、たとえば朝日新聞をスポンサーにして、日本から調査チームを派遣することを提案すれば、実現するかもしれないと言います。新聞社の手配で十分な装備を持ち、人も揃えてしっかりした調査をすることは意義があり、太平洋に暮らす人々が置かれた真の状況を調査すれば、いわゆる文明化された人々が理解していない驚くべき事実が判明するかもしれない、と彼は考えています。そして、もし重大な発見があったならば、きっと国連が適切に対処する、と。「機械仕掛けの手の装置」を持つヘリコプターを使って、死体であれ生存者であれ島にいる人間を拾い上げて日本に連れてくる。ことによると広島の原爆病院につれてきて収容し治療する、というところまで彼の想像力は広がっています。これは単に原爆［を受けた］都市に限られた問題ではなく、全人類の重大問題です。こうした話は、おとぎ話か空想科学小説のように響くかもしれませんが、あの地域の現実の事態は予測ができないとも言えます。田辺氏は、世界のジャーナリズムに高く評価されたあなたの才幹をもって、実現を慎重に考えて朝日新聞に手紙を書いていただければ効果的だろうと考えたのでした。私自身は、彼の話に賛同しながら聞いていました。しかしあなたの判断にお任せしますので、お考えください。彼の提案には意味があると、私は感じています。さて、少し脱線しました。中央公論の論説に戻り、終えるようにします。

▽【ヒロシマ——その後十三年】続き

この中央公論の論説は次回で終わります。あまり印象的ではなかったかもしれませんが、少なくとも内容はつかんでいただけたと思います。

［余白に］追伸　今日速達で『広島原爆の物理的および医学的影響』を送りました。

解説1　中央公論一九五八年八月号「ヒロシマ――その後十三年」

藤島宇内・丸山邦男・村上兵衛（共同執筆）の本論説は、小倉が資料収集の中で最も注目したものの一つである。丹念な取材記事であり、広島における被爆者問題の歴史的経緯が医療・社会保障・平和運動という三点で整理され、取りまとめられている。この記事に込めた内省の思いを、執筆者たちは明記している。「R・ユンクやR・ラップの精力的な調査活動のあとを聞いて、知識人の言論と行為との問題として深く考えさせられた」（同論説二六二頁、以下も同じ）と。おそらく執筆者たちは、取材の現場で何度もユンクやラップ、小倉の話を聞かされていたはずである。ユンクにふれて、「その後、自費で広島に駐在員まで置いています」（二五三頁）と、明らかに小倉を指す長岡省吾の言葉も引きあいに出されている。そうした反省から、徹底して被爆者の声に耳を傾ける姿勢で、この論説は書かれている。

その基調にあるのは、戦後の米軍占領から主権回復後の自民党政権時代に至る一三年間、原爆の後障害に苦しむ被爆者たちは放置され、社会的に差別され、「復興」の陰で片隅に閉じ込められてきたという現状批判である。取り上げられたトピックの多くは、小倉書簡にも登場する。以下、見出しにそって主な内容を紹介する。

原爆症をめぐって

一、気が付いてみれば…

峠三吉『原爆詩集』の「一九五〇年八月六日」や彼の死（一九五三年）の頃には、当時、被爆者はまだ自分が原爆症であるとはあまり明確には考えていなかった。しかし一九五四年のビキニ事件を経て、今では被爆した人や原爆投下一ヶ月以内に広島に入った人は誰でも、体調が悪ければ原爆を意識し、「原爆ノイローゼ」や「広島病」といった言葉も語られている。

二、癌がふえている？

広島県庁衛生部医務課の統計（一九五七年五月）や、いち早く私費で原爆症の調査を行った開業医於保源作の調査報告（一九五六年五月）は、被爆者のがん死亡率がすべてのがんで一般の約三倍という異様な結果を示した。しかし、その研究調査への国の支援はなく、原爆症のことははっきりしないままで、被爆者には「普通の医者ではだめ」という不満が強い。そうした状況の中で、一九五六年一一月に二〇名ほどで広島原爆障害研究会が発足し、研究を始めている。一方、ＡＢＣＣは八五〇名の職員（うち約四分の一は長崎支所）を擁し、その経費の大部分を米国原子力委員会から得ている。この二つの研究組織の規模や予算は対照的である。

三、占領時代からスリカエ時代への恐れ

それでも研究会はこの一年の間に、残留放射線の線量推定という新しい問題に手をつけた。於保が集めた四千例と研究会の二千例を合わせ、対外照射［外部被ばく］数レントゲン線量以上で脱毛・皮下出血などが引き起こされているという検討結果も出されている。たしかに、一九五七年四月から原爆医療法［原子爆弾被爆者の医療等に関する法律］が施行され、全国二九万余と推定される被爆者に、無料での治療の道

が開かれた。そのため、原水爆禁止・被爆者救援運動が国全体のものになったかの観がある。しかし、被爆者の体系的な研究や、その資料集成に対する政府の支援はない。

原爆医療法は「治療」のみに形を与え、その治療の基礎となる「研究」や「社会保障」から目をそらす「スリカエ」の危険を含んでいる。大事なのは、治療方針を裏づける研究への助成や、低所得の被爆者が治療を受けられるようにする社会保障である。

同情より社会保障を

一、埋められた被爆者

救援を目的とする原爆被害者の実態調査は、一九五六年に広島原水協が初めて行ったが、一九五〇年に米国政府は「原爆被爆者は完全に治癒」と公式見解を発表し、原爆医療法に至るまで救援はなに一つ行われなかった。一般市民も被爆者に無理解で、「憩いの家」の田辺耕一郎氏は、白血病を隠して工場通いを続ける被爆者の窮状を語っている。

この無理解の原因は、広島市の人口四〇万人のうち被爆者はほぼ一〇万人で、戦後流入した「生きのいい」人口に圧迫され、「埋められた形になっている」ことにある。就職・結婚をはじめ一般市民からの差別を恐れ、被爆者は被害を語ることも、声を上げることもできない。ハンディをもつ者を「厄介者」視する現在の政治と社会の風潮の下では、外見的な「繁栄」は被爆者の救援につながらず、むしろ一般市民とのギャップはますます深まっている。

二、平和都市――失業都市

広島の被爆者は人口比では四分の一であるが、世帯比では二分の一で、一、二人世帯が多く、とくに祖母（父）と孫の世帯が目立つ。広島子どもを守る会青年部による一九五八年四月の調査では、こうした世帯のエンゲル係数は六六パーセントに上る。外観の「復興」とは裏腹であり、さらに、復興する「平和都市」は失業対策による日雇い労務者六千人に支えられている。これら労務者の多くは定職化した中高年の人たちで、男性よりも女性が多い。うち一千人が被爆者である。失業保険の受給者も三千人で、さらにその底には膨大な潜在失業者がいる。それをよそに連日、ナイター球場に人々が押し寄せている。

三、原爆を受けてスミマセン

被爆者と一般のギャップは、例えば死んでも墓を立てさせないなど、郡部ではときに極端な形を取る。とりわけ嫁の地位は低く、自分の責任でもないのに被爆したことで、肩身の狭い思いで暮らしている。全身にケロイドを負って里方に帰った嫁の手記によれば、復員して彼女を迎えに来た夫に彼女の母と姉は「すみません、すみません」と泣いてわびた。彼女はやっと最近になり、「なれたというのか、涙の出る回数が減った」と記している。

四、社会保障の周辺

「原対協」［正式名称は広島市原爆傷害者治療対策協議会、一九五六年四月より同広島県協議会に発展］結成のきっかけは、ソ連・中国の義援金（七五〇万円）にあり、一応画期的といえる予算約二億円（全国）の原爆医療法に至るまで、政府の特別な保障・援護はほとんど何もなかった。むしろ外国人の支援が目立った。ノーマン・カズンズの精神養子運動と原爆乙女の渡米治療、そしてモリス夫妻の「憩いの家」などである。ただし、日本人の中にも、原爆孤児の援護に尽力した似島学園長の森芳麿がいた。その自殺の根本原因は、日本の社会福祉政策の貧困にあった。

平和運動の十三年

一、平和行進の出発

八月中旬東京開催の第四回原水爆禁止日本大会と国際会議に向かって、一九五八年六月二〇日に平和記念公園の慰霊碑前広場から、日蓮宗日本山妙法寺派の西本敦を中心とする一千キロ平和行進の一行がスタートした。先頭に西本師と腕を組んで広島原水協理事長森滝市郎、来日中の仏領スーダン平和委員会代表、広島県被団協代表委員藤居平一、その後に、五、六〇人の市民が続く。組合旗を持つ数人の組合員を除けば、あとは一般市民で、人々は広島の繁華街を通って三々五々、話し合いながら進んだ。佐々木禎子の写真を胸に抱く河本一郎や、「私は東京まで行くつもりです」と語る、顔にケロイドのある被爆女性たちである。

二、占領下のヒロシマ

占領期の動向は、一九四七年八月六日第一回平和祭の「お祭り騒ぎ」、四八年慰霊式中心の「文化まつり」、四九年の「平和記念都市建設法」成立と平和擁護大会での初の原水爆禁止アピール、五〇年の朝鮮戦争を契機とした占領軍による集会禁止、日鋼争議による労働戦線の分裂と共産党の内部対立、そして五一年には分裂した平和集会へ、という経過であった。結局は、官製の運動も労働組合など「民主的」運動も、被爆者援護に取り組まなかったために、大衆的基盤をもちえなかった。

三、展望と反省

原水爆反対が大きな国民世論となったきっかけは、広島・長崎の動きではなくビキニ事件であった。ビキニの「死の灰」で議論が沸騰する中、第一回原水禁世界大会が広島で開催された。その場で、被爆者の訴えが参加者に最も大きな感動を与え、被害者救済を原水禁運動の基礎に置いて運動は広がった。しかし、壁もある。英国のクリスマス島核実験に対する、原水協の「座り込み船団」派遣計画の例である。すなわち、総会では賛否をめぐって議論が沸騰し、常任理事会に委ねられると、常任理事会では広島代表の一人Tのみが反対意見を出して採決となり、三六対一で可決された。Tはこの結果を承認したが、公表に際しては反対意見があったことを付け加えるよう求めた。そのため、議長の安井郁は各自が地元に持ち帰ることにしたが、その結果、計画は結局は沙汰やみとなる。

この顚末の平和運動にとっての教訓は、第一に、人々の意見は多様であり、たとえ対立する意見でも傾聴すべきこと。第二に、「人にはそれぞれの能力があり、その能力を生かすこと」である。

以上のように本論説は、ビキニ事件により初めて放射線の恐怖と共に原爆症が広く自覚され、また原水爆禁止運動が国民運動として登場して被爆者援護の課題と結びつき、原爆医療法の成立を導いたこと、しかし、それを支えるべき被爆者の後障害の研究・資料集成や特別の社会保障は、なお欠けていることを指摘した。そして平和運動については、「平和行進の出発」風景により、個人イニシアチブに発する市民運動としての原水禁運動の原風景が示された。

なお、小倉は本論説を、平和と学問を守る大学人の会の『広島の平和運動』（刊行は一九五六年秋か）および一九五八年八月四日付中国新聞の座談会記事「いつ出る原爆白書　広島は何をなすべきか」と、一体のものとして提示している。前者は一九五六年八月半ばに三日間、松江澄、田辺耕一郎、藤居平一、山口勇子、河本一郎、金井利博、それに詩人や歌人などから聞き取りを行い、石井金一郎がまとめ、佐久間澄の補訂を経て仕上げられた。その内容は、「戦後十一年間の広島の平和運動の概観」「占領下の平和運動」「文学活動を通じて」「原水爆禁止運動の発展」という四節からなる。これを踏まえて、本論説の平和運動の部分はまとめられている。

また後者の座談会は、本論説とユンクの『千の太陽よりも明るく』を軸に行われた。本論説との関連では、被爆者の実態調査と資料集成の必要が説かれ、於保源作の現状報告を受けて、森滝市郎は「とにかく被爆者の戸籍簿を作ることが先決」と述べる。ユンクの著書との関係では、科学が悪用されない制度の必要性を佐久間澄が指摘した。そして最後に、被爆者の就職・結婚差別の問題が出され、被害者救済と原水禁運動の一体化の重要性を、藤居平一と伊藤満があらためて主張した。

ここには、広島の大学人が当事者の声を聞いて平和運動の経緯をまとめ、それを読んだ中央の知識人が医療・社会保障という問題に広げて被爆者の戦後史を整理し、そこで提示された課題（とくに被爆者資料の集成）を再び広島の知識人・活動家が受け止めるという、広島と中央論壇とをつなぐ時代の雰囲気が垣間見られる。

（若尾祐司）

解説2　ロベルト・ユンクの動向（二）

米ソに続く英国の核実験、そしてソ連と米国の長距離弾道ミサイルの開発で、一九五八年の幕開けは、世界のどこも「死の灰」と核攻撃の脅威の下にあった。この核軍拡への警告としてユンクは、広島に関する第二の報告をオーストリアの左翼カトリック系週刊紙『轍（*Die Furche*）』に掲載する。一九五八年一月一八日の論説「ヒロシマ・レポート」である。

この論説は、広島の原田東岷医師の言葉の引用に始まる。「推測するに今年も再び、昨年同様、約三〇人の人々が『原爆症』で死ぬことになるでしょう」と。この被爆の後障害という現実から始めて、以下の小見出しで構成される。「無情な心」（一九四五～五五年、生存者への支援なく、生存者九万人のうち、なお一万人が病む）、「原子パリア」（スラムとバラック、吉川の店、観光バス）、「ＡＢＣＣ病院」（反米感情を煽り立てる民族対立の事例で、建設場所も悪く、なされるのが診断のみという問題。診療には広島の医師も反対したが、これは知られず、住民の反感を招く。尽力する米国人もいる。シュモー、マクミラン、カズンズ、ＡＢＣＣの一人の医師など）、「良心の訴えとしての映画」（亀井文夫監督の映画が作られ、被爆者援護法も成立、原田医師の治療）、「日本のシカゴ」（バー、売春宿、映画館、やくざ集団、野球場建設、飲食物販売利権争い）、「平和大学」（経済的再建、日本製鋼所、オート三輪製造、百貨店。道路はまだだが、大学都市となる。都市計画の推進）、である（若尾、二〇一三年、二一一頁参照）。

他方、アンデルスとマンシュタインは原子禍反対闘争同盟の機関紙『良心（*Das Gewissen*）』一月号に、綱領的声明「道徳的決断への勇気」を発して、現実を直視し、恐れるべきことを恐れる決断への勇気をもつよう人々に訴えかけた。そして翌月には、核実験に抗議して、太平洋の実験海域に小船で立ち入る志願者行動「箱舟」を、最初の大規模な非暴力抵抗運動として提起しつつ、原水禁東京大会への参加準備を進めていった。

また、三月二三日のフランクフルト集会でのユンクの演説は、ジャーナリストから行動の人へとユンクの生涯に新局面を開く。演説の冒頭は、以下のように始まった。「私は広島の病院で、『原爆病よりも原爆で死ぬ方が良い』という人々を見た。視力を失った人々を見た。昨日まで健康であったのに、突然倒れて血を吐く人々を見た。最貧困のままに死にゆく人々を見た。ある病院に行くと、そこに一人の娘がいた。この若い娘は一九四五年以降、もはや目を閉ざすことができなかった。まぶたの上の皮膚が激しく焼けただれ、彼女はもはや目を閉ざすことができなかった。夜、眠れるのは、ただ目の上に何かを置くときのみだ。私は自問した。われわれも目を開くまで、それほど長く待たねばならないのか、と」(同前、二一頁)。このユンクの演説は、集会参加者の心を最も強くゆすぶったと週刊紙『ツァイト(*Die Zeit*)』は評している。かくてユンクは最も魅力的な反核演説家の一人として、反核運動の壇上に立ち続けることになる。俳優を両親とし、舞台と共に育ったユンクは、まさしく天性の演説家だった。

だが、こうしたユンクの政治活動は、ソ連のミサイル開発を現実の脅威と受け止める側には目障りだった。ロシア革命の亡命者を大量に受け入れ、民主主義と反全体主義を国是としてきたスイスの報道界にとっても、それは例外ではなかった。ユンクはそれまで、編集長カール・フォン・シューマッハーと共に週刊紙『世界週報』の国際的な声望を背負い、同紙は十万部の発行部数を有する代表的な政治評論紙の地位を確立していた。しかし、シューマッハーは一九五七年二月に死亡する。

後任のローレンツ・シュトゥーキはいち早くソ連の動きを察知し、すでに同紙一九五七年八月三〇日の巻頭論説「赤いロケットの脅威」で以下のように警告していた。「ソ連はいまや世界を支配する歴史上の唯一のチャンスをもつだろう。そして疑いなく、そのチャンスを利用しないではすまさないだろう」「自由と全体主義との間の闘いは、これまでと同様に続き、その前線はもはや国境とは関わりなく、赤い帝国をも、そしてまた自由世界自体をも貫いて幾重にも引かれる」と。だが、そうした中立か西側かという立場の相違ではなく、政治批評を超えて政治活動に深入りしたことを理由に、ユンクは特派員ポストの辞任を迫られる。フランクフルト集会から間もない一九五八年四月初旬、『世界週報』の四月三日付対論「原子兵器の問題——イエスかノーか　ローレンツ・シュトゥーキとロベルト・ユンクの公開書簡」を最後に、ユンクはそのポストを去り、フリーの記者となる。反ナチ抵抗言論から原子時代批判へと、『世界週報』を導いてきた両輪が去り、同紙の国際的な評価は一挙に失われていく。

三月末にドイツからウィーンに戻ったユンクは、すぐに米国へと旅立つ。反核運動で目立ったユンクの米国訪問は、「面倒なしではすまないだろうが、彼は勇敢かつ有能でやってしまう」と、アンデルスは四月一日付の手紙でマンシュタインに記している。ほぼ一ヶ月間と推定されるこのユンク訪米の目的は何だったのか。同じく四月三日付の手紙でアンデルスは、二日朝にユンクの旅立ちを見送り、「彼は米国の会議へと出発した」という。カズンズら米国の平和団体関係者と接触し、欧州との連携を図ることが目的の一つであったことは疑いない。だが一方で、小倉宛ての四月四日付ユンクの手紙から、冬の「第一草稿」の作業で出ていた疑問点を機中で取りまとめ、米国到着後すぐに小倉に送ったと推測される。したがって、主要な目的は、ウィリー・富樫を通してABCC関係者を取材する、著作のための調査だったと見てよいだろう。

そして五月、帰国したドイツでは反核運動が燃え広がっていた。五月一九日付アンデルスの手紙はマンシュタインに、「きつい旅から帰り、家です。きついだけでなく、印象深いものでした。これまでドイツで、これほどの道徳的不安が体験されたことは、けっしてありませんでした」とし、西南ドイツ各地の集会にふれる。とくにテューービンゲンで作家ハンス・W・リヒターに会い、ミュンヘン集会では一緒に行進した、と。そのリヒターと共にユンクは、バートランド・ラッセルの「核軍縮キャンペーン（CND）」と協力して、「核武装反対欧州集会」の七月六、七日バーゼル開催を呼びかけた。

そして、この集会の決議として、欧州反核運動の指針となる「希望の憲章」を準備する。東京の原水禁国際会議で、「原子時代の掟」をアンデルスが国際的な指針として打ち出そうとしていたことと並行していた。だが、スイス国民議会による核武装決定が確実となる情勢の中、バーゼル集会の会場使用許可は、直前になって取り消された。そのため、欧州反核運動の立ち上げは、翌年一月のロンドン集会まで引き延ばされる。こうして、反核運動の嵐の中に身を置くうちに、米国取材後の原稿の完成というユンクの計画も引き延ばされていく。

他方、ドイツ原子禍反対闘争同盟の代表として、原水禁世界大会に参加すべく来日したアンデルスは、八月六日の前に広島入りし、新広島ホテルで小倉と会い、その案内を受けている（ギュンター・アンデルス著、篠原正瑛訳『橋の上の男——広島と長崎の日記』朝日新聞社、一九六〇年、七八頁）。この年の第四回原水禁世界大会は、冷戦期のイデオロギー対立を超えて広範な人々が結集する、反核運動の歴史的な高揚を記した。

（若尾祐司）

第三編　被爆当時と後障害の究明

——一九五八年九月から五九年一月まで

広島大学医学部附属病院に長期入院中の妻を見舞う，被爆で失明した元新聞記者・二木正（1960 年）

概　要

この時期、ユンクは欧州反核運動の渦中にあり、席の温まる暇もなく飛び回っていた。そのユンクに対して、小倉は当初から背負っていた最大の課題を、ようやく果たすことができた。すなわち、第一は河本一郎の戦後初期（一九四五〜四七年）の原稿であり、第二に長岡省吾へのインタビューであり、第三に原田東岷、蜂谷道彦ら医師へのインタビューである。

第一の河本の原稿は、河本が足の怪我で九月の前後を含めてまる一ヶ月以上入院していた間にまとめて書かれる。戦後直後の孤児たちとの交流、そして労働運動と共産党の台頭から二・一ストの挫折という戦後の状況を生きて妻となる時恵との出会いに至る、青年河本の足取りである。ここから、さらに戦後の共産主義運動という新たなテーマが登場し、のちに松江澄へのインタビューが行われる。また、河本は引き続いて一九五四年一〇月以降の原稿に取り組む。その量は大きく膨れ上がり（最終的には一二〇〇枚）、小倉の翻訳作業の見通しを困難にした。そのため、次の第四編の時期以降では重点を絞って河本の日記から日付と事項を拾い、それにそって河本から聞き取りをするインタビューの手法も取り入れられる。

さて、一一月八日付小倉書簡によれば、ユンクは一一月一五日にウィーンに戻り、執筆に集中する予定であった。そのユンクの手元に、一一月二二日付小倉書簡でM一夫の河本宛ての手紙が届く。この手紙と、先の河本の戦後初期の原稿を見てユンクは、Mと河本夫妻を両輪に置く広島戦後史の叙述――パノラマ的年代記というよりもミクロ物語的記述——に、確信をもって踏み出すことができたと思われる。この方向に向かって、一一月後半に集中的に作業が行われ、確認すべき項目が検討され、一〇枚の質問用紙が一二月に送付された。ただし、その中には河本の原稿の一九四九年分など、合計二一頁分の再送付という要望も含まれていた。

第二の長岡へのインタビューは一九五八年の年末に行われ、翌年一月前半の小倉書簡に、被爆直後の長岡の行動を克明に記した貴重な記録が残される。また、一月一九日付小倉書簡が示すように、原爆資料館の欧州移動展示の計画にユンクは着手し、小倉と長岡は相談してこの件の具体化を図る。しかし、費用の問題があり、この計画の実施はなお困難であった。また、被爆遺産（物）との関連では、一月二六日付小倉書簡が被爆建造物の観光化計画を伝え、のちの市観光課へのインタビューにつながった。

第三の医師へのインタビューは、ＡＢＣＣの問題や原爆症をめぐる理解と関係し、一九五八年一〇月に原田、一二月に蜂谷、そして翌年一月に於保源作と、連続して行われた。そこでは、一方でＡＢＣＣと蜂谷医師など総合病院系は被爆の後障害を否定し、他方で原田医師や於保医師はこれを重視するという、見解の対立が明確に示された。また、蜂谷医師が面倒を見たテキヤの親分の話から、裏社会がユンクの関心の的となり、戦後広島のやくざ抗争が新たに次の第四編の重要な調査項目となる。

以上のように、この時期にユンクは仕切り直しをし、小倉は当初の課題をほぼ成し遂げた。かくて、「二次元の本から三次元の本へ」（本書三二九頁）と、ユンクの叙述の方向性も定まり、執筆への態勢が整えられる。同時に、そこからつめるべき質問がまとめて出され、一二月一八日付小倉書簡にあるように、それらの質問に一つ一つ回答を与える作業が以後の小倉の課題となる。

小倉書簡（一九五八年九月八日～五九年一月二九日）

一九五八年九月八日〔広島原爆障害研究会、吉川（ＡＢＣＣ）、中央公論〕

最後の手紙の追伸に記しましたが、「広島原爆障害研究会」の編集した『広島原爆の物理的および医学的影響』を船便でお送りしました。この件に関して、あなた宛てのものは研究グループからのプレゼントであると、佐久間教授から手紙を受け取りました。私も一部を参考のために、佐久間教授から個人的に受け取りました。一部三百円です。気づいたミスもいくつかありますが、広島のような田舎の印刷屋としては、全体としてよく出来ています。東京の原水爆禁止世界大会で配布するのに、かろうじて間に合いました。

次に吉川〔清〕氏から、彼の妻がＡＢＣＣでの検診後に入院している件に関するスクラップブックを借りました。週刊誌の週刊新潮一九五七年八月一二日号も借りました。日本側のこの種のものの中で、ＡＢＣＣを紹介した最初のものだと思います。昨年書かれた、この委員会〔ＡＢＣＣ〕についての一般的なレポートで、それほどセンセーショナルなスクープが含まれているわけではありませんが、二流のジャーナリズムがこの問題をどのように取り上げているかを見るにはよいかもしれません。必要でしたら、送ります。現在の予定では中央公論の論説のすぐ後に、河本原稿を始めるつもりです。しかし、村上組と岡組との間の広島やくざ銃撃事件に関する、よく整理されたスクラップブックを何冊か見つけました。これを借りてきて、この件に関するもっと詳しい情報をお送りすべきなら、お知らせくださいい。蜂谷および長岡からは何もありません。いましばらく余裕がありますから、確実に彼らと連絡を取ります。

最近、フランス映画『ピカドン』〔『ヒロシマ・モナムール』（邦題『二十四時間の情事』）アラン・レネ監督、一九五九年公開〕のロケ撮影が始まっています。フランスの映画女優が広島で日本の技術者（建築家）と恋に落ちるという物語です。そこには、原水爆禁止の主張があります。

中央公論を続けて終わらせます。

▽中央公論一九五八年八月号【ヒロシマ——その後十三年】続き

一九五八年九月一一日〔河本、長岡・新出対談〕

お知らせすべき特別なことはありません。ただ先日、再度河本に会いに行きました。彼はまだベッドの中で、一所懸命原稿を書いていました。彼の現在の家やサンドイッチマンなど、あなたの質問について、唐突にならないよう、どのようにしてそうなったか背景を説明する方向で書かなければと言って、さまざまなことを長々と書いています。ですから、彼がすぐに要点に入らなくてもご容赦ください。最近の記述は前回の原稿に続く、一九五四年とその後の時期に集中しています。そのため、彼の所に伝えに行きました。もちろん一九五四年から現在までの原稿はぜひとも必要だが、原稿の始まった一九四八年に先立つ、四六年と四七年について書くことを忘れないでほしい、と。そのうちに、この二年間の原稿を送ってくれるはずです。一九四五年八月一五日から同年末までの原稿が少しありますので、その部分を先に送ります。河本原稿に戻ります。

▽河本原稿続き［一九四五年八〜一二月］

以上が一九四五年に関して私が持っている［河本原稿の］すべてです。一九五五年に関する原稿も一束ありますが、四六年と四七年に関する原稿も近いうちに来ると思います。そこで次回まで待って、これまでどおり年次順に送ります。

その代わりに、日本の新聞から切り抜いておいたものの翻訳する時間がなかった、八月六日［前後］の記事をいくつか送ります。

まず、長岡省吾氏と、市役所の広報渉外課の課長である新出政雄氏との対談です。表題は「今なら言える」で、サブタイトルは「一三年かくれたニュース」です。

▽中国新聞一九五八年八月二日【今なら言える　一三年かくれたニュース（上）「平和祭」遂にオジャン　赤旗をこわがった占領軍】、同三日【今なら言える　一三年かくれたニュース（下）資料収集にMPの目「観光物じゃない原爆ドーム」地に着いた平和運動を】

一九五八年九月一五日［長岡・新出対談、河本］

今年の日本国内の最重要の政治問題は、教員の勤務評定制度で、これに反対する教員組合とこの法律を強要しようとする文部省との論争です。その決着は根拠の上では五分五分で、人々の支持はほぼ六対四で政府にあると確実に言えます。しかし単純に数で解決することはまったく困難な問題であり、子どもたちが教員のこの政治闘争の犠牲にならないよう、親は願うばかりです。教員たちは、指導的な労働組合を後ろ盾にしていますから。しかし、政府はどんどん官僚的で高圧的になってきていて、これもまた深刻な問題です。

日本のニュースについては、そんなところです。広島で原爆と関連する事柄では、フランス映画『ピカドン』が、原爆反対運動の撮影に子どもやエキストラを参加させるのに、市の協力を取り付けられないというトラブルがありました。若い日本人技術者とフランス人女性のラブシーンのあるロマンチックな物語ということがその理由で、市や地元グループが［原水禁］運動で意図するものとは正反対だからです。この問題がどうなったか新聞は伝えていませんので、その後についてはわかりません。

新出・長岡対談を終わらせます。その後で、入手した河本原稿に入ります。

▽中国新聞一九五八年八月二・三日【今なら言える】続き

私はまさに八月六日の朝、広島への汽車の中でこの二人の紳士に会いました。新聞の文章は正確な引用ではなかった、と新出氏は言っています。彼らは私と同じ方向に住んでいますが、宮島よりも先です。ともかく、その記事の中で、あなたの名前を見つけて嬉しかったです。賞賛されていましたから。

▽河本原稿［一九四六年一月、四六年二月］

一九五八年九月一八日［河本、吉川］

ジュネーヴからの美しい絵葉書を受け取りました。ご連絡をいただき、嬉しいです。もう、四冊目の本への新しいアイディアがひらめいているのでは、と想像します。そうです、私は原子力平和利用［国際］会議に関する日本語・英語のニュースを追いかけています。そして、世界が科学の面で大きく前進していると感じています。いくらかの前渡し金をあなたが出版社から得られた、とお聞きしたことも喜びでした。さて、河本原稿を続けます。次の原稿はまだ届いていませんが、一三日に死亡したまだ高校生（一六歳）の自殺に河本がショックを受けているのではないかと考えていました。彼は佐々木禎子の級友でした。禎子は原爆のために死にましたが、その死から原爆の子の像の運動が全国に広がり、この五月五日に像は完成しました。少年はこの運動の中心メンバーで、映画『千羽鶴』のモデルでもありました。彼の机の上には、「これが運命だ。神様はすべてご存知だった。僕がもはやこの世にいられないことを」と綴る一文がありました。詩のようであり、しかも「運命」「神様」「僕」の漢字はとくに大きく書かれていました。私はとくに強い印象を受けました。この自殺に関する二頁の小さな記事が週刊誌にありました。この少年は過去に詩を書き、「原爆、お前は悪魔だ」とはっきり述べていたようです。河本はこのグループと近い関係にあったので、ショックを受けたに違いありません。ともかく、河本原稿を続けます。

▽河本原稿［一九四六年三月、配給、坂町］

彼が送ってくれたのは、ここまでです。私は待つべきか、後の日付の原稿の翻訳を続けるか迷います。しかし、この間に借り出した吉川（きっかわ）の記事を差しはさみたいと思います。何が河本氏を苦しめているのかわかりません。というのも、彼は原稿を次から次へと送ってくれていましたので。多分、少年の死がショックなのでしょうか。

▽毎日新聞一九五四年七月一〇日【原爆一号　米国の診療に怒る　病名も明かさぬ　注射で発熱した妻女】

▽読売新聞一九五四年七月二四日【排気弁　ＡＢＣＣの「鬼の首」】

一九五八年九月二五日〔河本〕

一九日〔実際には一四日から二〇日〕からウィーンで第三回パグウォッシュ会議（発音どおりだとPagwosh）と呼ばれる会議が開かれていることを、今日の朝日新聞で知りました。概要にすぎませんが、七つの部会が短く紹介されていました。あなたは、この会議にも参加されているだろうと想像します。あなたが追求していることと関係していますから。私は集中して河本原稿を続けます。

▽河本原稿続き〔最初のメーデー、五月三日、五月一九日東京で食糧メーデー、八月九日、九月、二月一日大ストライキの決定、雪の日〕

一九五八年一〇月一日〔河本〕

あなたは家に戻って、再びこの仕事に集中されていると推測します。河本氏はまだ病院から家に戻ることができません。しかし、多分そのために、一九四七年に関する原稿は速いスピードで出来上がりつつあります。どうぞ、楽しみに待ってください。興味深いものです。さて、博士、われわれの勘定について、はっきりさせておいてもよろしいでしょうか。これまでの勘定は以下のとおりです。［書簡の］二七六頁［欠落で確認不可］に記しました。最後の支払いは六月二八日に届き、これを受け取りました。余りは一万円で、七月分に繰り越しました。次に二九七頁［同前］に記しましたが、豊島行きの旅費で生じた支出が三八〇〇円、谷本［記事］の複製が七〇〇円、合計が四五〇〇円です。ですから、先の余りの一万円からこれを引いて、五五〇〇円が七月分の剰余額です。さて二八九頁［欠落で確認不可］に書きましたように、朝日新聞からあなたの原稿料二万九七五〇円（三万五千円の原稿料ですが税金が五二五〇円です）が私に振り込まれました。そこで、先の五五〇〇円の残額にこれを加えて三万五二五〇円になり、それで七月以降のすべての支払いをまかなっています。七月と八月には二倍働きましたので五万円の請求額になりますから、あなたから私への支払額はまだ一万四七五〇円残っています。九月末までに一度を除き毎週二回お送りしましたので、二万五千円請求したく思います。したがって、九月末の請求額は三万九七五〇円になります。

あなたは資金面で厳しい時期にあるでしょうから、とくに催促しようというのではありません。ただ、差引勘定の全体像をお知らせした方が良いだろうと考えただけのことです。佐久間教授の冊子は届きましたか。一〇月については、できるだけ週二回送り続けるつもりです。もちろん、あなたが同意された場合のことです。そうでないならお知らせください。あなたの意向に従いますから。

▽河本原稿続き［一〇月半ばから、一九四六年終わり、一九四七年、神戸と大阪］

一九五八年一〇月六日〔河本〕

秋は深まり、木の葉は落ち始めています。最近、原爆の記事は非常に少なくなっていますが、それでも患者の死亡はときどき報道されています。先日、「原爆被害者か？」という疑問符のついた小さな活字の自殺報道がありました。自殺した人の腕と体にいくつかケロイドがあったからです。大体において、一方では惨禍を忘れようとし、他方ではこうしたことが、時に〔原爆を〕思い起こさせます。河本は発熱しましたが、速いスピードで書いています。いまや私は、彼に追いかけられているようなものです。

▽河本原稿続き〔二月末、占領軍の労働運動への介入、一九四七年二月の子どもたちとの出会い〕

一九五八年一〇月九日〔河本〕

河本原稿一九四七年分を終えるべく、最善を尽くしています。そうすれば、他のなすべき作業の準備ができます。ただ、あなたは河本原稿に最も重きを置いていますので、あと二、三回はこれに集中するつもりです。

▽河本原稿続き〔チャップリンの『ゴールドラッシュ』『モダン・タイムス』、チビコチャン、労働基準法制定、二月一日ストライキ中止の影響、一九四七年五月、共産党員の増加、社会党政権〕

一九五八年一〇月一四日〔原田インタビュー、河本〕

ブリュッセルからの葉書受け取りました。日本展示館のものを送っていただき、感謝します。この日本展示館が米国、ソ連、フランス、ベルギー、その他と共に金賞*を得たこと、英字紙で知りました。私はずっと、ヨーロッパ大陸はいつでも最高の文化と文明にふれられる所で、とりわけ、その多様性において、より豊かで奥深いと考えてきました。日本はまったく孤立していて、書籍や時期遅れで導入されてくるものに頼らなければなりません。

*「科学文明とヒューマニズム」をテーマに、一九五八年四〜九月、戦後初めて開催されたブリュッセルでの万国博覧会における展示作品への賞。四二ヶ国と一〇の国際機関が参加した。

今日は河本原稿の続きを送る前に、原田［東岷］医師のインタビューに切り換えようと考えました。最初に、［ジョージ・］ヘイズルハースト博士に関するご要望は果たせなかったこと、お断りしなければなりません。彼［原田］には、そのような人物の心当たりはないようです。彼の米国滞在中に［ABCCで］あったことかもしれません。［ロバート・］ミラー博士については、確実ということではないですが、うわさを聞いたことがあると思い出してくれました（このミラー博士は、あなたがシカゴ―ニューヨーク間の汽車の中で記した一九五八年四月二八日付の手紙で述べている人と同一人物かもしれません。彼は九月にABCCに戻るだろうとあなたは書いていましたが、実際に現在ABCCで働いています。またあなたは、感じのよい人だがやや冷たいという印象を受けていました）。ミラー博士は論文か、あるいは何かの研究報告を提出しましたが、［ロバート・］ホームズ博士［一九五四〜五七年ABCC所長］がこれをあまり良く受け取らなかったようです。両者の関係は、あまり良くないようでした。それが理由となったのか否かはわかりませんが、ミラー博士は解雇され、米国へ送り帰されました。しかし、そのすぐ後で、ホームズ博士もABCCを辞めて帰国しました。彼の帰国とミラー博士の解雇との間に、何らかの関係があるか否かはわかりません。ミラー博士の研究報告について、原田医師はどんな内容だったか知りませんが、ホームズ博士が満足しなかったと言っていました。以上が、あなたの依頼に関わることで知りえたことのすべてです。

しかしABCCに関して、さらに私は組織について尋ねました。どうして米国が治療を行わないのか、その理由を原田医師は以下のように述べました。第一に、収容施設のための支出が実に多額で莫大になるであろうこと。第二に、この病気は致死的であり、決定的な治療法がないから、重く患った人のほとんど全員が最終的には死亡するであろうこと。そして第三に、アメリカがこの死者への補償と償いをしなければならないであろうこと、です。

次に、彼はABCCの態度という点を強調しました。彼が最初に述べたのは、ABCCに対して憤りはまったくないということです。どんなことでも彼の問い合わせには本当に協力的で、また彼が疑問をもった症例が［ABCCの患者に］あれば、それについて協力をしてくれるから、と。事実、この機関に広島の人のすべてが反対しているというわけではありません。しかし、原爆症への態度においては、例えば彼のような広島の日本人医師と比べると基本的な違いがある、と言います。日本人医師は認める、というよりむしろ否定しないが、ABCCでは基本的に否定される、と。例えばABCCは［原爆の］影響範囲を決めるとき、［半径］一・八キロメートルで境界線を引きます。そして、この境界線の外にあるいかなる症例も完全に無視します。しかし日本人医師は、この一・八キロメートルの外で発症する可能性がつねにあると主張する傾向にあったり、あるいは、そのような主張を肯定する態度を示したりします。境界線が三キロメートルまで広げられることもあります。二次放射能の場合ですら、そうです。その影響は現在、ほとんど疑いのない事実であり、多くの人々が死を迎えつつあります。しかしこの事実を受け入れることを、ＡＢＣＣは長らくためらい続けてきました。この慎重な態度の後で、今になって二次放射能作用の局面に調査を加えつつあります。このような基本的な態度の違いのために、「原爆症患者の」数字においてかなりの差が生じます。原田医師は、自分が望ましいとする結果に統計の数字を合わせることは、どんな学者にもありうるとまで述べました。

具体的な例として、悪性腫瘍の発生が指摘されました。原爆症の被害者には悪性腫瘍が発生すると誰もが予想しますが、ＡＢＣＣは否定します。事実はというと、腫瘍はあります。こうしたことはすべて彼らの研究が立脚する態度から来ています。遺伝的影響についてもＡＢＣＣは重視しませんが、何らかの影響があると日本人医師は考えます。そしてとくにこの種の研究は短期間では判断できず、一定の長い期間待つ必要があると考えています。この病気の専門用語での名前を聞きませんでしたが、「小さい・頭の・病気〔小頭症〕」という病は放射線の影響によるものであることは明白です。ただし原田医師は、こうした肯定的な態度を取らず、否定的な態度を取る日本人医師もいると指摘することを忘れませんでした。例えば蜂谷先生です。厳密には原爆症はない、とすら蜂谷先生は言っているようです（この二人の医師の対照性を、私は彼らとの会話からうかがい知ることができます）。しかし、このことを原田医師が語ることはない、と私は思いました。彼は自ら述べているようにリベラリストであり、原爆症が中心問題となっている平和運動に、どのように関わるべきか本当に知りません。私はけっして批判する立場にはありませんが、原田医師の立場は広島原爆障害研究会に近いように見えます。佐久間博士を通してあなたに論考を贈呈したグループです（この論文を私が読んだか否か佐久間博士から聞かれましたので、一部はユンク博士に送り、一部は自分が受け取った、と答えました）。

原田医師はＡＢＣＣについてもう一つ別の点を指摘しました。『ワールド・ニュース』か何か、一九五五年の雑誌にあったものと思いますが、問答形式で行われたホームズ博士と記者とのインタビューのことを覚えていますか。この記事は、他のＡＢＣＣの資料と一緒にあなたに送っています。原田医師はこの記事を、米国にいた間に読みました。そこには、飛行機の発明か、何かしらもっと古い発明について書いてありました。つまり、この原爆はまさしく偉大な未来の始まりであり、広島の人々や医師たち（?）は原爆にいささか神経質すぎる、というのです。［広島の］市民や医師たちについてはっきりとは言われていませんが、彼らは科学の進歩にいくらか立ち遅れていると暗示されていました。これに原田医師は激高し、抗議の手紙をすぐに書きました。また彼の記憶では、市議会議員の土岡［喜代一］氏もホームズ博士に抗議の公開書簡を送りました。

最後に、原田医師は原爆症を示す徴候についてもふれました。最初に彼が述べたことは、小沼医師が論文で明らかにしているように（この論文はあなたに送りました）、神経症の傾向があるということです。また、毛細血管で被害者が判別できる、と言います。被害者の指の先端やその他の身体の末端まで血液が行き届かないことは、まったく明らかだからです。眼科の分野でも白内障が目立ち、この種類の病を患った人たちの平均年齢が通常より低いことも事実だ、と言います。

さて、この報告はあまりうまくまとまっていません。申し訳ありません。ヘイズルハースト博士に関する情報を得られなかったことは残念ですが、いくつか別の方向を探すつもりです。

やくざに関係する蜂谷先生の地御前生活の物語について。誤解の起きないよう、Tという人物、これがやくざの名前ですが、彼の許可を得ようとしていると蜂谷先生は言っています。彼らに関して、ユーモラスな事件があったことを匂わせ、許可を得しだい書くつもりと言っていました。

私は新出氏にも、［過去を追想する］日誌を書くよう長岡氏に頼んでもらえないか尋ねました。新出氏は、この［長岡日誌の］提案は以前から知っており、長岡氏が書くようつねに促していたとのことでした。彼にとってのみならず、皆のために非常に重要だからです。長岡氏は非常に忙しいようで、なにも気分を害するようなことではありません。だから、どうぞそうした心配はお忘れください。明日、もう一度直接お願いに行くつもりです。河本原稿を続けます。

▽河本原稿続き［一九四七年七月から］

一九五八年一〇月一六日［河本］

広島で、現在の共同募金運動の基金は、原爆症患者のための［原爆被害者］福祉センター［広島平和会館］建設資金の一部になるだろう、という話があります。健康診断のために広島に来る患者たちが無料で泊まれる、寝具も揃った十分な施設になるだろう、と。また、遠くから検診を受けにやってくる者に旅費を支給する助けになるだろうとも言われています。旅費の件は健康診断の障害になっていると思われます。この話の出所は、もちろん厚生大臣が広島で受けたインタビューです。

あなたは［アール・］レイノルズ博士について聞いたことがありますか。彼は日本人の学生と一緒に、フェニックス号という名の小さなヨットで世界を回っています。以前、彼はＡＢＣＣの医師でしたが、［米国の水爆実験に］抗議して太平洋の禁止海域に入り込み、やりすぎだということでハワイで拘留されました。このことに関心はありますか。それともこれは飛ばして進みますか。

河本原稿を進めます。

▽河本原稿続き［一九四七年八月六日］

一九五八年一〇月二〇日［河本］

昨日、ウィーン少年合唱団に関する映画を見ました。この映画のドイツ語での題名は忘れましたが、日本ではシューベルトの曲から取って『野ばら』［マックス・ノイフェルト監督、一九五七年公開］と訳されています。この天然色の映画の中に美しい街ウィーンを見て、あなたが暮らし、この本の仕事をしている街が、どんな街か想像できました。現実には、近頃は何をされていますか。一九四六年と四七年の河本原稿はいかがでしょうか。この部分からは、河本の肉体面および精神面の特徴について、実像がわかると思います。ともかく、あと二回分だけであり、彼のこの初期部分の原稿は終えることができるでしょう。しかし、その部分はいったん中断し、週刊新潮のＡＢＣＣに関する記事の抜粋を送るようにします。吉川［清］氏にお返ししなくてはいけませんので。

昨日、Ｍ氏からの手紙を受け取りました。あなたがどこまで進んだか尋ねています。同時に、どんな具合に本が出版されたか、知りたいと望んでいます。彼を訪ねたときには、本は九月に出版される予定でしたから、すでに出版されたと考えたに違いありません。自分が描いた絵にあまり迫力がないことを、彼は謝っています。あなたが感じたように、彼が描いた絵が効果的だったとは彼自身思っていません。迫力を欠いてしまったので、原爆の悲嘆や苦しみは効果的には表現されていない、と。そのため彼は次の出版のチャンスがあるのかと聞いています。つまり、英語やその他の言語に翻訳されるとき、あるいは第二版が刊行されるときに、彼が入れたいと考える別の挿絵二、三枚をどうしても加えたいとの希望です。あなたに連絡を取って、そうしたことが許されるか尋ねてほしいとのことでした。まだ可能な時期だと思いますので、もちろんどうぞ、と彼には言うつもりです。それでよろしいでしょうか。彼は「このチャンスは生涯の中でもまさしく唯一、ただ一回のものと考えていて、あのような下手な絵が載ったら嫌だと思って、後悔しています」と書いています。彼を急かして、早くあなたに送れるようにします。

この手紙の中で彼は、河本についても書いています。ドームの下で懸命に働く河本を夢に見た、とさえ言います。まだ彼ら二人は会ったことがありませんが、本当に互いに思いあっています。二人の若者があなたの仲立ちを通して真の友人になること。このことを知るだけでも、なんと素晴らしいことではありませんか。明日、わが家で取れた柿をいくつか持って河本のところに行きます。彼にも手紙を書いてもらい、私の手紙と一緒に明日Mに送るつもりです。

▽河本原稿続き［八月後半、一九四七年九月］

一九五八年一〇月二三日［河本］

ずいぶん長いこと、あなたから便りがありません。悪いことが何もなければよいのですが。広島ではすべてが平穏です。しかし、私の親友が原爆の影響で具合が悪いことを知り、蜂谷先生の所へ診察を受けに行かせました。その結果はわかりませんが、何も大きな問題がないことを神に祈ります。昨日、［この年］二五番目の原爆死が報じられました。この季節は抜けるように青い空が高く澄み渡って最高ですが、この恒常的な不安が非常に暗い気持ちにさせます。いったいいつ、この広島の街のこうした不安は終わりになるのか、私は考えていました。あるいは、次の世代を待って、もはや何ごともないことがわかってから、やっと心の底から安らぎを感じることができるのか。しかし本当のところ、こうした不幸とかかわりなく世界は前進し、その関心はいっそう薄まりつつあります。

河本原稿の一九四七年の部分を終えることができると思います。

▽河本原稿続き［一九四七年、仏教とキリスト教、松葉杖の少女、ゲタさん、『リーダーズ・ダイジェスト』、柿泥棒］

一九五八年一〇月二七日［河本］

今回は河本原稿の一九四七年を終えられると思います。何か、あなたの知りたいことはありますか。それとも、河本の掘立て小屋やその他の部分についての、彼の原稿を続けましょうか。先日の新聞によれば、市は再び、ドームの周辺を公園用地にするため、立ち退きを命じるという告示を出しました。これに対して河本はどうするのか、私はわかりません。もちろん、周辺の人々は抵抗しています。一九五八年一〇月二三日朝九時三〇分に、広島市東部復興事務所の職員二〇名と労働者一〇名が公式に取り壊しに着手しました。二軒の家を取り壊しましたが、この地区の人々の抵抗がとても強かったため、作業は中止され、一一時三〇分には彼らは立ち去りました。

中国新聞の朝刊に記事があります［中国新聞一九五八年一〇月二四日【二三戸へ強制立ち退き　原爆ドーム一帯　地元民、猛烈に反対】記事のこと］。

河本原稿を続けます。

▽河本原稿続き［一九四七年一一月］

一九五八年一一月四日［河本］

先週の土曜日にお送りできず、すみません。自分の仕事で少し忙しくしており、送れませんでした。きちんと河本原稿を終わりにして、彼の物語のイメージをあなたができるだけつかめれば、と思います。長岡氏は書けるものを何かしら書くべく最善を尽くす、と言ってくれました。私は期待していますが、成果は疑わしくもあります。しかし、できるだけうまくいくように望みます。

▽河本原稿続き［少女と初めて会う、上松時恵、クリスマス・イブ、三〇日、一九四五〜四七年の終わり］

河本原稿を終えたら、ABCCに関する小論をいくつか送ろうと思います。しかし、これは次の便から始めるとし、代わりに新聞で見つけた興味深い記事をいくつか送ります。それは、原爆被害者の間での結婚に関するものです。

将来彼らが幸福であるか否かを語ることは、たいへん難しいことです。それでも、二人の行いは非常に勇気ある、また［周りの人々を］勇気づけるものだと思います。また、中野教授夫妻のこの上ない援助にもきっと気づかれるでしょう。

ＡＢＣＣの話を終えたのち、河本原稿の続きを進めるつもりです。まだ長い続きがあります。これに関心がなければお知らせください。

今日はここで終わりにして、発送しましょう。

あなたの仕事が進みますように。あなたから便りがないこと、心配です。朝日新聞で、ゲッティンゲン宣言が少し修正されると報じられました。声明は……〔ここで文が途切れている〕

一九五八年一一月八日〔諸事、週刊新潮ＡＢＣＣ記事〕

仕事を進めて、もっと多くの記事を送ってもいいでしょうか。もうこれ以上は必要ないかと考えていましたが、まだあなたがお求めになったことへの返答が終わっていません。長岡、蜂谷と彼の地御前での生活やＡＢＣＣの連絡員についてです。本の締め切りは、どのような予定でしょうか。私の報告の速度を落とすべきか、あるいは正直なところ、財政的な問題がおありですか。当分、私はまったく気にしませんから、支払いの件で何かお話がありましたら、どうぞためらわずおっしゃってください。お求めに応じるよう、最善を尽くすつもりです。

この記事は一九五七年八月一二日付（一年前）の週刊新潮のもので、お求めのものではないですし、すでにご存じの事実かもしれません。しかし、中央公論のあの特集と比べると、この記事はもっぱらＡＢＣＣを取り上げ、日本の世論について偏見のない観察を行っています。そこで、最初に計画した抜粋ではなく、記事の全文を送ろうと考えました。役に立たないと思われた時には、途中で止めてください。まずは翻訳をしますので。

今日九日、一一月二日付の手紙を受け取りました。最近のあなたの活動を知ることができ、またあなたが元気で過ごされていることを知り、嬉しかったです。手紙がきちんとあなたに届いているのかどうか気がかりでした。一五日にウィーンに戻り、［本の］仕事を再び始められることを知り、安心しました。この手紙があなたに届く頃かもしれませんね。支払いの計算であなたが書かれたこと、了解しました。河本には原稿料を五千円支払います。彼は本当に誠実に書きましたから、それだけの仕事を確かにしてくれました。きっと喜ぶことでしょう。そして、一一月と一二月分として、一万五千円を私が受け取ります。一月から五月には細々した事柄に関するあなたの求めにそって、私の最善を尽くします。

しかし、私が何よりも嬉しいのは、あなたが私の仕事を評価してくれたことです。幸いなことに、これまでもずっと良い雇い主と仕事をしてきましたが、もっぱら研究の性格をもつこうした作業を個人の委託で行ったことはありませんでした。だから、この仕事に最善を尽くしました。さらに、ヒューマニズムの理想のための仕事に喜びを感じました。信頼でき尊敬できる人と共に仕事をすることは、やりがいのあるものです。お世辞を言うつもりはありませんが、何であれできることをしてあなたが作品を完成させる役に立つのは私にとって喜びです。二〇世紀後半の人類にとって、現在からは予測できないような成果をもたらすでしょうから。重い天秤棒の片方を担えること、重ねて感謝します。

さて新潮の記事について。この記事は中央公論のそれとはいくらか異なりますが、別の出版社から見た、ある側面を示しています。ところで、新潮について、何点かメモします。新潮は文芸雑誌（最良のものの一つ）の出版社であり、日本や外国の、主に文学分野の図書を出しています。例えば阿川弘之『魔の遺産』の日本語版は新潮から出ていると思います。この文芸雑誌や図書出版の仕事は、その分野ではとても高い水準にあると評価されています。しかし週刊誌については、その分野の老舗である週刊朝日やサンデー毎日の模倣です。それらの雑誌が成功して、この二年来、日本では週刊誌のブームがおこっています。ありとあらゆる新聞社や図書の出版社、雑誌社が週刊誌を出しているので、いったいどれほどの数があるのか、私にはわかりません。今では、日本の読書界をいかほどか代表しています。あまり堅苦しくなく、しかし新聞よりも多くの内容を提供でき、値段は三〇円で、市電やバス、汽車の中で誰でも手ごろに読める値段です。

この点では、［サンデー］毎日と［週刊］朝日はその威信を保ち、事実、その記事は質の高いものです。朝日は先月から、値段は三〇円に据え置いたまま、頁数を一〇〇頁近くに引き上げました。しかし、他の雑誌はスポーツや映画、あるいはセックスを呼び物にしています。［週刊］新潮は男女双方向けの娯楽もの、たとえば芸能界やスポーツ、映画、ファッションなどを取り上げています。子どもがいる家庭の中で自由に読める朝日や毎日の健全性は、新潮とは比べ物になりません。もちろん、まじめな記事もありますが、［雑誌の］水準がどんなものかご理解いただけたでしょう。著名な写真家の土門拳は、新潮が原爆記事を掲載するときに、いつもかり出されます。また吉川［清］は、読売（朝日と毎日に次ぐ、第三の大新聞です）や新潮系に強く支えられています。他方、河本や子どもの像の運動・折鶴の運動は朝日がより強く支えています。以上のことは、まったく相対的に見たものですし、中国新聞の場合は地方新聞ですので、身近なことはなんでも取り上げ、特定の個人や出来事を特別に重視し強調することはありません。以上、一般的な話ですので、どうぞ、厳密には考えないでください。

▽週刊新潮一九五七年八月一二日【八月六日の遺産――はじめてルポされたＡＢＣＣ（原爆傷害調査委員会）の実態】

一九五八年一一月一三日〔週刊新潮ＡＢＣＣ記事〕

広島で特別なことはありませんが、県知事選が間近です。県知事の大原〔博夫〕には対抗馬がなく、連続三期目の知事職につくことでしょう。彼はシャープなタイプの政治家ではありませんが、職業は医者ですし、人柄は立派で高潔で、県の人々から評判がよいです。また春の市長選については、前職の浜井が現職の渡辺〔忠雄〕の後を継ぐでしょう。広島で一番高い建物になる朝日会館は、一二月ごろには開館の予定です。さて、新潮のＡＢＣＣの記事を続けます。

▽週刊新潮【八月六日の遺産】続き

一九五八年一一月一七日〔週刊新潮ＡＢＣＣ記事〕

新潮ＡＢＣＣ記事の翻訳にすぐ入ります。

▽週刊新潮【八月六日の遺産】続き

この記事は全部を翻訳する価値があると考えました。重要部分を落としてしまうのが心配だったので、どうしても抜粋にできませんでした。河本原稿〔の翻訳〕を続けようと思っています。彼の原稿が山となってたまっていることは確実ですので。彼の小屋と、最近の活動についての部分を訳すつもりです。しかし、必要でないならお知らせください。

今日一一月二〇日、広島の東京銀行から十万円受け取りました。感謝します。とても嬉しいです。できるだけ早く、前に記しました五千円を河本氏に送ります。きっと彼は大喜びするでしょう。領収書を添えます。

一九五八年一一月二一日［M］

新潮記事［の翻訳］が終わりましたから、Mの河本宛ての手紙を送りたいと思います。この手紙は、あなたの物語の終わり近くを脚色するのに役立つかもしれません。二人が互いに会ったことも話したこともないのに、なぜ友達になれたのか、はっきりと示してくれるからです。この経緯はドラマチックだと思います。河本からMへの手紙を持っていないのは残念です。しかし、先に出されたこの［河本からの］手紙は、刑務所に行けば手に入るかもしれません。Mの手紙は、以下の通りです。

《河本様

白と黄色の菊が匂い立ちながら争うように咲いています。しかし、知りたいのは河本ご夫妻がどうされているかということ。この前の手紙で（小倉先生の手紙に同封されていたものです）、入院されていたことを初めて知りました。たいへん驚きました。脚はいかがでしょうか。心配していますが、お送りいただいた自画像、嬉しかったです。先日、あなたの夢を見ました。変に聞こえますが、この絵は夢に出てきたあなたに似ていました。

ご希望通り、私の自画像も同封します（あまり似ていません）。ハンサムすぎます。鏡を持っていないので、窓に自分を映して描きました。

この絵だけでは、私の細かなことはわからないでしょうから、自己紹介のようなことをお話ししようと思います。

顔の色は、どちらかと言えば浅黒いです。顔立ちはハンサム［傍線は原文］と言いたいところですが、まったくその反対で、目は大きく、額は広いです。見た目ほど賢くありません。五尺三寸（ヤード法では約五フィート三インチ）で、痩せています。五四・五キログラムです。

趣味は劇を鑑賞することです（自分でも演じます。この刑務所の劇団員のリーダーで、いつも主役のハンサムな俳優です）。絵画……読書……それから食べることと寝ること……（もちろんこれを趣味と呼べるならですが……）。スポーツでは、野球、バレーボール、ソフトボールなどです。バレーボールのキャプテンで、中盤でプレイします。野球ではキャッチャーで、現在打撃ベストテンの二位で、打率が五割三分二厘です。打順は二番です。

ご覧のとおり、広くさまざまなことをしますが、進歩していません。とくにボクシングは、ボクシングクラブへ行ったこともありますが、まだ弱いです。次に、私の性格です。のんきなように見えますが、実はとても神経質で、のんびりしたタイプには見えないかもしれませんが、気が短いです。楽観的に見えますが、実際は寂しい人間です。自分が何なのか、自分自身の感情がわからないときさえあります。

将来の望みと職業について。まず職業ですが、印刷業に進みたいと思っています（自分で書いて自分で印刷する、手作業です）。これは二万円くらいでできると思います。刑務所の中でもこの作業をしているので、ある程度自信があります。それから希望としては、社会の助けになって、社会のためになる仕事（奉仕）に関わりたいし、それを定期的に行いたいと考えています。例えば、ボーイスカウトのメンバーとして働いたり、でなければ一人一人のために働いたり……。とにかく、あなたを手本にしたいです。

Hさんのことは本当に残念です。とても残念で、自分のことのように思います。自分自身のことも不安です。他の普通の人たちと比べて、赤血球が半分しかないのです。こうした不安を感じているのが私ひとりでないことは、言うまでもありません。

私は戦争が大嫌いです！　原水爆実験は中止しなければなりません！　心の底からこのことを叫びたいと願います。いいえ、この焦燥感を叫ばなければなりません。私たちの声を代弁し、このことを世界に叫んでくれているロベルト・ユンク先生のお役に立てれば、と切に願っています。

ロベルト・ユンク先生のご尽力を通してあなたの友人になれたことに対して、心から感謝します。どう表現していいのかわかりませんが、このような場所にいると、自分の気持ちを話せる人が、できるだけたくさんいてほしい、と心から願います。残念ながら（理由はどうであれ）、誤った道を進んでしまいましたが、この迷宮から抜け出すために、いまできる最大限の努力をしています。そしてそのために、私には良き導き手、私を理解してくれる優しくて誠実な人が必要です……。そのような人がいさえすれば……。これが私の切望することです。そしてその望みはいまや、素晴らしい友人である導き手によって叶えられました。私がいますべきことは、新しい人生のためにひたすら集中して努力することです。おそらく三年か四年で出所して外の社会の人間になれるでしょう。私は全力を尽くします。

河本さん、原爆乙女たちを勇気づけてあげてくれませんか。彼女たちの一人を何かのかたちで紹介してもらえれば、私自身も彼女たちを勇気づけたいと思います。もちろん、手紙を通してだけになるでしょうが、私たちにはそれぞれの人生で生き抜かなければならない、共通した何かがあるのだと思います。先日、本を読みましたが、その中で、原爆症にかかっている人々は、結婚することができないと書いてありました。しかしこれは正しいでしょうか。私は赤血球の数が足りないと言われましたが、白血球は正常です。そして原爆症にかかっていないと言われました。私は絶対に広島の女性と結婚したいと願っています。もし私とその女性がお互いわかり合えるなら、幸せが二人に訪れると思います。

河本さん、ぜひあなたのグループに入れてもらえませんか。資金的な援助については何もできないとわかっていますが、精神面だけでも……（いいえ、私はあなたのグループのメンバーにしてもらうことで、自分自身を勇気づけようとしているのだと思います）。

変に聞こえるでしょうが、私のほうでも何とかしてあなたの役に立ちたいのです。どうか私の願いを聞いてください。

長々とつまらないことを、とても下手な字で書きました（先日、野球で指を痛めてしまい、ペンをしっかりと握れないのです）。ですので、読みづらいかもしれません。

申し上げるのが遅くなりましたが、小倉先生が送ってくださったスケッチブックを受け取りました。お礼状をまだ書いていませんが、よければ私からの感謝の気持ちをお伝えいただけないでしょうか。

玉井先生にも長い間手紙を書いていません。もしお会いになることがあれば、よろしくお伝えください。

トキコさんでしたか……あなたの奥様によろしくお伝えください。素敵な優しい奥様がいて、幸せそうですね。うらやましいです。お二人が永遠に幸せであることを祈ります。

どうかお体にお気を付けください。できるだけ早く退院できるようにしてください。

一九五八年一一月三日　一夫

追伸　この手紙を書いて、病院でのあなたの気持ちを楽にしようと頑張ってみましたが、無作法な書き方だったかもしれません。お許しください。》

あなたの物語における二人の主人公が、現実の世で良き友の間柄になっていることがわかりました。本の中で語られる単なる物語よりも、これはもっと重要なことであり、あなたが最も望むことでしょう。それだけに、いっそうあなたの本が重要になります。今回は以上です。

一九五八年一一月二八日〔中国新聞「断層」記事〕

さて、あなたに送る資料のことです。指示を待っていましたが、あなたからまだ届きませんので、記事をいくつか送ります。中央公論と河本原稿初期部分の、突然のお求めだったために翻訳して送る時間がなかったものです。原爆の問題が最も取り上げられる八月に切り抜いた記事の中から、重要さ

記録破りの放射能雨

先月 広島地方に

水道からも多量検出さる

米国の核実験の影響

広大理学部放射能研究室の調べ

去る七月、広島地方にはかつてみられない多量の放射能雨が降り続いた。空気中のチリからも、学校のプールからも、そして飲料水である水道水からも異常な放射能が検出された。放射能の半減期測定や分析結果によって、アメリカのビキニ、エニウエトク環礁での核爆発実験の影響によるものだということも明らかにされた。この実験が続く限り日本の国には放射能が降りそそぎ、異常な状態が継続すればやがて生命にかかわってくることは明らかだから、これは人道上由々しき問題ということになる。

昨年の末までに公表された核爆発実験の回数によるとアメリカが百一回、ソ連が約五十回、イギリスが十四回だ。今年に入ってから七月末までにソ連六回、イギリス一回、アメリカが十四回というところだが、アメリカの十四回は、例のハードタック核爆発実験と称する一連の計画で、四月二十八日の第一回に続き六月二十九日には十回目として二〇メガトン級以上（広島型原爆の千倍）の大爆発を行なっている。続いて七月には三、六、十二、十七日とビキニ、エニウエトクで実験をしている。昨年は五月二十八日から十月七日までにアメリカ本土のネバダで二十四回もの実験を行なっているが、広島地方の降雨からは放射能はあまり検出されなかった。

去る二十九年四月から放射能測定を続けている広島大学理学部放射能研究室に、七月中の検出放射能を中心にして話を聞いてみた。それによると同研究室が測定を始めた二十九年から去る六月末までの降雨で一ℓ当り毎分千カウント（ガイガー計数器）を越えた回数はわずか九回だが、七月というわずか一ヵ月の間に千カウントを越えた回数は実に六回におよんでいる。七月中に雨が降った回数が八回、このうち六回までが千カウント以上の放射能を含んでいたことになる。また同研究室では七月中の大気のチリの放射能も測定（水盤式）したが、雨から二万

多量のカウントを示した九日の前日のチリからは二万ガ当り毎分九千三百八十カウントと強い放射能を検出している。九日の雨の分析結果によるとエネルギーは約〇・ハメガ・エレクトロン・ボルトで半減期は約六日、成分としてはストロンチウムが約五〇%、バリウムが六%、その他ジルコニオブ類約二五%が検出された。したがって九日の降雨は新しい核爆発によるものであり強いエネルギーを持っていることになる。

これほど強い放射能雨水が降れば市民の常用している水道水にも影響してくることは当然予想される。同研究室では十二日から月末までほとんど毎日のようにこの水道水を測定してきたが、その結果、許容量約三十カウントを越えたことが五回もある。つまり、十二日が三十六、十三日が三十五、十五日が三十、十八日が三十五、二十七日が三十三カウントというデータ。もっともこの許容量というのはこのような水を三ヵ月にわたって連続飲んだ場合という条件がついてい

ろから現在のところでは……はないということになる……二十九日に行われたソ……水爆実験が、こんども……われるとすれば、重大な……だ」と同研究室の高田助……している。一方、広島市……水道でも連日降水の放射……しているが、七月になって……十回以上のカウントが検出……そうだ。

放射能の強さとカウント

【注】放射能の強さとカウント数は直接の関係はなく、カウント数は測定器によって異な……この数字で各地の放射能……

29年4月から33年6月までの降雨の放射能（1000カウント以上）

29年	5月17日	2357カウント
	9月24日	5370 〃
30年		ナシ
31年	3月23日	9521 〃
	6月20日	10414 〃
	9月15日	1200 〃
32年	7月3日	1005 〃

図3-1　大気圏内核実験による放射能汚染の記事

に応じて選びましたので、［日付は］ばらばらです。

▽中国新聞一九五八年八月三日【断層】

▽中国新聞八月（日付は特定できませんでした）［一九五八年八月三日］【記録破りの放射能雨　先月広島地方に　水道からも多量検出さる　米国の核実験の影響　広大理学部放射能研究室の調べ】［図3-1］

一九五八年一二月一日【中国新聞記事】

翻訳が定期的に届くのを楽しみにしていてください。この二週間、あまり翻訳が進まなかったことをお許しください。もう一二月、全開で進めます。

この一通は、まだ終えていない新聞記事を送ります。その後で河本原稿に入り、前回の原稿に続く河本の活動に関する部分を送ります。

▽中国新聞一九五八年八月三一日「広島の原爆被害者の医療と支援への窓口」【広島被爆者診療・援護の窓口】

一九五八年一二月五日【中国新聞記事】

今朝の新聞で、核兵器の製造と実験に反対する抗議委員会がフランスで作られたことが報じられています。そこには、「フランソワ・」モーリヤックの写真があり、ユネスコ日本代表の一人として、広島大学の森戸教授もこの委員会に参加しているというコメントが付いていました。あなたもご存知と思いますが、広島で私が最も近しいのは森戸博士と蜂谷先生です。両者とも優れた尊敬すべき人物です。どういうわけか、私はこの二人と共通するところがあるのです。

五千円札を河本氏に渡しました。実際には時ちゃんにです。彼女は家にいて、谷本牧師から借りたミシンを忙しく踏んでいました。お金を届けたその日に来た河本氏の手紙には、次のように書かれていました。「YMCAに届いた贈り物の小包から、私は自分に合う古いスーツをもらっています。ユンク博士から贈られたこのお金で、時ちゃんのスーツを作るつもりです。もちろん［買うのは］布地だけです。彼女は自分で縫えますから」。あなたの親切な贈り物は、とても誠実な夫婦のあたたかな間柄をいっそう強めていて、本当にありがたいものです。一年の最後の月に、あなたとこの夫婦の間を取り持ち、彼らの大きな幸福を分かち合えることは、私にとっていっそう大きな喜びでした。

中国新聞の記事の翻訳を続け、終わりにします。

▽中国新聞一九五八年八月三一日【ヒロシマ被曝診療・援護の窓口】続き

「原爆医療法」と「生活保護法」、そして社会保険という三者の関係について、広島県保健課の解説が少しあります。

必要ならば翻訳しますので、お知らせください。

次からは再び河本原稿に入ります。たくさん残っていますので。今日は以上です。

吉川［清］氏から借りたスクラップブック、返却しました。

［一二月の］この時期になると、原爆に関するさまざまなニュースも落ち着きます。しかしもちろん、ときどき原爆犠牲者の死が新聞の片隅で小さく報道されています。

一九五八年一二月八日［質問用紙一の七への回答、再タイプ］

［数行省略］

あなたからこんなにたくさんの質問を受け取ることは、私にとって間違いなく良い刺激です。新しい調査を始める活力を、いっそう強く感じています。原水爆反対運動を立ち上げるべく、あなたがありとあらゆる場所をどんなに忙しく飛び回っているか、今はよくわかりました。ミュンヘンの一角に立つ、あなたの小さな写真はまさに印象的です。あなたが広島で動き回っていた姿を思い出します。また、ブリュッセル万国博覧会報道の受賞、おめでとうございます。加えて、一月から四月分の私の給料［ひと月あたり？］一万五千円に応じて、これまでと同じだけの分量が翻訳できるでしょう。西洋であれ東洋であれ、どんな国の作家にもこのように訴えかけるとは、あなたは本当に優れた作家に違いありません。

タイプライターの「インク」リボンについて、とても読みづらくしてしまっていたこと、たいへん申し訳ありません。かなり前にリボンを替えたこと、気づかれていると思います。実はこれまでに二、三回取り替えたのですが、これを売った業者は連合軍の安売りの代物、つまりインクを補充したオーストラリア製のリボンを渡していました。しっかり濃く鮮明にタイプできないのでおかしいと思ってはいましたが、私もぼんやりしていて、そういうものだと思っていました。しかしこの新しいアメリカ製のリボンを買うと、確かに大きな違いがあります。呆れておいででしょうが、どうぞお許しください。質問用紙の一～九で示された［質問への回答である原文］三三六、三三七、三三八、三三九、四〇〇頁［三三六頁を除き欠落］の再タイプ分を送ります。

河本の新しい原稿などに行く前に、まずこの紛失した頁です。

質問用紙一の七への回答

神経症は日本語で「ノイローゼ」と言います。現在では巷の、一般の人々の間で使われている普通の言葉です。四、五年前から主にジャーナリズムで使われ始めました。今では誰もがこの言葉を知っています。原爆からというよりも、現代生活に関係する医薬品の宣伝側から、精神安定剤を販売するために使われ始めた、と言えるでしょう。ただし、一種の原爆ノイローゼを病んだ老人を描いた、半ばコメディで半ばまじめな映画［『生きものの記録』（黒澤明監督、一九五五年公開）］は確かにありました。この老人は、新しい水爆によって破局的惨事が引き起こされる前に山の中に避難するよう、家族に迫るのです。『羅生門』の主役、三船敏郎が演じていました。このテーマについては、論争的な批評の的にはならず、上映後には忘れ去られました。数年前のこと、三、四年前だったかもしれません。原爆ノイローゼといった見出しがあったかもしれませんが、自信はありません。ともかく、現実の原爆犠牲者たちが出てきませんから、広島ではそれほど注目されませんでした。そのように脚色され、どちらかというと誇張された表現は、一笑に付されるというのが実際のところです。ある意味、日本人は悲劇的なテーマをシニカルに扱わない作品に感動します。まだコメディ［を楽しむほど］には成熟しておらず、むしろ涙に感情を動かされがちと言えるでしょう。（必ずしも理にかなっていなくても）まじめな訴えか、あるいはばかげた笑えるテーマになってしまうか、そのいずれかでなければならないのです。しかしながら、この言葉に戻りますが、原爆犠牲者は原爆ノイローゼだと言われがちなのは確かです。

（三三六〜三四〇頁［原文］を、［ページ番号に］記号を付して送ります。）（三三五頁から続きの頁です。）

［三三六頁再タイプ、本書二〇二頁の中央公論一九五八年八月号論説］

（三三七頁［再タイプ、同前、八月二六日ごろの書簡で欠落］）

休暇はいかがでしたか。楽しかったことを願っています。広島ではすべてが再び平常に戻っています。つまり、二、三週間前のようには新聞に原爆の記事が載らない、ということです。もちろん、人目を引くか否かにかかわらず、一九人目の原爆［症の］犠牲者が死亡した、ということは報道されています。ここには人間の盲点があります。世論の声が大きくなっている時には、それはジャーナリズムの波に乗ります。しかし、いったん波が引けば、無関心であることが普通の状態になります。広島では、米国および英国による一年間の核実験停止が心から歓迎されています。これにより、彼らが求める目標の一部が達成されるからです。どんな政治宣言もあまり簡単に喜ぶことはできませんが、ないよりはましです。中央公論の論説を続けて終わらせます。三三六頁から続く頁です。

▽［三三七、三三八頁再タイプ　中央公論一九五八年八月号論説］

一九五八年一二月一一日［再タイプ、河本］

最初に三三九頁と三四〇頁の部分を終えます。そうすれば、中央公論のこの論説の骨子がわかり、さらに質問を出せるでしょう。

▽［三三九、三四〇頁再タイプ　中央公論一九五八年八月号論説、同前欠落］

これで三三六頁から三四〇頁の分は終わりです。昨日、谷本牧師が米国から送ってくれた朝日イブニングニュースの記事について、牧師と連絡を取りました。彼自身は英語版を読んではいないようで、この記事について朝日新聞とすぐに連絡を取ることを私に約束してくれました。ついでながら、アメリカとの仕事関係の通信で彼の手助けをしましたので、彼はある種の義務感を私に対して抱いています。それはともかく彼がその記事を手に入れられるかどうかはわかりませんが、どうぞ楽しみにしてください。

次に、中央公論の三人の記者グループに、翻訳をつけてあなたの手紙を送りました。彼らはあの八月号以来、毎月何らかの特集記事を組んで、この問題にチームで取り組んでいます。そして、中央公論で好評を得ています。参考までに、彼らは全員が四十代だと思います。

さて、河本原稿に入ろうと思います。彼は今ではたくさん書きましたから。二七三頁［原文欠落］に戻っていただけますか。一九五四年の九月および一〇月頃のことで、そこで［前回は］やめにしました。では翻訳します。

▽河本原稿続き［一九五四年九月］

一九五八年一二月一五日［再タイプ］

ちょうど一週間前の一二月八日付の手紙を受け取りました。三五七頁から三六〇頁までをすぐにきっちり始めます。そして、今日の午後には、蜂谷先生と長岡氏に会うつもりです。河本氏の一九四六年と四七年の原稿をあなたが気に入ったと聞き、嬉しいです。あの立場［友和会のことか?］についてもっと書くよう、私も彼に話していました。ある日彼と病院で話していて、書くヒントを出しました。彼はチャップリンにふれましたので、ぜひそれを書くようにと彼に話しました。あなたがチャップリンと個人的に知り合いだとは驚きです。私は存命のスターの中では、チャップリンがとくに好きです。

▽［三五七〜三六〇頁再タイプ　本書二二四頁の一九五八年九月一五日書簡、長岡・新出対談など］

これで紛失した部分は終わりです。次は蜂谷先生のものを送ります。

一九五八年一二月一八日〔蜂谷〕

質問用紙の入ったあなたの手紙が順番に届きつつあります。質問用紙四番を昨日受け取りました。あなたがなくした頁が、すべて［タイプし直して］送った後で見つかったと聞いて、いささか残念でした。それでも、なくなっていなくて良かったです。河本原稿の再タイプの最初の部分を送る前に、私のつけている頁番号にそって河本原稿の索引のようなものを示します。

一三六～一三八頁（一九四八年）、一四四～一四七頁と一五一～一五二頁（一五二頁はHの症例の一部なので、生存者や患者についてはここを見てください）。一五三～一五六頁と一五七～一六〇頁（これは河本の切り抜きの翻訳です）、一七六～一七八頁（一七六頁は彼の原稿の一五六頁からの続きです。一七六頁は中野教授の『あゆみ』の翻訳の一部ですので、『あゆみ』についてはここを見てください）、一八〇～一八三頁と一八四～一八八頁（一九五二年末［以上の河本原稿は本書の二六、三九～一三二、一四三、一四六頁］）。もし、他の頁を見つけられないようでしたら、知らせてください。私の手元では時系列に整理されていて、簡単に見つけられますから。そのうち頁と主題と索引がわかる大きな注解を作成しなければと考えていたのですが、そうするように、あなたが私のお尻をたたいてくれました。ともかく何かつながらないところがあれば、遠慮せず尋ねてください。そこに何か重要な部分があるかもしれませんから。

それから、あなたの質問については回答を得られしだい答えていくつもりです。しかし、年代順に整理されるあなたの叙述のタイミングを考えると、長岡と蜂谷が最重要人物で、一月六日ないし一月二〇日までに送りたいと考えました。そこで、この二人の紳士のところに行き、［家に］上がってインタビューをして原稿をもらってきました。結局、蜂谷先生とは四時間話しました。そして、ほぼ同じ時間、長岡氏とも話し、やっとあなたが望んだものを得たと思います。明日の午前にもう一度長岡氏のところに行き、インタビューを仕上げる予定です。そのため、河本原稿の再タイプと質問［への回答］は待ってください。これを終えてから行いますので。よろしいでしょうか。それでは、まず蜂谷先生のものです。長岡の分は、明日会ってからにしたいと思いますので。

蜂谷の説明について［地御前のやくざの話］

このTという人はいま京都にいて、いつ戻ってくるかわかりません。彼も同じように話をしてくれるかもしれません。彼にとって問題にならないよう、あなたが提案したとおり名前を変えてください。彼はいっぷう変わった人なので、くれぐれもよろしくお願いします。

この男の本名は、Tといいます。蜂谷先生が地御前のとある酒蔵で彼に会ったのは、一九四六年の正月のことでした。勝谷というこの酒蔵では酒を売っています（これは地御前で最も古い酒蔵です）。Tも蜂谷先生と同じようにこの地域に避難してきました。この日Tがやってきて、自分の過去の体験について大げさに話し始めました。彼は自分の屈強さや、やくざの世界での地位をひけらかしました。このTは仏教の寺の生まれで、僧侶の家の出身でした。彼は当時いつも、義足の中にピストルを隠していました。この義足もまた抗争から生まれた彼の宝物の一つでした。そしてこれは確かに彼の屈強さの象徴でもありました。彼はオートバイにまたがり、広島全域を親分気取りで乗り回しました（ああ、上の文章を読み返しましたが、どうか蜂谷先生が勝谷に酒を飲みに行ったなどと誤解しないでください。彼はまったく酒が飲めません。勝谷は彼の古い友人の一人で、先生が大惨事［原爆］のあと地御前に避難してきたときの後見人のようなものなのです。ご参考まで）。実のところ、私は隣村に住んでいたので、一九四七年に蜂谷先生を訪ねたことがあります。この地御前が、いまは廿日市町になっていますが（話があちこちに飛んですみません。インタビューはこのような形で進み、今は並べ替える時間がありません）。

T氏は当時五〇歳くらいでした。彼の主な仕事は、広島のテキヤ業界を取り締まることで、露店の店主からショバ代を取っていました。彼は組織全体の親分でした。

この男は単純で、誰に対してもたいへん感じの良い性格をしています。義理という日本の古い習慣に縛られていて、彼のところに直接助けを求めに行ったり、必要なものがあってやって来る人がいれば、親切にその望みをかなえてやります。この行動ゆえに、彼にはたくさんの子分がいます。彼は広島駅前の路上で悪者を脅すことで、すべての収入を得ています。

蜂谷先生が当時の社会状況について説明してくれました。広島でもどこでも、とくに公職追放が行われた後では、地域の行政や警察に十分な力がありませんでした。警察の力がなく、「第三国人」が社会を蹂躙していたので、誰もが安全のために親分に頼らざるを得ませんでした。そしてこうした親分たちは警察と密接な関係があり、ある程度、治安を守る助けをしていたことも事実でした。

地御前でも同じように、どんな家にも物や食料を盗みに入るこそ泥の集団がたくさんありました。ある日、蜂谷先生がT氏に言いました。「最近、こそ泥がこのへんをうろついていますね。彼らにやめるよう言ってくれませんか。私たち戦災者は本当に何も持っていないし、苦労しているというのに。こういう輩はあなたの子分（手下の意味です。ボスは親分と呼ばれています。文字どおりには、オヤは親を意味し、コは子どもを意味します。そしてブンは部分を意味します）だと思うのですが、彼らにそう言ってもらえませんか」と。

このあからさまな求めにT氏は驚き、むしろそうした率直な声を聴いて喜びました。そして、蜂谷先生の求めに応えました。すると、地御前にいた三年間、落ち着かない時期ではあったのですが、蜂谷先生の家にはけっして泥棒が入りませんでした。こういう性格というのは、一度知り合いになってしまうと本当に良いものです。

彼らの見た目と印象について。まず、彼らは占領時代のGIスタイルを真似しています。髪型はGIカットで、服装は丈が短くて、腰の部分がぴったりとした制服風です。あらゆるものを使って、彼らはこのスタイルを真似ています。

彼は義足をつけていて、歩くと「ギットン」ときしみました。そのため村の皆が彼を裏で「ギットン、ギットン」と呼んでいました。彼はヒロポンを使っていたのですが、彼が蜂谷先生の家を訪ねたとき、先生の小さな息子が大きな声で「Tのギットンが来た!」と言いました。Tはその子と一緒に笑って「こら!」と言っただけでした。彼は本当に子どもと仲が良いのです。ヒロポンについては、[ユンク]博士、すぐに薬局に連絡して、情報を送ってもらうように頼んであります。それを待つ間に、次のことだけを書いておきます。これは正式な名前をメタンフェタミン塩酸塩といいます。主に神経を高揚させるのに使われ、航空部隊が出撃する際に興奮させる目的で使われました。戦後、博打打ちの間で、徹夜で賭博をするために多量に使われました。

蜂谷先生がTに対して、彼の子分が夜にうろついていると伝えたとき、Tはこう言いました。「いやいや先生ご冗談を、これは一本とられましたね。でも、心配しないでください。もし盗みにあったら、私のところに来てくださったら、すぐに［盗まれたものを］お返ししますよ。そのものがなくても、似たようなもっといいものを手に入れてきます」と。

この混沌とした時代に、こうした人々がある程度警察を助けていたことは事実です。ある意味、警察不在の時代だったとも言えます。彼らが連合軍と会合をもっていたということも事実です。しかし、彼らが日本の代表であると連合軍が誤解しなければよい、と蜂谷先生は内心思っていました。彼らは代表ではなく、しばらくの間、治安維持の代役をしていただけなのです。朝鮮人はこの時期、実にひどいものでした。広島駅前の中国人もそうでした。こうした外国人に対して警察は何もできませんでした。そのためこのグループ［やくざ］が彼らを従わせる役目を担っていました。警察はそれを見ているだけでした。そして勇敢な行動をとればとるほど、彼らは子分から称賛されるのでした。

次に、地御前について。ここは小さな漁村です（ここには神社があり、夏の間、女神が過ごす場所です。管弦祭というお祭りでは、宮島から、たくさんの横笛［奏者の一団］が乗る、古い日本の音楽を演奏する舟がやってきて、彼女［女神］を乗せて宮島に帰ります。これが広島の全地域で最も素晴らしい祭りです。通常七月の満月の十七夜に行われます。満潮のときです）。とても貧しい村で、多くの貧しい人たちがいます。一九四一年に皇后から日本各地により多くの結核サナトリウムを作るようお言葉があったとき、逓信病院はこの村にサナトリウムを作ることを決めました。［その計画の］始まりとともに、蜂谷先生は毎週一回、土曜日にこの村に通い、低料金で診療を行いました。薬代は平均二五銭のところ七銭で、検査や診察はすべて無料でした。しかし資金がなかったため、サナトリウムの建物は戦争が終わってからも後々まで完成しませんでした。そうこうするうちに、原爆が投下されて、彼がどこに居を定めたらよいかわからなかったときに、地御前の人たちが彼を受け入れてくれました（支援者の一人はカツベ氏だと思います。自信はありませんが。蜂谷先生は隣県の岡山の出身で、父親が外交官［実際は庄屋の出身］という裕福な家の出です）。

地御前に落ち着いた後、自分がいまできることは、この漁師や農民と一緒に生きて、彼らと助け合う努力をすることだけだ、と彼は考えました。漁師や農民の本当の気持ちを理解しようと一所懸命努力し、彼らと付き合いました。しかしいつも、自分に学があることが邪魔になっていると彼は考えていました（私の先生との付き合いが始まったのはこの頃でした。彼はこの学びの日々について話してくれましたし、私は彼の随筆をたくさん読みました。彼は学生時代に文学サークルに入っていたそうで、明治時代の物理学者で作家だった寺田寅彦やコナン・ドイルが書いた散文が好きでした。彼はまた宮島の陶器店で陶芸をするのが好きでした。そのうちのたいへん出来の良いものの一つが、天皇が広島に来た時に御前に展示されました）。

漁師や農民は楽天的な人たちだ、とも彼は語っていました。一尺祝い（一フィート祝い）の話をご存じだと思いますが、農民はとくに人生の時間を楽しんでいました。彼らは空襲を受けませんでしたし、［都市部は］食糧事情の厳しい日々だったので、お金は山のように貯まり、一フィートの高さに積み上がると祝うようになりました。このような環境の中で、先生はこうしたそれほど知的ではない人たちと付き合うよう懸命に頑張ってきました。彼らは自分たちの知的でない態度によって物価が高騰してしまうことなど、気にも留めません。彼らは国家の政治が何かとか、人々がみな苦しんでいるかどうかなんて、まったく気にしないのです。彼［蜂谷］は往診を求める人がいれば、夜でも病気の人々の診察を続けました。病院が再開する望みがないため、原爆について何かしら日記に書くしかないと考えていました。夜には、近所の人たちがお茶を飲みながら彼と話をするためにやってきました。彼らはみな自分自身のことを話しました（蜂谷先生が広島の方言に詳しくなったのはこのときだと思います。［広島の方言は］日本でとても有名で、彼の『ヒロシマ日記』のあちこちに出てきます）。

彼の外見について書きましょうか。彼は廿日市まで汽車で来て、駅近くの私の家に立ち寄り、それから［路面］電車に乗り換えて、廿日市電停から二つ先の地御前に帰っていました。以前はカーキ色の国民服を着ていました。軍服ではありませんが、市民もカーキ色の制服を着ていたのです。使い古された濃いグレーか青、もしかしたら黒だったかもしれませんが、とにかく黒っぽい色の帽子をかぶっていました。髪が抜けて、年の割には禿げていました。日本人にしては大柄で、顔のつくりもはっきりしていました。兵士が持つような鞄（将校が持つようなものではなく、普通の兵士のもの）をいつも持っていました。いつも聴診器、弁当箱、たばこ（酒は飲みませんが、たばこを吸うのはとても好きです）、そして注射の箱を持っていました。私はアメリカにいる兄と付き合いがあったので、彼［蜂谷］にいつもアメリカのコーヒーを出していました。彼は私と父の健康を気遣ってくれました。あの当時、彼には大きくて深い切り傷の痕がありました（切り傷は時間の経過とともに薄くなるのだ、と彼は言っていました。これについては、あとで書きます）。傷はグロテスクでしたが、人柄がとてもよく、老婆であれ誰であれ、庶民に対して気さくだったので皆にたいへん好かれていました。

農民や漁師と話をするうちに、これは義理［で付き合うの］ではなく、時間をつぶすことが大事で、時間がたてば何もかも解決するだろう、と彼はともかく考えました。まるで希望をなくした弱虫であるかのように見えたかもしれませんが、そうではありませんでした。この状況では、いらいらしてもどうしようもありません。ここでできることは、野心を忘れて、周囲の人たちとうまく合わせ、その環境の中で彼らと協力して自分ができる最善のことをする、ということです（こうした考え方はインドであれ、中国や日本であれ、東洋に共通のものです。宗教的な悟りに由来するのかもしれませんが、一般的に日本人の間では自然な考えになっています。あきらめがよいということでしょう。このことを、もう何もかもおしまいで希望が失われたことを意味すると考えるのは、日本人によくあることで、ときどき外国人からもそのように思われるのですが、間違っています。本質において、西洋人の考え方とは異なるところがあります。これについては、以前蜂谷先生にインタビューしたとき、あなたに話したと思います。彼は神社からもらった災難よけのお守りについて話していました。私が言いたいのは、このことは基本的には希望を失うということなのですが、しかし敗北主義とは違うものだということです。これは人間が何もかもはできず、何かふれることができないもの［が関わる］余地があるという、長い伝統［的な考え方］のようなものです。ドイツ人が永遠［なるもの］を熱心に求めるのと同じようなものです。しかしもちろん、人間の努力を軽く見ているわけではありません。もしかしたらあなたを混乱させているかもしれませんが、彼の考えをきちんと伝えたいのです。それからもう一つ、一般に日本人の中で、とくに広島で、このような考え方が共通して見られます。彼らが意識しているかどうかにかかわらず、哲学的な考え方の基本にあるのです）。

続ける前に、一つあなたに質問があります。急ぎご返信ください。長岡氏から、彼の話に沿う写真を約一八枚借りてきました。墓地の写真が五枚、死体を焼いているところが一枚、谷本氏の破壊された教会の前で信者が歌っているのが一枚、その他に市街地の廃墟、つまり市庁舎、商工会議所、福屋デパート、T字橋などが九枚〔ママ〕です。これらの複製は必要でしょうか。いくらかお金がかかります。それとも、写真は十分にありますか。ですが、彼の話は確かに興味深いものでしたから。

一九五八年一二月二二日〔蜂谷、於保〕

クリスマスカードを受け取りました。ありがとうございます。ウィーンの宮殿の華麗なエッチング、本当に美しいです。河本とMにもクリスマスカードを渡します。彼らはきっと喜ぶでしょう。いま、そのクリスマスカードを日本語に訳しています。Mは私に、会いに来られないかと書いてきました。その手紙が届いたのは、二五日に行くつもりだと私が書いて出したすぐ後でした。私も彼にプレゼントがあります。中国新聞が撮って紙面に掲載したあなたの写真、その複製をもう一度作ってもらいました。写真部の部長は喜んで同意し、大きく引き伸ばした写真を作ってくれました。それで、これを額縁に入れて二五日に持っていくつもりです。彼は喜んでくれるでしょう。

蜂谷の説明を続けて終わらせます。

彼はTの話と、当時の地御前での生活についての話を進めました。I氏という人がいますが、戦時中、自分の鉄鋼工場で魚雷を作って巨万の富を得ました。当時の貨幣価値で五百万円を貯めたと言われています。しかし広島で爆撃に遭って、I氏は地御前の隣村の串戸に避難してきました。とても性格の良い男で、T氏と一緒に親分として名をあげた（地位の高い）人でした。T氏が彼の金を使い、彼らは村の人々のために盛大な宴会を催しました。一人一人に三合（約三パイント）の酒と、食糧事情が悪い当時としてはたいへんに贅沢な三段重の料理を振る舞いました。彼らは宮島に続く道路沿いの村に、映画館を作りました。こうして二人は楽しい時を共に過ごしました。このように、T氏は村の住民にとって、本当に良い人でした。一度腹を立てると、なだめることが難しい人でもありましたが。

彼のもう一つの特徴として、仏教の寺に生まれたある種のインテリであるということが言えます。いわゆる「格言」を知っていて、語彙が豊富でした。ですから説教で他人を説得するのに並外れた才能をもっていました。

すでに述べたように、彼の生業は、サーカスなどの興行の権利に采配を振るうことでした。サーカスは広島で昨年一つ開催され、このときTは屋根から落ちて怪我をしたI氏を見舞いに、逓信病院を訪れました。その時、蜂谷先生の医局にやって来て、「親分！」と先生を彼の親分であるかのように呼びました。その時の話では、彼はこのサーカスで七、八百万円稼いだそうです。そして京都に行って、そこでしばらく過ごすのだと言っていました。それ以来、帰っていません。ともかく、気前のいい男でした。広島の有力な宝石商で、蜂谷先生の友人でもあるK氏の話では、ある日、T氏がやってきて、金の指輪を見たいと言いました。そしていくつか見ながら、「これが三〇個だと、いくらになるか」と聞き、値切るようなことは一言も言わずに、その場で会計をしていったそうです。サーカスで働いている女の子たちに贈るためだったようです。これが彼の一面です。

それから、最近のスリについて蜂谷先生に話したところでは、彼は残念がって、モラルという言葉さえ使っていました。「いわく」古き良き時代には、スリにもモラルがあった。けっして貧乏人や女、子どもといった弱者からは盗まなかった。いつも、羽振りがよく、金の心配がなさそうな奴から盗っていた。しかし今は、見境いなく誰からでも盗む。これはばかげていて、良くないことだ、と（滑稽な感じがしますが、古い時代の犯罪者はこうした侠客としての感覚をもっていました。貧しいものを助け、金持ちを罰する人々という意味です。騎士とでも呼びますか。あるいは騎士道精神の持ち主でしょうか）。

蜂谷先生は、占領が完全に終わるまで何も望めないだろうと考えていました。「日本列島戦争捕虜収容所」という言葉さえ使って、講和条約が締結されて日本が主権を取り戻すのを待っていました。それまでは、自分自身の能力をわきまえ、その範囲の中で最善を尽くすべきだと考えていました。そして「チャンスを待つ」ことを学びました。他人を憎むとか他者と闘うということは、彼の気質とはまったく反対のものでした。彼はどうしてもそうしたことができなかったのです。そして一人で研究をし、日記を書きました。

彼が地御前で過ごした期間は、一九四五年一二月二〇日から四九年六月一七日で、三年半にわたります。それから［広島市］皆実町の集合住宅に引っ越しました（私はこの家も訪ねました。地御前よりは良かったのですが、良すぎるというわけではありませんでした）。彼がもっと良い場所に住めるように助けようという友人の声もありましたが、しかし彼は、いや、大丈夫、たくさんの人の中にいる方が安全だから、と言いました（いま、彼は新しく建てられた家に住んでいます。翠町にある院長の官舎です。五年前に建てられたものなので、新しいと言うべきかどうかわかりませんが）。

さて、これが地御前での彼の生活について収集したすべてです。その次に私が尋ねたのが、あなたから依頼された質問です。

質問八（用紙一）　オボ博士についての蜂谷先生の見解（ときどきオホと発音されますが、自信がありません。オボ博士に直接聞いてみなければなりません）［オホが正しい読み方］。

答えはこうです。学問上の地位に関して言えば、彼［蜂谷］は於保医師を専門家として高く評価していません。於保医師は卒業した後、すぐに吉村喜作という開業医のところに行きました。さらなる研究のために大学に残るという、学問の正統な道筋を歩んではいないと言っています。蜂谷先生の説明は、ここで原田医師にも及びました。原爆障害研究会に関係していたと思います。彼［蜂谷］が言うには、原田医師もまた正統的な学者ではありません。戦争に行っていて、大学でしっかりとした研究をしておらず、博士号さえもっていないはずだ、とのことです［一九五九年一月に学位取得］。原田医師はどちらかと言えば機を見るに敏で、商業的な目的に熱心だということです。広島の医師たちのこのような考え方については、ある見取り図を示したいと思います。私が医師たちと個人的に話をするうちに感じたものです。

まず、逓信病院は総合病院で、その院長である蜂谷先生の考え方は県病院とも共通しています。H夫人の症例についてそこで聞いた時に感じたことです。そして小沼博士を訪ねた時の広島医科大学［一九五三年より広島大学医学部に移管］でも同じでした。一方で、原爆による障害を必ずしも広くというわけではないにせよ深刻に見る傾向もあり、これは原田医師や原爆病院、そして原対協の支援者などの傾向です。原爆障害研究会、これについては佐久間博士から一部あなたに送られましたが、このグループと久保教授の心理学についての研究報告は、どちらも原対協の資金から寄附、あるいは支援を受けています（これはソ連と共産主義中国から送られた資金に関連するもので、あなたに調べるようにと注文されましたが、まだ調査の時間が取れていません。それからＡＢＣＣの態度は、どちらかと言えば蜂谷先生と県病院、その他の総合病院に近い立場です。これは今日までに個々の医師たちの話を実際に聞いた上での、私の説明にすぎませんが、［医師たちの立場に］境界線を引きたいわけではありません。なぜなら、彼らが原爆患者について真剣に考えるとき、その境界線は大きく重なり合うからです。ですから、私の意見についてはあなたの判断にまかせます。質問があれば［医師たちに］聞きます）。

医師たちの見解が分かれていることについて、ここに示したような結論を出すなど、思い切ったことをしたかもしれません。もし彼らともっと長い時間話し合えれば、このことに確信がもてるだろうと思いますが、同時に［医師の見解に］多く重なりがあり、はっきりと区別しすぎることは危険だとも考えます。

次に、いわゆる原爆症についてどう考えているか、蜂谷先生はもう一度説明しました。彼の意見では、［原爆投下］当時の被害には三つの要因がありました。彼はそれを次のように分けています。①熱線、②放射線、③（物理的）破壊力で、これらが傷害を与えます。すべての被害はこれらの要因が合わさったものだと、彼は主張しました。さらに、これらは直接の要因であるが、他の付随する要因もあると述べていました。火災による焼死、川での溺死、山での餓死です。焼けた死体は骨になります。日射病による死もあります（午前八時から夕方まで非常に暑かったのです）。そして最後に、三つ目の項目として、三ヶ月後には脱毛も治り始めるものの、それまでの［被爆］直後の時期に死んでしまう人がいたという事実を指摘しました。人々は栄養状態が悪く、戦時中から栄養失調にあり、塩分と脂質、そしてたんぱく質が不足していました。

これらすべてをひっくるめて、大まかに「原爆症」と呼ばれており、専門的に言えばこの言葉はたいへんにあいまいな用語法で、現在生じている死を同じ原爆症という名前で呼ぶことはばかげている、と彼は言います。「原爆症」という言葉は、「戦死」として分類されるカテゴリーと同じことになっていると確信し、実験医学の観点からすれば、今日ではこの言葉はあまり意味をなさない、と。

ここで彼は、ABCCの「ゲルト・」ラカー博士が一・三キロ範囲内の死者の解剖結果に統計を付した、素晴らしい報告書を仕上げたと教えてくれました。これはとても良いレポートだそうです。大体において、彼の考え方は於保医師や原田医師とはまったく違っているように感じます。東京大学の都築博士とも違います。この点を彼［蜂谷］ははっきりさせたいようです。この点では、彼はABCの見解にずっと近いです。彼が使った原爆症という言葉は、単純に、こうした［先に見たさまざまな］死を公的に分類するために用いた名称です［傍線は原文。以下同］。だから、この言葉を使うときはいつも「原爆症」の前に「いわゆる」をつけなければならない、と彼は主張します。医者の観点から言えば、このような言葉は医学に存在せず、便宜のために都築博士によって名づけられたもので、日本国内でしか通じない、と。

（彼の話を聞いていて、私はむしろ混乱しました。というのも、私たちが取り上げようとしていることとは違う内容で進んでいるからです。とはいえ、私は注意深く聞いて、彼が述べたことをそのままあなたに送り、あなたのコメントを待つことに決めました。）

次に、最も重要な質問である、用紙二の一二番を聞きました。「被害者は現在では完全に回復しており、顕著な後影響は見られない」という言明についてです（あなたの手紙に翻訳を添えてすぐに中央公論に送りましたが、まだ返事がありません）。蜂谷先生自身、朝日新聞で一九四八年八月六日にそうした言明をしていたと認め、それを聞いて私は驚いています。これに関して彼の言では、原爆の直接的な影響は消え、その種の影響はないと述べた勝部医師の研究があります。勝部医師は逓信病院の外科医で、ケロイドになお放射性物質が残っているか否かの研究をしていました。そして、その結論はゼロでした。最初の一年半で放射性物質は人体から消え失せるということ、それが勝部博士の発見です。その理由は人体の自然な代謝によって、すべての毒性物質が排出される、ということかもしれません。ともかく事実として、一九四六年半ばには、ケロイド患者の数は明らかに減少していました。さらに、この研究がどのように行われたか、蜂谷先生は語りました。勝部医師がケロイド患者からケロイド組織の一部を切り取り、放射線［量］を比較していくと、一年半で放射線は消えました。その論文の抄訳を送ります。『広島医学』一九五二年五月の勝部博士の論文「原子爆弾被爆者の瘢痕「ケロイド」の成因に就いて」です。

▽『広島医学』一九五二年五月、勝部玄【原子爆弾被爆者の瘢痕「ケロイド」の成因に就いて】

以上が勝部論文です。二つの実験の図表を付記します。

①原子爆弾熱傷瘢痕の放射能　②縫合線隆起の発現率の経過［一九四六～四七年、勝部論文図表の転記］

一九五八年一二月二五日［蜂谷、長岡］

今日はクリスマスです。河本と一緒にM氏を訪ねるつもりです。彼らがお互いに会う初めての機会です。プレゼントも用意しています。また一月二日か三日にシャルロッテンブルク［ベルリン］のあなたに届くよう、河本氏がメッセージを書く葉書も用意しました。今日、彼がメッセージを書き、私が翻訳し送ります。三枚の質問用紙つきのあなたの一番新しい手紙、受け取りました。なんと！　本腰を入れてあなたは取り組んでいますね。良いことですが、いやはや、あなたに伝えたいことが多くあります。しかし一度にはできません。どうか根気よく待ってください。できるだけすべての質問に答えるよう努めますので。いらだちがつのりますが、まだ翻訳中の資料の残りを期限までに終えなければなりません。長岡氏のインタビューをすぐに翻訳しようと思いましたが、まだ蜂谷先生のコメントが終わっていません。これを、この頁か次の頁で終えます。

蜂谷続き

数え切れないほどの人々が死んだと彼［蜂谷］はもう一度述べ、続けました。そして、［彼らを］診断してその死に名前をつけることのできる医者はいませんでした。戦後になり、公的な記録をとるための便宜として、これらの死者は原爆死に分類されました。爆弾が原子爆弾だったからです。戦争で死んだ人々が、単純に「戦死」と分類されることとまったく同じです。あとになって、多くの白血病やがん、腫瘍が犠牲者の間に出てきたことは事実です。そして学者の一部はこれを原爆症と呼んでいます。しかし基本的な点で、ほとんど根拠がありません。なぜなら、［原爆の］犠牲者でない人たちも白血病やがんを発症するからです。そのため、何もかもがまだとても曖昧です。ラカー博士の報告と統計が非常に役に立ちます（一昨年のもの）。

［先に見た衰弱死など］戦争による病としての原爆症について言えば、これは原爆投下の数年後に消えてしまったと言います。いま噂になっているいわゆる原爆症は、「放射線の長期的影響」です。統

計的に言えば、白血病が被爆者の間に多く発見され、日本学術会議に報告されたということは事実です。しかし腫瘍に関しては、まだはっきりしません。

彼は続けて、原爆被害者福祉センターと呼ばれる新しい福祉センターの設立が、国の援助を受けて地元の行政によって現在進められている、と述べました。ここで彼は、将来的に被害者が回復したときに、また次の世代になって他の目的に利用できるよう、「原爆」を取って単なる被害者福祉センターと名づけるべきだ、と述べました。実際、資金を集めるためだけに「原爆」という言葉を必要以上に乱用しようとする一般的な傾向はあります。彼は、原爆病院にもそうした傾向があると言いました。これはすべて資金を得るためのものだ、と彼は見ています。

彼はまた、［広島］市自身もいま苦労していると指摘しました。ABCCに協力して連絡をとったり報告をしたりすることに反対する宣伝が、以前より広まっているからです。言い換えると、市役所が被爆者に「原爆手帳」を取りに来させようとしても、協力がなかなか得られません。とくに、［原爆］医療法の下での健康診断を呼びかけても、市民は受診しようと応じてくれません。その理由は、かつてABCCが行おうとしたことに市が日和見的な態度を取り、［反対を］アピールしていたからです。

それから、アメリカ人やイギリス人とやっかいなことにならないよう気をつけなければ、と彼は私に言いました。ユンク博士の本が広く読まれることになれば、アメリカ人とイギリス人の反響も考慮に入れなければなりません。さらに、「いわゆる」という言葉を原爆症という言葉の前に入れることを、けっして忘れてはならない、と［繰り返しました］。

ここで、アメリカやイギリスについて彼が述べたことは、偏見なしの考えを語っていたと思います。しかし、この点もあなたの判断におまかせします。

二編の論文を蜂谷先生から借りています。残念なことに、もともと英文ですが、彼は一部ずつしか持っていません。もし必要なら、後日タイプしますが、今は表題だけを示しておきます。

一、【広島汚染地域における二次的放射能効果について】（計三頁）［原文は M. Hachiya, N. Miki, T. Doi and H. Yasuhara, "On the Secondary Radiation Effects in the Contaminated Area of Hiroshima". 一九五五年二月二日にＡＢＣＣで開催されたシンポジウムの報告。日本語訳は蜂谷道彦、三木直二、土井達郎、安原弘【広島汚染地域における二次的放射能効果について】『逓信医学』第一三巻第一〇号、一九六一年一〇月］

二、被爆生存者のシンポジウム（二三頁）［出典は不明だが、広島原爆医療史編集委員会編『広島原爆医療史』一九七一年に記録が掲載されている］

日　時：　一九五二年三月二八日

場　所：　広島逓信病院

出席者リスト：　原爆体験者　蜂谷博士、小山［綾夫］博士、勝部博士、ほか看護婦一九名
　　　　　　　　非原爆体験者　平本博士、ほか二四名

ゲスト：　中国、朝日、毎日新聞等の記者

ＡＢＣＣ：ハーヴェイ・グラント・テーラー博士、［ワーナー・］ウェルズ博士、［スコッ

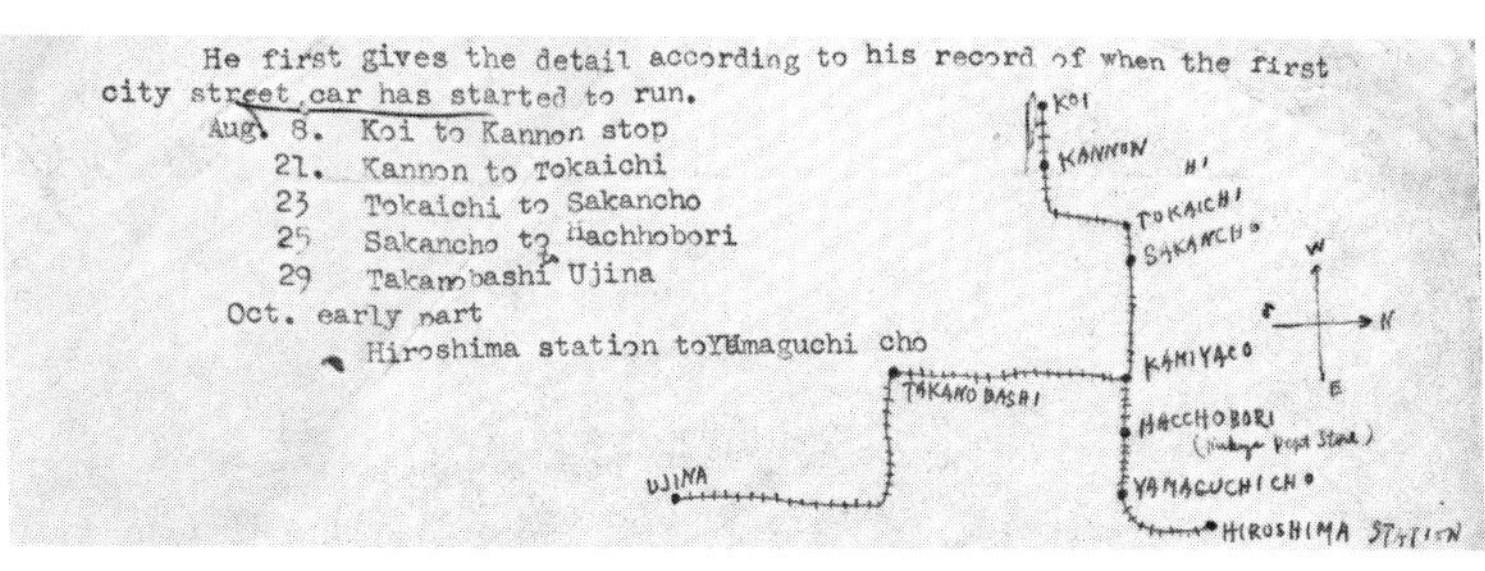

図 3-2　小倉による長岡インタビューの記録・路面電車の運行再開図

ト・」マツモト氏など全九名

　さて、長岡インタビューに進みます。このインタビューもまったく手当りしだいです。整理する時間がありませんので、話されたことをそのまま翻訳して送ります。最初に彼は、自らの記録から電車が運行を再開した時期を詳しく話してくれました［図3-2］。

［一九四五年］八月八日己斐から観音電停、二一日観音から十日市、二三日には十日市から左官町［現在の本川町］、二五日左官町から八丁堀、二九日鷹野橋から宇品、一〇月初旬広島駅から山口町［現在の銀山町］。

まず、［閃光が作った］影や爆風が来た方向の起点に実際に気づいたときのことから始まります。護国神社の前にある石灯籠に座ったときでした（護国神社は国家守護の神社を意味します。主に武器を取って戦い、国を守ってきた人たちに捧げられたもので、どこの国にもある英霊墓や無名兵士の墓に相当します。この場所には、ナイターが行われる［旧］広島市民球場があります）。「廃墟に佇つ」という題名で書かれた長岡の手記を思い出してください（最初に掲載されたのは広島鉄道局発行の雑誌『ひろしま』一九五〇年八月号です）。手記の約三分の二を過ぎたあたりに、花崗岩の上に座ったときのことを述べた箇所があります。その時に初めて、専門家の直感に基づいて、彼はこの注目すべき発見をしました。花崗岩の表面が溶けて、今まで見たことがない異常な様子を示していることに気づいたのです。その時に、この爆弾は通常の型ではない、強烈な熱の爆弾に違いないと思いました。そして、岩石や陶器、瓦などの物質を調べれば、投下物の炸裂地点を求められると推論しました。これが、ABCCの協力を得て爆心地を決定する、彼の詳細な研究につながります（この論文は後で送ります）。

廃墟を歩き回るときの服装は、ネガの一つからあなたが持ち帰った写真のとおりだと彼は言っています。彼が調査のため、長崎に派遣されたときに［渡邊武男氏（当時、東京帝国大学理学部教授）が］撮影した写真です［本書三二二頁の図3-5］。カーキ色の国民服にカーキ色のゲートルを巻き、肩にかばんをかけていたと思います。あるいはリュックサックを背負っていたでしょうか。

次は、彼の無類の冒険談とおぼしき（実際、印象的です！）、［枕崎台風が広島に接近していた一九四五年］九月一七日に飛びます。この九月一七日、降雨はピークに達し、あちこちで川があふれていました。このことは、すでによくご存知と思います。雨はすでに五、六日間続いており、一七日には何もかも混乱していました。一八日に彼は、大学の重要な書籍や資料をすべて避難させていた、娘の嫁ぎ先に行くことにしました。そこは太田川の上流約六マイル［約九・六キロメートル］の玖村でした。広島のずっと南の玖波にある彼の自宅から、片道約二〇マイル［約三二キロメートル］を歩きとおさなければなりませんでした。その時、交通手段は何もありませんでした。

彼は朝の一時に目覚め、飛行機の風防ガラスに使用される樹脂でいっぱいのリュックサックを背負いました。これは大竹の（戦後は）三菱レーヨン工場で製造された樹脂で、長さはおよそ三〇センチか少し短いくらい、幅もその程度の切れ端が捨ててあったのを、彼が全部回収したのです。広島に向かって暗闇の中を歩いている間、彼はこれを炬火として使用しました。これでリュックサックは一杯でした。彼はこのときのことを、目を輝かせて語りました。当時、九州地方から東にある故郷へと向かう引揚者が多数いました。長岡氏が樹脂の炬火を掲げ、薄明かりがジュージューと音を立てていたのを見て、彼らは長い行列を作りました。周りから見たら一見の価値があったと言います。さて、ようやく正午ごろ彼は玖村の近くに着きました。しかし驚いたことに、川岸近くの娘の家に近づくと、川に点々と書籍が漂っています。娘の家に疎開させた地質学教室の本でした。「大変だ」と思い、娘の家へと堤防を急いで登りました。幸い、顕微鏡は守られていました。書籍もほとんどが無事でしたが、何冊かは洪水によって流されてしまいました。娘の家が小高い丘の上に位置していたので、彼は安心していました。しかし、驚いたことに川［の水］は彼女の家の床まで上がってきました。娘の家は他の多くの家のように流されはしませんでしたが、残念なことに本は何冊か失われてしまいました。

次に彼の人間的な部分が来ます。娘は防空壕の穴にワイン（日本酒ではなく葡萄酒です）を隠していました。父親が酒好きなことを知っていましたから、飲むように持ってきました。しかし彼はここで飲むのではなく家に持ち帰りたいと言い、午後に帰路につきました。夜の闇がひそかに降り、再び樹脂の炬火に導かれて家路をたどりました。帰宅は夜中の一二時頃になりました。彼の帰宅を知って、家の裏に住む漁師が、およそ一フィートもある大きな鰹を持ってきました。食料不足の時だけにどんなに嬉しかったか、この時のことはどうしても忘れられないと彼は話しました。まさに「酒と肴」（文字どおりには「酒と魚」でご馳走の意味）という日本の慣用句のとおりでした。そこへ［原爆］被災後に彼の家に下宿させた学生たちも加わりました（市中から離れた彼の家に、学生たちを住まわせていました）。学生たちを連れて小学校へ行き、教室を借りて「酒と肴」の宴会をしました。このときは学生たちへの責任を果たしたような気持ちだった、と言います。ここで彼は説明しました。その当時、日本地質学会の最も重要かつ貴重な資料は東京大学に保管されていたこと。しかし、疎開が必要と考えて、長岡氏が今村［外治？］教授の許可を受け広島に移し、非常に貴重な書籍や資料は田舎にある彼の娘の家に疎開させた、と。すべての資料を［広島に］疎開させる費用は東京大学にはありませんでした。別の場所にも疎開させたようです。

ここで彼は別の興味深い事実を挙げます。教室の学生たちには、仲間うちで長岡氏の振る舞いを真似する習慣がありました。ちょうど原爆が投下された八時一五分には、吉野［稔］という助手ともう一人の学生が洋服掛から教授［と同じ］白衣を取り、それを着ながら彼の椅子に向かったようでした。これは長岡氏の長年の習慣で、学生たちはそれを真似て楽しみたかったのです。この話を聞いて彼は、学生と助手（大学院生）に対してある種の責任と、加えて親しみを感じました。そうそう、学生たちは白衣を着た後でたばこを取り出しましたが、これも教授のやり方を真似たのでした。しかしその結果はと言うと、彼［吉野］は爆風を受けて全身にガラスの切り傷を負いました。ですから、玖村からの帰途の九月一八日に、長岡氏は吉野氏の家に寄ってみました。彼は大丈夫そうでした。現在は、以前と同じように健康なようです。［被曝時、長岡は広島文理科大学地質学鉱物学教室授業嘱託］

長岡氏は、言うべきかどうかためらいながら、岩石や陶器、瓦などを集めて［原爆の］影響を確認する研究は、大学の地学教室の領域ではないという声が学内にあった、と話しました。しかし長岡氏には、岩石や陶器への影響を研究することが重要になる日が来るに違いないという自信がありました。学者たちが広島に調査に来る日のことです。彼は研究者が来ることを確信していました（どの程度見解の相違があったのか、またなぜ大学に残らなかったのか、その理由はわかりません。彼ははっきりとは言いませんでした）。

屋根瓦と岩石を彼がたくさん持ち帰ったとき、家族はまったく好意的ではありませんでした。これらのものに放射性物質が残っているという噂がしだいに広がっていました。だから、家族はより消極的になりました。放射線測定器がないので、それは半信半疑の段階でした。そこで彼は二階をこれらの資料用の収蔵場所にしました。

次は、彼の故郷、玖波での彼の行動についてです。前述したように豪雨のために列車の線路が大野と玖波の間で流されたため、二マイルという長い距離を誰もが歩かなければなりませんでした。軍隊から帰郷する復員兵が数多くいました。例えばはるか北の北海道から来た［元］兵士が、遠く南の鹿児島まで帰っていったのです。この時の食糧事情や他のもろもろの社会的条件は最悪でした。当時は燃料が十分にありませんでしたが、宿を頼まれると彼は喜んで引き受け、庭の向こうの小屋の天井板を引きはがし、お風呂を焚くために使いました。また海岸に出てアサリを拾って、汁を拵えました。その優しさに感動したのか、兵士は餅を置いて行きました（餅は彼らの替えの靴下に入れてありました）。この返礼の餅は離れの小屋に保存されました。以後、兵士に宿を提供するのは恒例となり、餅をたくさんもらうようになると、その後、長岡家の小屋は贈り物の餅でいっぱいだとの噂が出ました。いずれにしても、旅行者は長岡家のことを聞いたのかもしれません、いっそう多くの旅行者が紹介を通じて長岡家に宿を求めるようになったようです。現在でも、この時の旅行者から礼状が届きます。そうした苦難の日の［中にある感謝の］思い出は微笑ましく思えます。

玖村への遠出から帰ってきたころ、彼は健康状態が悪化していると感じ始めました。発熱、下痢、すべていわゆる原爆症の症状でした。しかし、彼はあえてまったく休息を取らず、毎日働きました。

一九五八年一二月二八日［M、長岡］

河本と一緒に二五日に、引き延ばして額に入れたあなたの写真と子どもたちが折った千羽鶴を持って、広島の刑務所を訪ねました。教育部の人たちはとても親切で、すぐに通してくれました。ただ、特別に好意を得ていると感じました。親戚や近しい関係にないならば、長期刑の囚人と会うことはできません。私たちに会うべく、Mを部屋まで連れてきてもらえたのはさらに好意的なことでした。正規の面会場所で何かを見せることは、許されていませんでしたから。ともかく、河本とMの対面は本当に幸せそうでした。河本は兄のごとく心を和らげる調子で、Mは弟のごとく、もし出所できた場合の指導を彼に求めているようでした。とりわけ、例えばボーイスカウトのような何か社会奉仕で、河本の後を追いたいようでした。写真と折鶴を彼に見せたのち（あなたの手紙は検閲を受ける必要があり、後で渡されました）、彼が自分で所持することはできないために返してもらい、同じ足でMの家へ持っていきました。そこで、Mの母親に会いました。彼女は素敵な女性で、前歯が二本しかありませんが知的でした。父親は偶然に、その日は早く家に戻っていましたから、父親にも会いました。彼はまじめで、たいそう控え目です。白髪で背は低く、色黒でがっしりとしています。あなたの写真をもって涙し、何度も何度も［写真に向かって］頭を下げました。年少の正夫［仮名、以下Mの親族は仮名］は、利口そうな、一二歳くらいの少年です。妹の英子（一三歳か一四歳）は一週間前から虫垂炎で入院していました。短い話の後で、彼らが持っているMが小さいときのただ一枚の写真を借りました（これは複製し、次の航空便でお送りします）。商業学校の一年生の時の写真です。叔父の治夫（母の弟）と並んで立っている写真です。治夫はちょうど歯科大学に入学し、それを記念して二人は一緒に写真を撮りました。治夫はMをとてもかわいがっていました。二年前に治夫がソ連から帰国したとき、Mはどうしているのかと最初に尋ねました。九州のずっと南の方に働きに行っていると母親は答え、本当のことは話しませんでした。現在、この叔父は四国で自分の歯科医院を開業しています。私たちはクリスマスケーキを持って、英子ちゃんが入院している病院に行き少し話しました。正夫少年が道案内をし、母親も一緒でした。

この家は非常に貧しい状態にあると見受けました。にぎやかな通りの真ん中にありますが、表は六フィート［一間］の広さにすぎません。広告板には「蓄音機修理します」とありますが、あなたも知るように古いレコードプレーヤーを使う時代ではありません。だから、彼はただ古いものを集めて、そこに並べているだけで、その分野で商売になっているとは思えません。この五年の間、父親は東洋工業で働いていますので、それで生活しているのでしょう。まったく貧しい状態なのです。彼は認めました。妻の親族たちはみなできが良いが彼自身はあまりできが良くなく（道徳的な意味ではなく、能力がないということ、いわゆる役に立たないということです）、この貧困の中にある、と。しかし、この人物は間違いなく純粋です。あの当時、彼は警察署の署長室へ行き、Mを死刑にするよう頼んだと話しました。そうしたら署長は言ったそうです。彼の三十年の警察勤務の間、自分の身内の刑期を短縮するように誰もが頼みにきたが、自分の息子の刑を減らすよりもむしろ死刑にするように頼んできたのは初めてだ、と。それで彼は、誰の責任でもなくMの責任であり、自分で罰のすべてを引き受けなければならない、と述べたと言います。母親は何度も繰り返し河本に、Mの良き友として、将来助けてくれるように頼みました。河本は子どもたちとも仲良しです。どう表現したらいいのでしょうか。彼はコツがわかっています。彼には子どもたちの心をつかむ何かがあるのです。正夫も英子も絵や墨の習字が上手です（Mの習字は本当にみごとですから、これには納得しました）。母親は彼らの賞状を見せてくれました。

Mについてもっと知る必要があれば、探し出すつもりです。借りた写真を返しにMの家に行くつもりですので。

質問一一　この点は聞きましたが、残念な回答でした。通常の作業としてブライユ点字法の作業をしなかったということが事実です。時間外で行っています。通常の作業ではもっと重い労働をします。ただ重要な点は、彼に会ってこの点を尋ねたところ、彼の赤血球が少ないために医師に禁止され、このブライユ点字法を止めなくてはならなかったということです。彼の健康には負担が大きすぎました。これを知ってあなたがどんなに残念に思うかわかります。しかし、事実はこのとおりで、Mも、すでに止めてしまっているのに、やっているふりをすることはできない、と言いました。これを聞いたら博士はがっかりするだろう、と私は言いました。しかし、事実は事実であり、本当のことを話さねばと彼は言いました。

質問三六　彼が瓦礫を掘り返している部分です。私が翻訳するので、この部分を書いて手紙で送るよう頼みました。また名前について、彼は本名でかまわないと言いましたが、その名前を使わないようにと刑務所に頼まれていると伝えました。すると、しばらく彼は考えて、彼の習字の雅号は青雲だと言いました（文字どおりには青い雲で、「青雲の大志をもって……」と始まり、青年は大きな夢をもつべきことを語る、中国の古い漢詩から来ています）。しかし、これは名前（ファーストネーム）の部分のことで、姓について彼はその時には考えつきませんでした。そして、何か考えてほしいと、私が頼まれました。私は一番最初の手紙で彼に、「晴辺」（空が青く澄んだ朝のように、天気の良い日に使われる形容詞の「晴れた」「澄んだ」方という意味です）か、そうでなければ勝ち手を意味する一般的な名前の「勝辺」か、と書きました。このこと、まずは彼の返事を得てからお知らせします。彼が描いたデッサンが私の所にありますので、船便で送ります。四つの部分からなる一つの絵ですので、つなぎ合わせてください。この絵にあなたが満足するか否かはわかりませんが。さまざまなシーンを描くようにというあなたのお求めは、彼に頼んであります。刑務所の中でのデッサンに彼は大きな喜びを感じていることでしょう。

長岡インタビュー続き

体調がかなり悪くなり、収集のすべてを自分で行うことはできなくなったとき、彼は妻と子どもたちに助けを求めました。大学の給与は十分ではなく、高い交通費を賄うために書籍を売らなければならないほどでした。出かけるとき、彼のリュックサックは本で満たされ、帰りは瓦や岩石でいっぱいでした。広島駅近く京橋筋に古書店がありました（この店のことは私も覚えています。私は本好きで、この書店は最初に開業した店の一つだと記憶しています。この時期の最初の書店について説明を加えますか。被爆後三ヶ月で開店した友人がいます）。

彼ら家族が岩石と瓦を収集するために出かけたときの、非常に面白い出来事を彼は思い出しました。紙屋町［正しくは基町］のその場所を彼は覚えています（あなたはバスセンターや県庁ビルを覚えていますか。そこは当時の西練兵場への入り口で、この入り口にかつて日露戦争で戦った兵士を記念した石製の碑がありました）。ちょうどその記念碑の横にサツマイモが生えていました。大きなイモではなくせいぜい親指くらいのものでしたが、それを焼いて、それから芋づるも一緒に昼食にしました。それは彼らの宝物の一つで、そこに行き収穫して食べることが最大の楽しみでした（驚嘆すべき印象的な図です。第一に、八月下旬か九月上旬に作物が生育している点、第二に、この家族がどのような思いで岩や瓦を見つけに行き、宝島ではないが宝物のスポットで昼食を取ったかという点です）。

次の彼の話は少しですが、彼が参加した長崎の現地調査についてです。この調査は文部省学術研究会議によって組織され、調査団はまず九月下旬［正しくは一〇月中旬］に広島に来て、わずか約三、四日間滞在し、長崎へと向かいました。広島から同行する者が誰もいないなか、長岡氏が随行しました（シモムラ［今村外治か］教授が参加していたように思うが、確実ではないとのことです）。長崎からはかなり離れた諫早に本部が置かれ、そこから調査に入りました。この長崎の研究活動に参加したときから、学会と彼の関係が正式に始まりました。彼はいまや広島と長崎の両方の知識をもっているので、この旅行中に、状況は早期に結論を引き出せるほど簡単ではなく、非常に複雑であるということがよくわかりました。だからこそ、爆心地の決定は資料を集めるという問題だけではなく、長期的なスケールでなされるべきものである、と。これが、彼自身で再認識したことでした。広島に関する限り、ここは彼の本拠地です。取り組むための資料や材料が彼の目の前にあります。そこで、彼は専門家として考えました。ここにいるのは一種の特権であり、何が何でもこの作業にとりかかり、広がりのある研究を行おうと。ただ残念ながら、その時、彼の健康状態は良好ではありませんでした。

そこで、どのように広島の徹底的な調査を開始したか、尋ねました。その答えは、最初に調査を始めたのは己斐からだったということでした。広島の西の入り口であり、県の西部に接続する地区です。集中的な調査は主に福島町の地区でした（メアリ・ジョーンズが彼女の［広島キリスト教］社会館を開いた場所です。このルートをすべての商品が通って行くらしく、多くの闇市がこの場所にありました）。二番目に横川地区を調査しました。最後に広島駅前地区です。あなたもいまやよくご存知でしょうが、広島駅前地区は違法な闇市の中心地でした。第三国人の力は法外なものでした。列車が広島駅に入ってくると、車内にいた朝鮮人の一団全員が短い停車時間に駅で下車し、駅の正面の闇市を襲撃し、略奪品を手に去った、という話までしてくれました。他方で、彼の記憶では、軍服を着ていなかったので軍人か一般人がわかりませんが、米国人の二世が駅の正面でアメリカの品物を、原爆被害者には無料で与え、そうでない者には売っていたと言います。長岡氏は、これは印象的だった、と述べていました。

彼の研究がほんとうに体系的になったのは、八月下旬のことでした。先にふれましたように、最初のヒントは彼が護国神社で石灯籠に座ったときに得られました。その時、彼は考えました。この手がかりを調べるには、残存する建物や墓石を見るのが最善だろう、と。運良く彼は、植物学者ではなく地質学者でした。すべての植物は黒く炭化していたからです。岩石の層を剝がしたとき、剝がれ方がジグザグで、影は特定の方向にできていないことに気づきました。爆風で多少ともねじれたり、ずれたりして、ゆがんだ建物もありました。そのため、とりわけ正確であるためには計算に入れなくてはいけないことが増えていきました。そして、より多くの標本を収集すればするほど、よりいっそう複雑になっていきました。

その調査の間に、彼はあらゆる死体を見つけました。完全に骨になっているものもあれば、そうでないものもありました。例えば、墓や煉瓦塀のような何かの物体の下に隠れていたものです。ひっくり返した障害物がどんな物でも、その下にはしばしば、焼けていない死体が見つかりました。その数は、約四十体に達したと言います（学者があちこち発掘しては腐敗した人間の死体を見つけるところを想像してください。名もなき屍に真の同情を感じつつも、彼の主要な関心は生命をもたない声なき岩石や瓦にあります。戦時には、誰もが心理的に［平時とは］別の状態にあると思います。歩き回っていて、何かの物の下に死体を数多く見つけることは、恐ろしいことです。平常時ならば一つの死体が見つかっても、新聞の社会面の見出しになりますから）。九月のひと月で、彼は二八の死体を見つけました。

彼の日記によれば、八月二八日から、五右衛門風呂と呼ばれる金属製の風呂釜を見つけるために出歩き始めた人たちがいたと言います。彼らは皆壊れていない完全な状態のものを手に入れようとしました。後述の、金属材料の収集を始めた人たちとは違います（五右衛門風呂について説明します。［石川」五右衛門の名前は、日本ではよく知られています。彼は江戸時代に最大の悪党と呼ばれていました。金持ちには悪人でも、貧乏人には良い人で、義賊の一人でした。金属製の釜で釜茹での刑になったときの、彼の辞世の句も有名です。「浜の真砂は尽きるとも、世に泥棒の種は尽きまじ」。この句が日本では、つねにユーモラスに泥棒に悪用されます。五右衛門が死ぬまで拷問されたこの釜は、図［3-3］のような形状のもので、金属から作られます。日本では普通に一般家庭で使用され、直径一メートルかそれ以下、高さ一メートルかそれ以下です。温まるために、この内側にしゃがみます。金属製で加熱時には側面が熱くなるため、底に木の踏み板が置かれます。これがいわゆる五右衛門風呂です。爆弾によって損傷を受けていないものを、誰もが探していたと想像します。ブロあるいはフロとは浴槽のことです）。

彼の日記によれば、金属収集者は九月一〇日から収集を始めました。彼が愚か者と呼ばれたのは、この時期でした。無価値の岩石や屋根瓦を採集に行くからでした。後でもう一度、このエピソードに戻ります。

採集中の彼の主な関心は、完全な状態を保っている標本にありました（科学的な態度という点で、またあなたの本に科学的事実を追加するために、この部分は非常に重要だと思います）。彼が言うには、採集するものすべてが完全な状態で、しかもその状態を横切って木、体、家など何かの影が映っていなければなりませんでした。そして、その場で「場所」と「影の」「像」を、それぞれに記録します。第二に、採集物を損傷しないように注意しなければなりません。このことに、彼は最も苦労しました。当時は余分な紙がまったくありませんでした。細心の注意を払って取り扱わなければならないので、自宅から古いぼろ布を持ってきて、いつもその中に収集物を包み込みました。

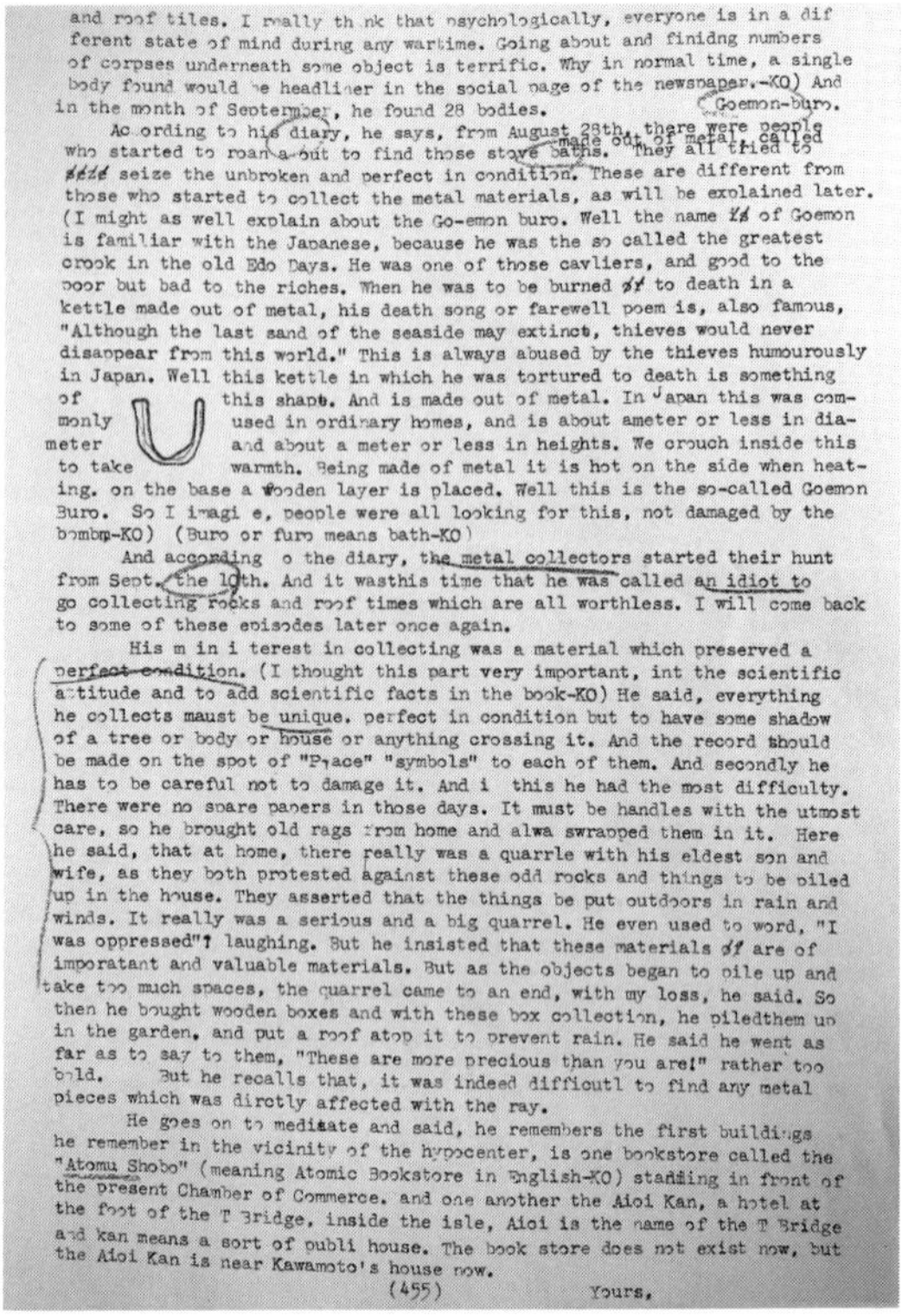

and roof tiles. I really th nk that psychologically, everyone is in a different state of mind during any wartime. Going about and finidng numbers of corpses underneath some object is terrific. Why in normal time, a single body found would be headliner in the social page of the newspaper.-KO) And in the month of September, he found 28 bodies.

According to his diary, he says, from August 28th, there were people who started to roan a out to find those stove baths. They all tried to seize the unbroken and perfect in condition. These are different from those who started to collect the metal materials, as will be explained later. (I might as well explain about the Go-emon buro. Well the name of Goemon is familiar with the Japanese, because he was the so called the greatest crook in the old Edo Days. He was one of those cavliers, and good to the poor but bad to the riches. When he was to be burned to death in a kettle made out of metal, his death song or farewell poem is, also famous, "Although the last sand of the seaside may extinct, thieves would never disappear from this world." This is always abused by the thieves humourously in Japan. Well this kettle in which he was tortured to death is something of this shape. And is made out of metal. In Japan this was commonly used in ordinary homes, and is about ameter or less in diameter and about a meter or less in heights. We crouch inside this to take warmth. Being made of metal it is hot on the side when heating. on the base a wooden layer is placed. Well this is the so-called Goemon Buro. So I imagi e, people were all looking for this, not damaged by the bombm-KO) (Buro or furo means bath-KO)

And according o the diary, the metal collectors started their hunt from Sept. the 10th. And it wasthis time that he was called an idiot to go collecting rocks and roof times which are all worthless. I will come back to some of these episodes later once again.

His m in i terest in collecting was a material which preserved a perfect condition. (I thought this part very important, int the scientific attitude and to add scientific facts in the book-KO) He said, everything he collects maust be unique. perfect in condition but to have some shadow of a tree or body or house or anything crossing it. And the record should be made on the spot of "Place" "symbols" to each of them. And secondly he has to be careful not to damage it. And i this he had the most difficulty. There were no spare papers in those days. It must be handles with the utmost care, so he brought old rags from home and alwa swrapped them in it. Here he said, that at home, there really was a quarrle with his eldest son and wife, as they both protested against these odd rocks and things to be piled up in the house. They asserted that the things be put outdoors in rain and winds. It really was a serious and a big quarrel. He even used to word, "I was oppressed"? laughing. But he insisted that these materials are of imporatant and valuable materials. But as the objects began to pile up and take too much spaces, the quarrel came to an end, with my loss, he said. So then he bought wooden boxes and with these box collection, he piledthem up in the garden, and put a roof atop it to prevent rain. He said he went as far as to say to them, "These are more precious than you are!" rather too bold. But he recalls that, it was indeed difficutl to find any metal pieces which was dirctly affected with the ray.

He goes on to mediate and said, he remembers the first buildings he remember in the vicinity of the hypocenter, is one bookstore called the "Atomu Shobo" (meaning Atomic Bookstore in English-KO) standing in front of the present Chamber of Commerce. and one another the Aioi Kan, a hotel at the foot of the T Bridge, inside the isle, Aioi is the name of the T Bridge and kan means a sort of publi house. The book store does not exist now, but the Aioi Kan is near Kawamoto's house now.

(455) Yours,

図 3-3　五右衛門風呂の形を示した図

彼の長男と妻は、奇妙な岩石や物が家の中に積み上げられることに抗議し、彼は本気でけんかをしました。雨や風が当たる屋外に収集物を置くべきだと言うのが彼女たちの主張でした。そのため、本当に深刻な大げんかになりました。「私は迫害を受けていた」という言葉を、彼は笑いながら使いました。それでも彼は、これらの資料は重要かつ貴重な資料である、と固執しました。しかし、資料が積み重なり、あまりにも多くの空間を占めるようになったとき、口論は私の負けで終わった、と彼は述べました。木箱を購入し、その木箱にコレクションを収納して庭に積み上げ、雨を防ぐために屋根を掛けました。ちょっと行きすぎですが、「お前たちよりもこれらの方が貴重なものだ」とまで、彼は言ったそうです。ともかく、光線の影響を直接受けた金属片を見つけることはきわめて難しかった、と言っています。

彼は深く考え込んで、そして続けました。彼の記憶にある爆心地周辺の最初の建物は、現在の商工会議所前にあった「アトム書房」と呼ばれる書店だったと（英語で原子書店の意味です）［事実としては川本商会の方が早い］。もう一軒は、中島のT字型の橋のたもと、小島の中にある旅館「相生館」［現在の「広島の宿　相生」］です。「相生」はT字橋の名前で、「館」は公共的な建物の意味です。書店はもうありませんが、「相生館」は河本の家の近くにあります。

一九五九年一月一日［長岡］

一九五九年、あなたの三冊目の本が出版される年！

私はこの本が爆発的にヒットし、「ノー・モア原爆実験」の歴史的な年へとつながることを心から望みます。原子時代はますます現実になりつつあり、徹底したものになりつつあります。ノーベルのダイナマイトはいまや破壊の手段というよりも、平和目的に使われています。核エネルギーもまた、この先行者と同じ性格になればいいのですが。

河本のメッセージは集会に間に合って届いたでしょうか。一年の最後の日となる昨日、小包をあなたに送りました。いささか遅くなりましたが、クリスマスプレゼントのつもりです。中身は河本夫妻から贈られた人形です。地元の人形としていま有名な千羽鶴人形です。この少女は、一千羽の鶴を折ったら、恐ろしい原爆症から完全に回復する願いをかなえられると、熱心に鶴を折った佐々木禎子です。河本夫妻が真剣な願いを込めて送りました。

次に、最近複製した写真を、この手紙に同封します。M氏の写真です。かわいらしく写っていませんか。こんな無邪気な小さな子どもが、いったいどうして極刑に値する犯罪を犯したのか。私はフロイト派ではありませんが、ある程度は、環境要因が否定できない重要な意味をもつと考えています。この写真は一九四三年八月一日に撮られたものです。あなたはきっとこの写真を夢中で見て、心を動かされ、新しい芸術的な感覚を刺激されることでしょう。

長岡のインタビューを続けます。

長岡インタビュー続き

ここで彼は広島の書店について話し始めました。広島駅周辺の一、二軒と横川の一軒の思い出です。うち一軒は、長岡氏自身がお金のために書籍を売っていた京橋筋の店です。また、石版印刷用の石を発見したことについてです。この石版石はすべてドイツから輸入されたものでした。横川でこれを見つけたのですが、多くはなお使用可能でした。これらの石版石とその印刷手法を知るのは、自分ただ一人だと彼は思いました（この原版を彼はまだ保存しています。印刷サイズはおおよそ七インチ×一〇インチです）。

影の傾斜と方向を測定するために彼が使用した計器の写真を見ながら、私は尋ねました（その写真を複製するかどうか、あなたの返事を待ちます。費用の問題がありますから)。この小さな計器はクリノメーターといいます。傾き方を測定するために使用します。彼の専門用語では傾斜儀といいます。クリノメーターのサイズは約二インチ×四インチで、厚さは約四分の三インチです。傾斜の度合いを示す数値と針を収めた、円形のガラスが真ん中にあります。彼が当時使用したものではありませんが、クリノメーターを一つ見せてくれました。採集のための彼の重要な道具の一つでした。

それから、シダの大群生を発見した時の思い出です。植物が七五年間育たないという噂がありました。しかしその大群生が、成長している植物があることを証明していました。種子が空中を飛んできたのかもしれない、と彼は考えています。

この時、彼が電話をかけている間に、全米科学アカデミー・全米研究評議会編『広島・長崎の妊娠中絶に関する原爆の被爆の影響』という題名の冊子を見つけました(議会図書館カードカタログNo. 56-60060 pub. 461)。あなたの役に立つかもしれませんので、題名と所在を記しておきます。

次は発掘のエピソードの部分に戻りましょう。鉛管や銅線は、集める人の数が多くなったために、徐々になくなっていきました。そして玄人集団が現れ始めました。この集団は住宅の内部構造を把握していて、主な客間や台所、浴室などがどこにあるかを知っていました。彼らは中年の三、四人の小集団でした。彼らの回収は本当に商売目的でした。長岡氏が価値のない奇妙な物を探し歩いているのを見て、「何を探しているのか。なぜ俺たちのように金属材料を見つけないのか。確かに大金の稼げる闇のいい商売だ。お前は間抜けか」と言い、自分たちの仲間に入って探すようにと誘いました。そこで長岡氏は、「くず鉄を探しているなら、どうして私が知っている場所に行かないのか」と言って、自身が必要なものを探している間に見た場所を彼らに教えました。ここに至って、この男は商売の有益な案内役になると彼らは思い、一緒に行かないかと彼に求めました。しかし長岡氏は逆に、彼が探している種類のものを見つけてほしいと頼みました。完全な形状を残し、かつピンや葉、手などなにかしらがその上にあって、その影が残った屋根瓦、岩石、建築材料です。彼の研究において、仕事を完全にするためにはできるだけ多くの目が必要でした。溶融の程度が異なるもろもろの材料を採集しなければなりません。被爆地点の違ういろいろな屋根瓦です。屋根瓦がそれぞれ作られた場所の違い、この知識を得なくてはなりません。それから、何年に作られたかも。だから一つの場所でも腰を据えて、あるいは長いこと歩き回り、入念な調査を行うためたいへん長い時間をかけなければなりませんでした。小さな仕事ではないと、彼は認識しました。

そして、金属がどこにあるかを教えたところ、彼が必要とする傾向の物件がどこにあるか、情報が得られました。一種の情報の交換で、実に助けとなりました。結局、彼らの両方がそれぞれの目的で良い結果を得たわけです。広島では、完全に破壊されて［長崎より］いっそうひどい条件だったので、採集を行うことは容易でした。しかし長崎では、ずっと困難でした。例えば、人々はたいへんな状態でしたが、それでも半壊の家がたくさんありました。こうした人々は修理のための材料を集めようとしました。だから長岡は、修復のために使用されている材料の売却を求めて、何軒かの家を回らなければなりませんでした。また全体として、長崎と広島では岩石に違いがあり、広島にあるものが長崎にはなく、その逆も言えました。

そして、できるだけたくさんの資料を採集しようとするほどあせりを覚えたことを彼は思い出しました。天候が悪化した時のことです。理由は彼にもわかりませんが、実にひんぱんに雨の日がありました。雨の日には家にいることを余儀なくされ、採集した資料のデータすべてを地図の上に記録する作業を行いました。地図といえば、彼は良い地図がなく本当に苦労したと言います。長崎にいた時のことです。日本の、とりわけ広島と長崎の良い詳細地図を米国の調査団員が持っていたことを、彼は記憶しています。実にうらやましかったと。彼の方はその時、昔の学生時代の教科書の地図をはざ取って使うことを余儀なくされました。彼は子どもたちにも地図を探させました。つまり、できるだけ多くの地図を見つけようと、学校や友人に連絡を取りました。しかし、その当時は、案内地図（商業用途）の類でさえも役立ったと言います。米国の調査団はジープ、ハンマー、顕微鏡をもって本当におおざっぱなやり方で調査に入りました。彼らの機材がいいのをうらやましく思った、と言います。

彼が歩き回っているとき、何をしているか、好奇心をもつ人はなく、また彼の調査の後ろについてくる人は、一人としていなかったと言います。その当時、そのような気持ちのゆとりは人々にはありませんでした。

一九五九年一月五日［長岡］

正月が終わり、再び仕事が始まっています。あなたの質問への回答のすべてに加えて、河本原稿を送らなければと思います。しかし、まず長岡インタビューを終わりにし、その後に河本原稿を続けつつ、その間にあなたからの質問［への回答］をはさむつもりです。

長岡インタビュー続き

彼は必要な調査資料の採収に集中していましたが、帰って来ない身内を探し回る大勢の人々がいて、心から同情したと言います。見つけられる望みはほとんどありませんでしたが、それでも彼らは必死に探し回っていました。

彼は例として印象的だった二つのことを話しました。一つは、広島からはるか遠い長野県から来た女性です。彼女の娘は看護婦として徴用され、広島の陸軍病院で働いていたと言います。娘の消息は無く、病院がどこにあり、その時の死体がどこで焼かれたかを尋ねることしかできませんでした。彼女は死体があった場所に行き、誰のものかわからない灰をすくい取り、供養のため家に持ち帰りました。

もう一つは、「インタビューの」一ヶ月ほど前、この年の一〇月ごろのことでしょうか、平和記念資料館を訪れた女性のことです。彼女は弟の写真を、陳列ケースの展示の中に見つけました。彼は陸軍士官候補生で、広島で死亡したようです。船舶で軍の輸送を行った部隊である、暁部隊［陸軍船舶司令部の通称］に配属されていました。その本部は宇品にあり、長岡氏もそこに所属していました［広島文理科大学地学教室は陸軍船舶司令部から、船舶秘匿用の洞窟を掘削するための地質調査を依頼されていたので、軍属になっていたのか］。この候補生が爆弾で負傷していた間のある日のこと、長岡氏は宇品の本部に戻った直後に負傷者たちを撮影しました［実際に撮影したのは陸軍船舶司令部写真班］。その写真が［資料館に］現在展示してあります。姉はこれを見たとき、弟が残した形見がないので、できるならば、何としても写真が欲しいと言いました。それで長岡氏はネガから、彼女のためにプリントを作ったと言います。

次に長岡氏は、被爆した古い建物が使用に耐えうるかどうか、三菱銀行から相談を受けたと言います。天井には大きな穴が開き、破壊された状態でした。彼の知識の限りで、建っているぶんに問題はなく、大丈夫だと思うと答えました。この建物はいまも繁華街にあります。また、広島城の敷地周辺に移転した護国神社の跡地に、ナイター球場が建設されることになったとき、その巨大な鳥居も移設しなければなりませんでした。大きな鳥居を移動させようとすると、壊れ落ちるかもしれないという声もありました。彼の答えは、表面が剝離する影響を受けただけで、内部にはまったく影響はなく、心配ないということでした。現在もこの鳥居は［移築されて］立っています。

あなたと一緒に長岡氏を訪ねたときに、彼が立ち上がって窓の外を見、かつてこの周囲はどこも雑木林のようだった、と話したことを思い出されるでしょう。鬱蒼とした森ではなく、平原に丈の低い木が生えていました。それが彼の印象でした。そして、［このインタビューのときも］このことを再び話しました。事実、焦土と化したように見えてはいても、焼け焦げた平地には短木が突き出ていました。これら短木は九月には切り倒され、人々が街に住み始めました。

さて、［この時期の］自分について、彼は語りました。それは、孤独と新しいインスピレーションの高まりとの混交だったと（日本語の「カンゲキ」という単語は翻訳がきわめて困難です。長岡氏が使った感激という言葉を、私は新しいインスピレーションの高まりと訳しました。本来は、深い感情が大きく動くことを表します。彼の感激は、専門家としての反応を本能的に生みました、科学的な記録データを調査・採取するという、自分の究極目的として追い求めるべき、偉大な使命のようなものを発見したのです。この感情は、彼の前に繰り広げられた、犠牲となった同胞の男女や子どもたちの悲しい光景と混じり合っています）。

もう一つは、その当時、川を上り下りしていた死体のことです。あなたならば、この図をホロコーストの挿話にするかもしれません。無数の死体がうつ伏せに川に浮いていたことなどは、私も聞いていました。しかし、潮の満ち引きで死体が上り下りしたとは知りませんでした。満ち潮のときに上がり、引き潮のときに下がります。母なる自然は、小川に落ちた葉と同じように人間を扱うのです。

再び、彼が護国神社で花崗岩の溶融を認識したときに戻ります。彼は二つの要因を考えました。一つは花崗岩の表面が融ける温度です。もう一つは、石の表面が剝がれる剝離または剝皮の条件です。彼はこの点をすぐに大学に報告しました。花崗岩はタマネギが剝けるように、表面が層になって剝離する性質をもちます。高層建造物の建築について、彼は結論として、火災になった場合を考えると、そうした建物の基礎に花崗岩は向いていないとしています。

専門用語でいう爆心地を彼がどのように決定したか、その詳細を送りますが、その前に、「地質学者は肉体労働者のようなものだ」と彼ははっきり述べています。それは、地質学者は自ら現場に行って掘り、見つけて確認するのであり、他人任せにはできないことを意味します。地面の土を自分の手で掘らなければならないのです。

私は、最小限持ち歩く必要があったものを尋ねました。彼が言うには、まずブローニー型と呼ばれるカメラ［傍線は原文。以下同］です。フィルムについて聞くと、暁部隊に所属していたので十分に手に入ったようです。その当時、フィルムを持っていたのは本当に軍隊だけでした。しかも被爆後、放射線の影響を受けて三〇本のうち三、四本しか良いものはなかったそうです。次に、地質学者に必要不可欠な道具、ハンマーです。そしてクリノメーターで、どのような外見かわかるよう、後で写真を送ります。これだけがいわゆる精密機器ですが、作りはそれほど手の込んだものではありません。さらに、収集した宝物、すなわち屋根瓦や岩石など価値ある資料のための包装材です。包装の材料は紙や布でした。加えて、乏しい食物ももっていきました。これらが、遠出中に彼が背負っていたリュックサックの中身でした。初老の精力的な人物が、口ひげをたくわえて岩石の破片を集め回る姿は浮世離れしています。金鉱探しか冒険家のように映ったかもしれません。日本の伝説の狐つきというわけではありませんが、孤独で、しかし魔法にかけられて。

彼の仕事の技術的な側面［の翻訳］を送ります。以下の論文は、爆心地決定の最終段階でつい最近、彼がＡＢＣＣと一緒に仕事をして仕上げたものです。私が行った日がＡＢＣＣでの［仕事の］最終日でした。私が［彼の家に］入ったときには、ＡＢＣＣの車で彼を送ってきたＡＢＣＣの人がまだいました。彼は実際自身が言えることは、専門的な仕事のみが最も重要であるということだけだが、ユンク博士の他ならぬ立場を考えれば、歩き回った経験を叙述的に語った部分が必要であり、冷たい数字のみのデータ報告は必要ないかもしれない、と言いました。だから、彼はあなたが長い間求めてきたけれどもこれまで応じなかったことに、実に積極的に協力してくれたのです。こうして、［長岡の］話が聞けました。この話のほぼすべてが終わったので、この話をする前に彼から手渡された最初の論文に戻ります。本当に、この論文には感銘を受けました。あの時、放射線を受けた焦げた土地をリュックサックを背負って歩き回り、掘り返し、クリノメーターで計算した結果ですから。

彼は親切にもこの論文のオリジナルを貸してくれましたから、英語に翻訳されている序文を送ります。すでにあなたは、どこか別のところで入手されているのかもしれませんが。この人がこの仕事をどのように成し遂げたのか、そしてその細かな数字が、あなたの本によりいっそうの権威と学術的な重みを加えるであろうと確信します。

▽長岡省吾原稿【広島市原子爆弾爆心並に爆心地測定】［一〜五七頁、一九五一年秋か、広島平和記念資料館所蔵］

《原子爆弾の爆発点の決定は被害調査並に研究の基礎となる為、この観点から一九四五年八月七日より同月九日まで爆心地の推定調査を行い、八月二〇日より本格的調査を続行中。一九五〇年一二月一日より一九五一年五月三一日までＡＢＣＣの協力に依り、調査の綿密なる再確認を行い爆心並に爆心地を推定した。

爆心の位置

広島市は中国地方に広く分布している花崗岩地域の中心部にあるので、花崗岩類を使用された造形物が多い。例えば鉄筋コンクリート建築に使用された石材、門柱、橋のランカン、墓石等がそれで、これらには広島県倉橋島の黒雲母花崗岩、山口県徳山市付近、岡山市萬成産等の黒雲母花崗岩、亦は愛媛県方面からのものが多く使用されている。

これらの花崗岩類の原子爆弾爆発瞬時に起こる輻射熱線の直射を受けた表面は爆心地より半径約千メートルの範囲内では影響を蒙っている。

肉眼で気づく最も顕著な変化は、花崗岩表面の溶解と剝離現象である。

剝離の理由は、花崗岩中の主要造岩鉱物の石英が、五七三度でα型石英よりβ型石英に変態するときに急激に熱膨張を起こすためと思われる。

この現象は、爆心地に近い程著しく、これ等岩石の表面の溶解或は剝離は熱線の直射を受けた面で爆心に相対しており直射を受けない面は何等の変化をも認めなかった。

この様な現象を広島市内各地（半径千メートル以内）の物体について、綿密詳細に観察し六五四二点を抽出して、特に蔭の出来た方向を調査し、熱線の発した位置との仰角と方位角とを実測し、これを地図上におろして地上爆心地と空中爆心を推定した。これによる地上爆心地は細工町［現在の大手町］島病院庭園内となり、其の直上約五八〇メートル±二〇メートルを空中爆心と呼ぶことにした。

爆心地測定方法

広島市内（爆心地より約千メートル以内）より抽出した、六五四二点中溶解並に剝離現象の最も著しく蔭の方向の顕著な物体を八二九点選びA、B、C、D、Eの地区に分け、別表に図示している様に、各実測点に作られた蔭の方向を延長して、これらの延長線が作る多角形の中心を地上爆心地として図形的に推定した。一方、空中爆心は、上述の観察した六五四二点より明瞭な仰角を作る物体を第一銀行、寺院など二〇ヶ所から二一六点選び推定地上爆心地より実測点までの距離を地図（Army Map Japan City Plans 1：12500）から測定して二一六点の各点について空中爆心の高さを計算し、平均高度六〇二メートルを得た。

次にこれら二一六点は上記二〇ヶ所に分散集中しているので、各処に於ける実測点より計算した推定高度を平均し、これら二〇ヶ所の平均高度の算術平均を求めた所、五八〇メートルになった。》

SHRINES, TEMPLES, BANKS, GRADE SCHOOL AND GOVERNMENT OFFICES

Location	Dip	Distance from Hypocenter	Epicenter	Made by	Direction
Gokoku Shrine	72°	160 m.	492.4	Granite	NE 5°
(Moto-machi)	68°	160	396.0	"	NW 10°
Daiichi Bank	76°	125	501.4	"	" 18°
(Ote-machi)	78°	125	508.1	"	" 16°
Monument	60°	220	381.1	"	NE 10°
(West Parade Ground, Moto-machi)	66°	220	471.8	"	" 50°
Nippon Bank	58°	400	640.1	"	NW 10°
(Fukuro-machi)	51°	400	530.8	"	" 20°
Seiryuji (Temple)	42°	550	495.2	"	" 65°
(Tate-machi)	[illegible]	550	429.7	"	" 82°
Yasuda Bank	[illegible]	525	507.0	"	" 56°
(Hirataya-cho)	[illegible]	520	525.0	"	" 52°
	47°	525	562.8	"	" 54°
	49°	525	601.8	"	" 55°
Honkawa Grade School	60°	350	606.2	"	NE 7°
(Kajiya-cho)	62°	350	658.3	"	" 69
Shinohashi (Bridge)	46°	600	621.6	"	" 60°
(Nishi Jikata-machi)	50°	600	715.1	"	" 62°
Yorozuyobashi (Bridge)	[illegible]	890	556.1	"	" 40°
(Kako-machi)	38°	890	695.3	"	
Johoji (Zaimoku-cho) Yoneda's grave	70°	890	796.6	"	" 60°

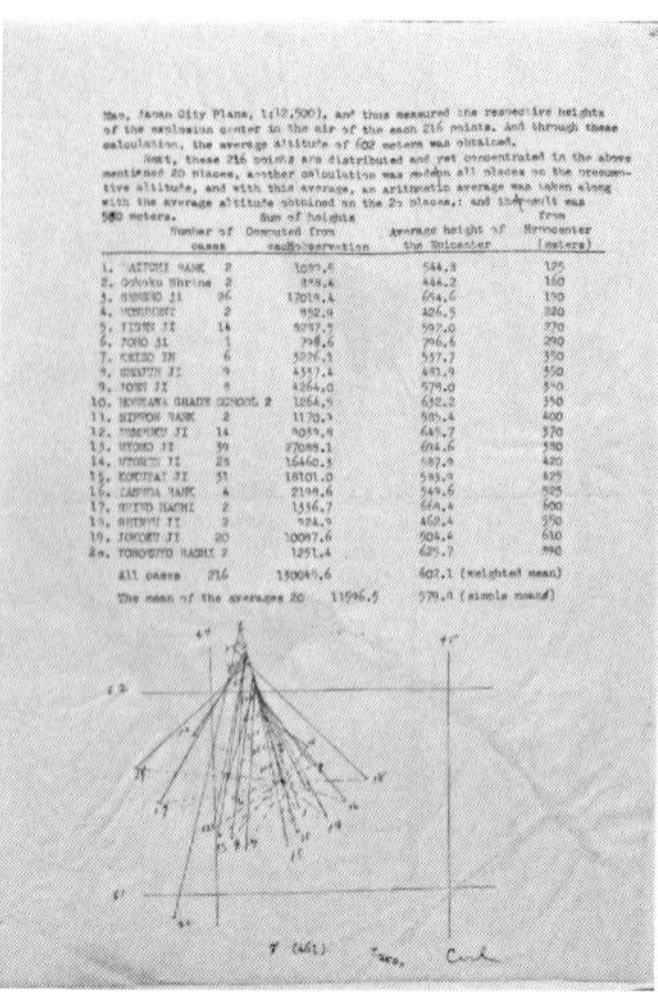

Map, Japan City Plans, 1:12,500), and thus measured the respective heights of the explosion center in the air of the each 216 points. And through these calculation, the average altitude of 602 meters was obtained.

Next, these 216 points are distributed and yet concentrated in the above mentioned 20 places, another calculation was made on all places on the presumptive altitude, and with this average, an arithmetic average was taken along with the average altitude obtained on the 20 places,: and the result was 580 meters.

	Number of cases	Sum of heights Computed from each observation	Average height of the Epicenter	from Hypocenter (meters)
1. DAIICHI BANK	2	1089.6	544.8	125
2. Gokoku Shrine	2	888.4	444.2	160
3. [illegible] JI	26	17019.4	654.6	190
4. MONUMENT	2	852.9	426.5	220
5. [illegible] JI	14	8237.5	597.0	270
6. [illegible] JI	1	798.6	796.6	290
7. [illegible] IN	6	3226.3	537.7	350
8. [illegible] JI	9	4337.4	481.9	350
9. [illegible] JI	8	4264.0	578.0	380
10. HONKAWA GRADE SCHOOL	2	1264.5	632.2	350
11. NIPPON BANK	2	1170.9	585.4	400
12. [illegible] JI	14	9039.9	645.7	370
13. [illegible] JI	39	27088.1	694.6	390
14. [illegible] JI	28	16460.3	587.9	420
15. [illegible] JI	31	18101.0	583.9	425
16. [illegible] BANK	4	2198.6	549.6	525
17. [illegible] MACHI	2	1336.7	668.4	600
18. [illegible] JI	2	924.9	462.4	590
19. [illegible] JI	20	10087.6	504.4	610
20. YOROZUYO BASHI	2	1251.4	625.7	890
All cases	216	130049.6	602.1 (weighted mean)	
The mean of the averages	20	11596.5	579.8 (simple mean)	

図 3-4　長岡省吾による原爆の炸裂点の測定図（左）と小倉による模写（右）

一九五九年一月八日［長岡、河本再タイプ］

あなたは今ウィーンに戻り、再び本の仕事にとりかかろうとしていることでしょう。しかしもちろん、講演旅行のためにあらゆる種類の事柄が溜まり、まとわりついてもいるでしょうから、本当の意味で自由には集中はできないと思います。ともかく、長岡氏の行った研究を続けて終わらせ、他の作業に向かいたいと思います。

彼の表をもう二つ送ります。彼の学術的研究の要点や資料館館長の職に就いている事情が示されるからです。この仕事ないし論文は表、図表と地図付きで約六二頁［実際は五七頁］あります。しかし、そこから一、二の表のみを示し、後はふれないで残します。その他のことは想像できるでしょうから。

▽長岡論文の表二つ【広島市原子爆弾爆心並に爆心地測定】［図3-4］

さて、長岡インタビューの最後の部分を送ります。原爆投下後の一ヶ月間燃え続けた大きな松の木を、彼は思い出して言いました。あなたの本の一場面に入れられると思いました。幹の直径は約一・五〜二フィートで、福島町の電停の約百メートル北にありました。そうそう、この福島町はあなたの質問にあった被差別地区でもあります。良い記事の切り抜きがありますので、このグループの生存者の一人について翻訳しましょう。私自身、この問題には興味があります。

次に、再び資料採収の頃の長岡氏の思い出です。人々は住宅建設のために自分で屋根瓦を収集し始めました。それが彼にとり、本当に大きな脅威になった、と言います。研究材料のすべてが手当たりしだい大量に奪われ、彼の研究の妨げになったのです。彼のデータへの大敵でした。人々は一〇月頃から小屋を建てる基礎にと、岩石の収集も開始しました。何よりもこのことが、長岡氏に多大な混乱をもたらします。人々は好き勝手に岩石や屋根瓦を置き始めました。ところが長岡氏は、その岩石は元々その方向に置かれていたと思い、慎重に調べると、それら岩石の方向にはまったく一貫性がないため、誤解をしました。この方向の不一致は光線の反射によって引き起こされ、表面剥離はこの無秩序のとおりに生じたのかもしれないとさえ彼は考えました。しかし後に、この無秩序は単純な理由によると判明しました。長岡氏の考えを何も知らない人々により、岩石が置き替えられたためでした。もっと面白いことに、どこでこの岩石や屋根瓦を入手したのか長岡氏が尋ねたとき、他人の所有物だったこれらの物を盗んだことを、人々は恥ずかしいと感じたようでした。彼らの回答はすべて虚偽で、みな嘘をついて去った、と言います。ともかく、この件が彼の測定に大きな障害になったということでした。

もう一つ、長岡氏の人となりについて付け加えるために、彼に関する別の話を書き添えます。彼は陶芸が趣味です。全国からいろいろな種類の粘土を集め、それを使って自分自身で作陶する趣味があります。焼け焦げた土地に点在する陶器を見つけたとき、まず表面を覆った釉薬に見られる変化に気づきました。これにより、彼の趣味の分野に新しい知見が加えられたそうです。この発見がプラスになった、と言います。また、かつて彼は満洲で働いていました。もしそのまま満洲にいたら社会的地位に恵まれ、良い暮らしができていただろうといいます。地質の調査に従事し、当時は主に日本語で「ザリガニ」と呼ばれるカニとエビ［甲殻類］の化石の研究をしていました。その化石を採集して論文を作成しようと、「Tokurigi［中国東北部の遼寧省西部か］と呼ばれる場所に彼がいた時のことです。ある一人の地元の満洲人に、その化石を見たいなら、山中にある湖の近くにたくさんあると言われ、湖畔を見ようと出発しました。その湖畔で彼は化石を見つけただけでなく、湖の近くに一人で住む隠者と出会いました。隠者は長岡氏と少し話してから、彼の手相を見て運勢を占いたいと述べました。そして、その答えは、「土と共に生涯暮らします」というものでした。日本語の「土」をどう翻訳すべきかわかりませんが、「土」は実際には土砂ですが、……［一行判読不能］。この出来事を思い出してくれたのは、「長岡さんはいつも土に集中し、夢中になる人ですね」と私が述べた時のことでした。その時に、このエピソードを思い出し、語ってくれました。

こうしたことや、「地質学者は肉体労働者である」というモットーは、本当に長岡氏の純粋な性格を表しています。彼の話が面白いだけではなく、彼は非常に誠実な人柄だとわかりました。三日間のインタビューで彼と真の友人になりました。ユンク博士を長い間待たせ続けたことも、彼は深く謝罪していました。連絡を取ろうとした私をたいへん困らせたことや、もっと早く日程を設定しなかったことも。しかし正直、彼は非常に多忙だったと思います。ようやく昨年の最後の一週間、彼の体に空きができ、そこで私たちの話し合いがなされました。非常に嬉しく感じ（とくに彼を少し誤解していたことに気づき）、ドブロクを彼に進呈して、すべての作業を終えました（もちろん、彼の協力には新出氏の説得も助けになったと思います。新出氏の説明では、「長岡さんは書くことが苦手だ」「話してくれたら、僕が書いて原稿にする」と申し出るほどでした。ともかく、あなたのためにいつでも協力してくれる良い友人を得られ、良かったです）。

最後に長岡氏は、あなたに話すことがまだ何かあるか、考えていました。そしてこの調査発掘と関連し、日本の特徴で目につく別のこと［家紋瓦］にふれました。とりわけ最上層の前面にある屋根瓦に、普通、（とくに豊かな人々の場合）「モン」と呼ばれる自分の家族の印［紋章］を焼きつけている、ということです［家紋瓦のこと］。これは社会的標章です。この夏に豊島を訪問したときに私が写したK［原爆症で死亡した少年］の写真の一つに、見られると思います。この少年の家を正面から写したものです。その時、少年の父は、家族の紋章が入った屋根瓦を多数集めていました。

これで、長岡氏と話したことはすべてカバーしています。もっと追加や照会が必要な場合には、お知らせください。このように長く彼と話しましたから、補うことは簡単です。

インタビューを行った於保医師、また出会って話した新出氏の資料をお送りしなければなりません。一週間ですべて準備できると思います。しかし、あなたが時代順に書けるようにするためには、何より紛失している河本の頁をどうしても埋めねば、と考えます。一二月一六日付の手紙によれば、あなたが失くした頁は一三六〜一三八、一四四〜一四七、一五一〜一五二頁だと思います。そして、二六三〜二六九頁（書簡四四〇頁［本書二五五頁］を参照ください）です。

▽河本原稿再タイプ［一九五八年一月一七日書簡、河本原稿始まりから］

一九五九年一月一三日［河本再タイプ、於保］

本の進み具合はいかがですか。その内容をうまく説明するために、もっと多くの材料が必要なことはわかっています。できるだけ急ぎます。新聞にはとくにこれといって何もありませんが、西ドイツから帰った［若い女性］Mさんが河本氏に、ドイツの人々は彼女や、平和運動と原水爆禁止運動に携わっている人たちを、共産党と結びつけて見る傾向があったため、彼女はショックを受けた、と語ったそうです。これは、日本では事実ではありません。もう一つ、今年とても驚いたのは、最初の一週間に三人の原爆犠牲者が亡くなったことです。理由は、寒波による症状の悪化かもしれないということでした。

▽河本原稿再タイプ続き［同前および同一月二七日書簡］

次は一九四九年です。まだ書簡一四五頁［本書一二二頁］です。しかし、ここで変更し、オホ［於保］博士についてです（これが正しく、オボではありません）。

於保インタビュー

自己紹介する際に、彼の仕事にユンク博士がたいへん興味をもっていて、その研究を知りたいと望んでいると伝えました。そして、あなたの質問にすぐに進みました。

原爆の患者と向き合い、彼らを診察する際の彼の主要な関心は何なのか。彼は二次放射能、あるいはいわゆる残留放射能が確かに被爆者に顕著な影響を与えていると感じています。それは、これまで言われてきたようなささいなものではなく、この問題を放っておくことは自分の深い感情に反すると思い、［放置しないことが］義務だと考えました。そのため、この問題を取り上げ、日本で約五万部と最も広く読まれている医学雑誌『医事新報』でこの問題を公にしました。彼の仕事［論文］のうち二つを受け取りましたので、その要点をあなたに送ります（翻訳された資料はありません）。

それから、どのようにそれらの仕事を行ったか、彼は語りました。［それによれば］田舎のある消防隊の一団が、片づけのために［原爆投下の］翌日に［広島］市に派遣されました。この人たちを被験者として取り上げ、各人に症状について尋ね、記録を取りました。そして、［他方で］彼の周辺のある地域を研究のために取り上げ、各家庭をていねいに訪ねて回り、記録を取りました。その比較は、二次放射能の影響が存在することを示しました。それゆえに、このことから、そうした巨大な核爆弾投下の際には、勝者であれ敗者であれ、誰であってもその場所に一定期間入ってはならないことを意味する、と彼は確信しました。報告によると、彼は約一ヶ月間［は立ち入ってならない］という結論を出しています。

ここで、彼はあることを指摘しています。それは、原爆死に関する最新の報告を提出した原爆病院は、治療を受けに来て不幸にも死亡した患者を扱っているにすぎないということです。これではどの程度障害の影響が出ているのか、統計を取るにはまったく役に立たないと彼は考えています。なぜなら、これは基本的に［入院患者を］記録するのみで、比較をしていないからです。結局のところ、彼が言っていたことは、生存している被害者の数が最も緊急の問題だということです。そうでなければ、統計上しっかりした結論を導き出すことは不可能です（彼によれば、この統計は一ヶ月以内にわかるとのことです）。彼が公表できる正確なデータを得るため、一ヶ月以内にもう一度訪ねると、私は述べました。

お求めにしたがって、がんが増加しているかどうかを尋ねました。答えはそのとおりということでした。原爆によって引き起こされた主な病気として白血病が語られている中で、腫瘍に冒された多くの人々がいるはずだと、彼は感じています。このカテゴリーにがんは入ります。爆心地から三キロ離れた皆実町にある彼の病院ですら、がんに苦しむ多くの患者が実際にいて、事実、彼は五人から六人のがん患者を診ていました。また、興味深い別の事実を付け加えました。日本銀行が被爆者に預金を返すと告知し、多くの人々が自分のお金を受け取るべく列に並びました。これは半日続きましたが、彼の近所に住んでいるこうした人々が実際に腫瘍に冒されていたといいます。これは二次放射能以外では説明できません。さらに、放射線が依然として残存していることをはっきり示す例を一つ挙げました。赤十字病院の地下に保管されていたレントゲンのX線フィルムを地上に持ってくると、すべて使えなくなった、という話を彼は聞いたのです。直接的な影響だけがあるのではなく、二次放射能の被害者も影響を受けていることは疑いがありません。現在、いくつもの病院のレントゲン技師がまったく同じ結果を示しています。

一九五九年一月一五日［於保、河本再タイプ］

於保のインタビューを進めます。

於保インタビュー続き

原爆が投下されたとき、風は南東の方向から吹いていました。これは廿日市の内陸部にある水内村に吹き飛ばされて集められた、多くの物によって証明されています。アメリカの観測結果では、風がその方向に吹いたので、放射線はそれほど残っていないということでした。しかしもちろんこれはナンセンスです。なぜならこの方向に飛ばされた物は、単に爆風で吹き飛んだ物の灰で、影響力をもつ放射線の中性子ではまったくなかったからです。しかも、それはけっして風向きによって影響のあるようなものではありません。

彼はまた、爆風の被害と放射線の後影響は、どちらか一方ではなく両方が及んでいるだろうという事実にふれています。放射線と悪性腫瘍の関係について、正しい理解を追究しなければならないと彼は考えています。ですが記録に類するものはまったくないので、唯一残された手段は、生きている被害者に質問をすることでした。しかしここで重要［致命的］なのは、記憶というものが時間とともにしだいにぼんやりしていくことです。そのため、彼はすべてのことを急いで行わなければならないと考えています（新出氏も同じようなことを言っていました。彼は自分の手帳が［偶然］焼けてしまったので、物事を正しく書き起こすために、まず浜井の回顧録を読み直し、薄れてしまった自分の記憶を呼び起こさなければなりませんでした。普通の人がものを忘れてしまうことは何の不思議もありません。新出のような知的な男でさえそう言うのですから）。さらに、於保はこうも言っています。「死人に口なし」（日本語の決まり文句です）。私たちが頼ることができるのは、生き残った人々だけであり、彼らが記憶をしだいに失っていくことは現実です。そのため彼はただちに［仕事を］始め、一人一人と話をするために走り回りました。

ここで彼［於保］の生い立ちについて少し書きましょう。彼は九州にある佐賀県の小城郡に生まれましたが、朝鮮の旧・京城医学専門学校（もちろん日本の支配下の時代です）に行きました。医学専門学校は大学に格上げされ、ここで助教授として働きました。一九三八年に広島に来て診療所を開き、開業医となります。そして、軍隊に召集され、九州最南端の鹿児島にいたのち、一九四六年八月に広島に戻りました。自分自身のテーマに関する研究は一九五一年から始め、五三年、五五年と五年にわたって進めました。彼自身は、大学での研究の主要な関心は病理学だったと言っています。これは医師にとって基本的なものであり、普通の医師に比べて彼は研究により関心をもっていました（この点は、［於保医師は］あまり専門的でないという蜂谷先生の見方とは異なるものです。もちろん、この点を客観的に決めることは難しく、彼らは皆それぞれが主観的な考え方をもっています）。

ところで、ここで記しておきたいことがあります。原爆症についての彼の研究に関連して、先月一二月に文部省から委託研究費を受けましたが、彼はこのことを公表したくないと言っています。なぜなら、ここでもまた妬みの声が、ほかの医師たちからもちろん批判の声を伴って出るからです。彼ともう一人、基町にある広島市民病院の副院長である河野［義夫］医師が、原爆症の研究のための研究費を獲得しました。このことをユンク博士の本で公表してもよいか、と私が聞いたところ、於保医師は広島と日本の外であればまったく問題ないと言いました。

これに関連して、アルバイトの学生を雇うために自腹を切って研究をするのは厳しかったのではないかと尋ねてみました。すると答えは、そのとおりでした。税務署は本当に無能で、こうした仕事はまったく利益を生まないのに（これは高潔だという意味ではなく、彼にとっての直接のビジネス人にならないということです。彼の収入に付け加わるものはありません）、原爆に関する部局である市役所の原対課に統計を調べに行った学生のアルバイト全員に対して税金を課すというのです。中央公論［の記事］が、於保医師が文部省の研究費を受けることになったという結果に何らかの影響を与えたのかどうか、私は知りませんが、少なくとも於保医師のように行政の予算なしに闘っている人たちは、ジャーナリズムの報道で称賛されるべきだと思います。そうでなければ、彼らは貴重な仕事をしながら埋もれてしまうでしょう。

彼にはすでにこれまで集めてきた統計の蓄積があり、戦後に生き残っていた人々の正確な数を、原対課が確定することを待っているだけです。彼が言うには、がんは五〇歳以上の年齢層により多く見られ、実際の数は［統計よりも］もっと多いそうです。また、二〇歳から四〇歳の年齢層には少ないそうです。しかしここでもまた、統計は同じ年齢層に基づいたものでなければなりません。そうでなければ、統計［分析］は不正確になります。そのため、彼はすべての年齢層においてこの基礎的な数字を必要としています。

あなたが興味をもつのではないかと彼が示唆したもう一つのことは、いつも日本の医師たちが事実を公表した後で、ＡＢＣＣが事態を明らかにするということです。例えば、白血病に関しては、被爆者の死因の中でこの病気が増えていることが、日本人の医師たちによって指摘される前には明らかにされていませんでした。そして彼の言では、がん、つまり腫瘍の増加についてもやはり、於保医師が論文の中で明らかにするまで、ＡＢＣＣが公に発言することはありませんでした。

しかし、まだすべてが手探りの段階で、結論を出すことは難しいのでは、と彼に聞いてみました。答えは、そのとおりだということです。つねに彼自身、何かしら公表する際には非常に注意深く、これはこれこれの日付時点での状況に関する数字で、その限りで導き出しうる結論であり、将来の研究で変化があるかもしれない、としています。例えば原対課が彼に、一九五三年に行われた国勢調査の数字に基づいて研究を進めて、結論を出したらどうか、そこから推定して見積もりを出したらどうかと述べたと彼は言いました。これはＡＢＣＣが協力して行った調査で、基準値を出しているものです。しかし於保医師は、自分は科学的研究を発表する目的で推測を行うことはできない、なぜなら一度印刷されたものはけっして取り消すことができないからだ、と主張しています。ですから彼は、原対課が昨年の国勢調査に基づいて現在作業している、確定的な数値を待たねばなりません。彼はまた、自分がいま追いかけている仕事に儲けはないが、将来何かの役に立つだろうと考えている、と付け加えます。

続いて、アルバイト［の学生］が市役所で行った作業の方法を詳しく話してくれました。彼らは広島市のすべての死者を調べているそうです（調査は旧市内に限られています。なぜなら戦後の新しい広島市のうち新しく拡大された地域にまで広げると、とてもややこしいからです）。彼は学生たちに死亡者の名前とどの医師が診たかについてノートを取らせました。そしてその死者を(a)原爆の被災者、(b)非被災者、(c)不明、に分けました。ここではもちろん(b)の非被災者は除外され、(a)と(c)のカテゴリーが調査されます。そして、死に至る症状、とくに何か悪性腫瘍が知見されたか否かを注意深く調べます。それから直接遺族のもとに行き、詳細をすべて調査します。彼は最後に、がんの症状は素人の観察でも見つけるのが簡単だと言っていました。

彼はまた初めて広島に診療所を開いた一九三八年ごろと比較して、がんが急激に増加したという手がかりを得たと言っていました。彼は五、六人のがん患者を抱えていました。日本の研究者の悪いところは、開業医の意見を聞きたがらないことだ、と彼は指摘しました。根本的な点は、数字が示します。しかし研究者は聞きません。私はどの種類のがんが増えているのか尋ね、肺がんについても聞きました。

主ながんは胃や腸など消化器に関わるものだ、という回答でした。肺がんについては、増加していることは事実ですが、X線の分野での技術が急激に向上し、そのためにかつてはすべて結核と診断されていたものが、新たに肺がんだと明らかにされていることも知っておく必要があります。つまり、肺がんの増加については、性急に結論づけることはできないのです。そして彼は、原爆症による死者第何号といったジャーナリストの報道はかなり不正確なものだと指摘しました。原爆症によるものは、実際のところはおそらく三分の一だけだろうとさえ述べました。

彼の議論によれば、もしがんが血液中に見つかれば、それは明らかに白血病なのですが、同時に臓器にもがんがある可能性があります。今日では、これも原爆症に含まれます。

この話をあなたにすべきかどうか、よくわかりません。ただ、さまざまな医師のインタビューから自分で感じたことを記すならば、彼らの回答やアプローチの様子がさまざまであることに気がつきます。例えば、蜂谷先生、原田医師、重藤医師、県病院、大学病院の医師は、東京大学の都築博士に対して批判さえ口にします。というのは、彼［於保］が言うには、都築博士が広島に来て、ここで語られるすべての情報を聞き、東京に戻ってこうした事実を自分の観察として公表するのは、本当のことだそうです（私は個人的には、都築博士のような著名人を通して情報が国際的に正しく伝わるのは良いことだと思います。誰が実際の執筆者だとか、その名が明らかにされなければならない、などという狭い了見で受け止めてはなりません。たしかに実際の執筆者が実際に賞賛されるのが正しいことですが、これもまた狭い了見であって、私の気に入らないことの一つです）。そしていまや、都築博士が来ると広島では誰もが口を閉ざしてしまうのだ、という事実を於保医師は語りました。なぜなら都築博士が彼らの口から重要な情報を得ようとしているからです。それどころか、みな東京に行くときは都築博士が乗っている汽車を避けて、彼に会わないようにしているとのことです。なんということでしょう！

［於保］医師は、一つの例を挙げました。一度、赤血球が異常に増加した子どもを彼が診察したのですが、これは原爆症と診断される新しい症状でした。しかし彼は慎重で、もっとこれについて研究を進めようとしました。そして、とくにその子のために、この事実を隠そうとしました。しかし彼が数日新潟に行って留守の間に、都築博士がたまたま広島にやってきて、このことを調べて、その事実を取り上げて論文で公表しました。この幼い子はその事実に仰天しましたが、どうしようもありません。都築博士は外科医であって、他の分野について大胆な意見を述べるべきではない、血液の分野については内科医に任せておくべきだ、と於保医師は述べました。このことから、地元の医師たちはよく気配りしていることが事実だとわかります。なぜなら、彼らは実際の患者を直接診察しているの

で、［患者に］心理的影響を［与えるようなことを］自分の胸にしまっておかなければならないからです。一方、部外者は大胆で恐ろしい発言をしがちで、ときどき地元の被害者にショックを与えています。それから彼［於保］はこうも言いました。こうした細部を注意深く、かつ控えめに調べている多くの無名の医師がまだ数多くいる、そして東京からやってくる著名人たちの単なる聞きかじりの知識によって彼らが無視されてはならない、と。

彼はまた、原爆に関する週刊朝日の昨年八月号は、まったく気にいらなかった、と話してくれました。というのも、この号はいわゆる、広島と長崎の原爆症での死者何号と言われる人たちをすべて掲載しているからです。このように犠牲者の実際の写真を掲載することは好きではない、遺族にもっと配慮し、慎重に扱うべきだと彼は語りました。医師がもつ秘密はもっと用心深く扱われるべきだと、彼は考えています。

最後に彼はこう言いました。一般の人々が「ガス」を吸い込んだと言うとき、これは明らかに彼らの身体組織が感じ取った放射線だった、と。物理学ではこの放射線は長く残ると考えていますが、期限は約一ヶ月だと彼は信じています。鉄を用いて行った計算では、一四日という記録があるそうです。河本原稿の続きを送ってから、於保医師が医学雑誌に投稿した論文の結論を送ります。

▽河本原稿再タイプ一四五頁［本書一二二頁の一九五八年一月二七日書簡］

一九五九年一月一九日［長岡、久保報告］

先週、長岡氏から私に会いたいという葉書を受け取りました。そこで、昨日出かけて彼に会いました。広島原爆の大写真展のために、資料の中からいくつかを選ぶという話でした。今年はいつでも海外に出かけることができる、と彼は言いました。広島復興大博覧会は昨年終わりましたから、彼が考えている具体的なプランを提案したいようです。そのプランを、あなたの線にそって出したいと彼は望んでいます。あなたが以前提案したいくつかの博物館、もしくはユネスコの好意で、複数の国を巡回するというものです。この四月の市長選への立候補を表明した浜井氏の許可を、彼は得ています。もちろん、現職の渡辺市長が再選されても同じことでしょう。

少し〔私の方で〕整理しましたが、彼の提案を記します。

一、日付

九月から一一月の間のいつか（あなたの本が出版される時期との関係で、これが最も良いと思います。そうしたら出版社とタイアップして、この本の展示とある種の連携をすることができます）。

二、展示資料

a．写真二百点。サイズは一五×二四インチの全紙（具体化した時に正確に示します）、ないしその四分の一サイズのものも。内容は広島と長崎、必要ならばビキニも含む。費用は複製一枚千円で合計は二〇万円。

b．岩石、陶器、ガラス、屋根瓦。約三〇点。これはすべて送料次第。

c．図表および注釈。準備のためにかかる費用は約五万円。

三、展示スペース

彼〔長岡〕はこの大きさの写真二百枚と被爆資料を展示するにあたっては、少なくとも現在の原爆資料館と同じ広さが必要だと考えています。これは約二五×一五メートルです（正確なものではなく、私の推測です）。

四、招待者

二名。彼と私が一緒に行けば、それで十分だと彼は考えています。長崎から誰か行くべきかと尋ねました。彼は、広島の資料館が基本である限り、それに長崎の写真も彼が撮ったものですから、二人が行ければ十分だ、と言いました。通訳は私ができます。英語ですけれども。

五、必要な資金

展示の際の滞在費と旅費および展示資料の輸送費。そしてすでに述べた写真複製の費用二〇万円、雑費五万円。［広島］市が財政的に援助してくれる気配はあるかと、彼に聞いてみました。答えはノーで、もっと言えば、彼も私も、この目的のために日本原水協の支援を受けることを望んでいません。もしこれが欧州のその種の団体からの招待であれば、問題はありません。私が思うに、もしフランスやオーストリア、ドイツなどの国立博物館がこのオブジェ付きの現代写真展を招聘することに協力してくれれば、それが最善です。この展示は、ある意味、ゆがんだオブジェという二〇世紀の芸術なのです。

注記：これは我々が話した概要ですので、具体的なことはどの点も、可能であれば調整できます。彼は時期が重要だと考えていました。準備を始めるのに早すぎることはありません。しかも、写真は資金提供者の所有物です。また物品［被爆資料］は、展示すべきと長岡が考える所に分配できるでしょう。それらはすべて長岡個人の所有物で、彼自身の決定で自由にできます。ですから帰路は、二人の人間、彼と私以外には輸送するものはありません。

これが、私たちの議論の要点です。活動と著作で本当にあなたがお忙しいことは理解しています。しかし、あなたが後援者としていくらかでも手配をしてくだされば、一般の世論を大きく喚起するだろうと確信しています。欧州の世論には、一四年前の歴史をまだ学ぶ熱意があるのか、このことがポイントです。というのも、これは写真に訴えるむしろジャーナリスティックな手法だからです。あるいは、もっと多数の資料を持ち込むべきだ、とあなたは主張されるでしょうか。しかし上に述べたプランは、あなたの夢の何か一つを実現する導きになると私は思います。この博物館の一部を欧州に持ち込むのですから。長岡はアメリカに行くことをいくらかためらっているように見えます。自分はアメリカ人に良くは見られていないと彼は言っており、さらにはアメリカでは失敗するだろうと思っています。しかし、もちろんあなたとノーマン・カズンズとの関係で、この欧州展示のために、そこで資金を集められるかもしれません。さてこれで［長岡との］話のすべてをカバーしたと思います。

もう一つ、四点目、招待されるべき人について、長岡は何も言いませんでした。もし費用の面で許されるならば、河本も一緒に行くことができればと思います。そのこと、どうお考えでしょうか。しかしもちろん費用がかかります。展示の時期については、あなたの本の出版後一ヶ月頃が最善でしょう。そうすれば最初の［出版の］告知の波が広がった後に、もう一度関心が呼び起こされ、人々の心の中に焼きつけられるでしょうから。

さて、原爆被害者調査に関して久保教授と会い、数日中に報告書が印刷されると聞き、原本を借りましたのでお求めの部分や重要項目を送ります。これは当面、他のすべての原稿に優先します。

質問一、二、三、四　この報告の表題は、原爆被害者実態調査報告です。直訳すれば、原爆被害者に関する社会調査でしょう。調査の後に報告という言葉がきますが、これは除外してよいでしょう。

▽広島原爆被害救援委員会【序文】『原爆被害者実態調査報告〔IIIか〕』一九五八年八月〔所在不明〕

（以上、この報告書の序文です。報告書の内容は大部ですが最善を尽くします）。〔この序文は、同じ『報告II』一九五七年八月のそれとほぼ重なる。しかし、以下に紹介される内容は『報告II』とは異なる。〕

三二一頁〔本書一九七頁〕を参照してください。最終報告の目次を送ります。

▽同前目次

この報告書の全体を送りたいのですが、最も重要な部分かつお求めの部分は、第II章四の「いわゆる『原爆症』について」だと考えます。ですので、ここから始めます。

▽同前第II章四【いわゆる「原爆症」について】

次に、原水爆についての意見に関する〔第II章〕五に入ります。

ユネスコ本部で賞をもらったという手紙、昨日受け取りました。もう一度、おめでとう！

一九五九年一月二二日〔久保報告、中国新聞〕

あなたが核再武装阻止を求める偉大な目的で、欧州のさまざまな集会で熱心に活動されていることを聞き、とても嬉しく思います。一月一九日付の毎日新聞に、ロンドンの核武装反対欧州集会に関する記事で、あなたの写真がバートランド・ラッセルの写真と並んで出ていました。あなたたち二人だけが写った写真でした。この記事でラッセル卿やその他の著名な作家、ジャーナリストと並んであなたがスピーチをしたとありました。ほかの名前で挙がっていたのは、フランス天文台のクロード・ビューデルでした。八月六日が反原爆の日とされたことを知り、嬉しかったです。これを知ったら広島の人たちは本当に喜ぶでしょう。あなたはこの決議に大きな貢献をしていると確信しています。ほかの新聞をすべて見てみました。それらはこの集会やバートランド・ラッセルの指導力について報じています。しかし、あなたやその他の人物の名前を出しているのは毎日だけでした。英字紙も見ましたが、特別なことは書かれておらず、社説もありませんでした。あなたの手紙から、あなたはウィーンに戻り、本の仕事に懸命に取り組まれていると推察しています。あなたに送らねばならない資料がたくさん手元にありますし、また他に連絡を取りつつある事柄もたくさんあります。日本語の表現で「猫の手も借りたい」と言って、普通は農業での収穫期の忙しさに使われるものですが、これらすべてをまとめてあなたに送れるよう私を助けてくれる人があったら、と願わずにはいられません。

さて、まず心理調査に関する久保報告を終えます。

▽久保報告（終了）

次は急ぎの件だと思いますので、それをあなたにお伝えします。それは、中国新聞にあなたの独占記事を書いて、それを中国新聞の写真と交換する件です。文化局の事業部長沼田［利平］氏および［編集局学芸部の］金井［利博］氏と話しました。写真部長の檜吉［治雄］氏は外出していました。結論は以下のとおりです。

一、写真——あなたが必要とされるのはどんな種類か、特定してください。サイズと、原爆か復興の関係か、あるいはその他どのような性格のものか。沼田氏の言葉によれば、調査部にあるもの以外に個々の写真家誰もが彼ら自身でコレクションを持っており、したがって、彼らがその写真を複製してあなたに提供することは簡単だということです。つまり、どうぞ編集局長の糸川成辰氏宛てに手紙を書いてください。中国新聞に独占的に書くあなたの記事と交換に、彼らのコレクションからいくつかの写真が欲しい、と。

二、その記事が「欧州における反核実験運動の回顧と見通し（展望）」といった種類のものであるなら、あなたの鋭い観察によって世間に訴えるところ大だろう、と彼らは言っていました。回顧というのは、ラッセル卿との最近のロンドン欧州集会を含めて、これまでの運動がどのように発展してきたかであり、あなたが書こうと言っていたことです。もしあなたがこの運動に期待をかけることができるならば、その記事は広島の人々を勇気づけるでしょう。

三、この記事との関連で一緒に掲載するあなたの写真一枚を、お送りいただくよう強く望まれています。その一枚は彼らのファイルに保管されるでしょう。集会でのラッセル卿とあなたの一緒の写真があるなら、それも一般大衆にアピールするでしょう。

四、そして最後に、私が個人的に思うに、あなたの手紙が中国新聞の住所に編集局の部長へ直接宛てて正式に届くなら、いっそう大きな権威をもつでしょう。舞台裏のことは私たちがほぼ整えましたから。「広島市上流川町　中国新聞社」が正式な住所です。この件に関するあなたの返事をお待ちしています。

一九五九年一月二六日［朝日新聞、於保、河本再タイプ］

被爆建造物を保存する新しい観光事業計画があり、広島は前進しています。あなたは喜んでくださるでしょうか。また、四月の市長選と市議会選挙が迫ってきています。最近の広島のニュースをお知らせするならば、次のような朝日新聞の小さな記事の切り抜きがあります。

▽朝日新聞一九五九年一月二三日【原爆被害者の人骨か　天満川の岸から出る】

一月二五日（日）の別の朝日記事。

▽朝日新聞一九五九年一月二五日【広島で世界大会　原水爆反対盛上げへ　原水協の本年度方針】

於保　書簡四七二頁［本書三〇三頁］から続く彼の医療報告を載せます。

▽於保源作（広島市翠町）【原爆被爆者における悪性新生物死亡の統計的観察】『日本医事新報』一六八六号、一九五七年八月一八日

（この報告が何かしらあなたの助けになったかどうかわかりませんが、要点はこの悪性新生物は悪性の腫瘍すなわちGeschwulst［ドイツ語で腫瘍の意味］と同じだということで、しかもがんも含んでいるということです。そしてこの論文では、生存者の数が減っている（つまり自然死）にもかかわらず、がんが増えているということを明らかに示しています。このレポートは於保医師に返却しなければならず、そのため他のものより先にこれを優先しました）。

於保医師からもらったもう一つ別の医療報告も持っていますが、これは返却する必要がありません。題名は「原爆残留放射能障碍の統計的観察」［『日本医事新報』一七四六号、一九五七年一〇月一二

日」です。

参考までに、この論文の結論だけ書いておきましょう。詳細については、別の機会にお尋ねくださ い。

▽【結論】『日本医事新報』一七四六号、一九五七年一〇月

ここで少し河本原稿に集中し、とくに失われた部分を埋めなければと感じています。

▽河本原稿再タイプ一四六頁〔同前〕

一九五九年一月二九日〔河本再タイプ〕

とくに目新しいことはありません。すぐに河本原稿から続けます。

▽河本原稿再タイプ一四七頁から〔同前〕

紛失分はこれで終了したと思います。

まだ残している最後の時期から続く長い河本原稿の翻訳に入る前に、河本に出しているあなたの質問〔への回答の翻訳〕を済ませます。質問用紙の質問三五を見てください。実際の会話を示す、長い会話を〔記して〕送ってくれました。ここで、それを翻訳します。ノッポ（背高）の自慢から始まります。

▽河本原稿〔ノッポや靴へイら孤児グループの会話〕

解説1　長岡省吾インタビュー

長岡省吾（一九〇一～一九七三）は、広島平和記念資料館（原爆資料館）を創り育てた人である。しかし、そのことは今日、それほど知られていない。それはなぜなのか。この疑問に対する回答の一端を、このインタビューは与えてくれる。そこでは、自分の職能を信じて誇り、無心に取り組み、評価を気にしない、職人気質とも言える長岡の人物像が浮き彫りにされている。

長岡は海外移民や出稼ぎの盛んであった、広島県佐伯郡玖波町（現在の大竹市）出身の移民一家の子として、一九〇一年八月ハワイに生まれた。中等教育のために広島に送られ、旧制修道中学校を卒業する。そして、旧・満洲国（現在の中国東北地方）の哈爾賓（ハルビン）露支語専門学校（地質学専攻）を卒業し、地質調査の業務や化石の研究を中国大陸で行う。その後に帰国し、一九四四年から四七年まで広島文理科大学（現在の広島大学）地質学鉱物学教室の科研補助員（後に授業嘱託）を務めた。

一九四五年八月六日には、地質調査に同行して山口県に出向いていた。翌日に玖波町の自宅に戻ったが、八月九日に広島市内に入り、入市被爆した。一〇月からは文部省学術研究会議原子爆弾災害調査研究特別委員会の物理学化学地学科会地学班に同行して、広島・長崎の現地調査を行った。この時の調査の成果が、一九五三年発行の「原子爆弾災害調査報告集」に掲載された。その後も廃墟を歩き回って、瓦や岩石など被爆の跡をとどめる資料を集め続けた。

ユンクに手記を依頼され、小倉から何度も催促された長岡は、広島復興大博覧会の準備もあって多忙であり、また文筆もあまり得手ではなく、とりあえず「廃墟に佇つ」の原稿を小倉に渡した（本書一七三頁）。被爆三日後に広島市内に入った長岡による、この都市の破壊状況の描写である。長岡へのインタビューはそれに続く内容で、市電の運行が再開される日付と路線に始まる。そして、本題に入る。護国神社前の石灯籠に座ったときに、長岡はその花崗岩の表面の剝離に気づく。それは強力な熱線の作用であり、地質学者として長岡はその熱源（爆心）の計測を思い立つ。かくて、熱線の影響を残す物体を瓦礫の中から採掘する日々が始まった。その具体的な作業の様子が、九月半ばの枕崎台風の日のエピソードによる長岡の人物描写を経て、語られていく。

岩石以外の資料も集めて回る長岡の作業に対して、大学の研究室は冷ややかであり、放射性物質が残っているようなものを、なぜ家に持ち帰ってくるのかと家族も好意的ではなかった。それでも、台風の後で体調を崩したときには、妻子も手伝って一緒に出かけ、焼け野原で小芋を見つけて、焼いて食べた。また、授業嘱託の給与は低く、交通費にも事欠き、本を売って足しにした。

収集作業は八月下旬に系統的に始め、調査の間に死体を四十体ほど見つける。八月末には五右衛門風呂を探す人たち、そして九月一〇日ごろから金属収集業者と出くわすようになる。彼らからは馬鹿にされつつも、必要な情報を相互に交換することができた。長岡が必要としたのは、表面に影を残して完全な形をとどめる屋根瓦などの資料である。それらを集めて計測する作業の難しさを、長岡は一〇月中旬の長崎での調査で実感する［図3-5］。使えるものは人々が収集し、住まい作りに使ったりしていたからである。

そのため、長期の作業となる覚悟で、まず己斐から福島地区、そして横川から広島駅前へと地域を絞って、集中的に資料の収集作業を進めていった。元の位置からこっそり動かして利用されている屋根瓦などもあり、一つ一つについて、その資料の由来を確認しつつ集めて回る、手間のかかる作業であった。しか

図 3-5　長崎の被爆の焦土に立つ長岡省吾（写真右，1945 年 10 月 16 日，渡邊武男氏撮影）

も、こうして集めた資料が家にたまると、家族はよりいっそう不機嫌になる。それでも、それぞれの資料を収集地点別に分けて、その資料に焼きついた陰影の方向と角度をクリノメーターで推計し、データを集積する。こうして集積された五地点の物体八二九点のデータが、地図上に落とし込まれ、「影の方向」の「延長線が作る多角形の中心点」（本書二九八頁）が割り出される。これがＡＢＣＣの協力も得て、一九五一年秋にまとめあげられた研究成果であり、それは島病院の上空五八〇メートル（爆心地に近い所で採取された資料によれば上空約六〇〇メートル）という地点であった。

このような、被爆から五年余をかけての被爆資料収集の日々とその間の出来事を、長岡は実に生き生きと語っている。研究室からも（ややもすると）家族からさえも冷たく見られたこの作業を、何ゆえ長岡は貫くことができたのか。その理由を小倉は、地質学者としての長岡の土類（陶器や瓦）への愛情に見ている。すなわち、長岡にとって資料に残された影は人間が受けた傷（ケロイド等）と二重写しであり、その影にはさらに発掘現場や太田川に浮かんだ死者の姿が重なっていた、と。傷ついた資料の収集は、一瞬にして生を絶たれた死者の痛苦の記録を保存し、記憶にとどめる作業に他ならなかった。長岡のこの作業により、爆心地が明確にされたのみならず、人類史上最初の原爆投下という暴虐を永遠に記録しうる、他に類のない（原爆）博物館である平和記念資料館が残された。

なお、小倉は長岡への原稿の催促を、広島市渉外課長の新出政雄にも頼んでいると何度も記している。長岡と新出は同郷であり、また同じハワイ出稼ぎ組の子であり、親しい間柄にあった。中国新聞の一九五八年八月の被爆を記念する特集記事も、長岡と新出の対談である（本書二一二五頁）。

長岡の戦後の経歴は以下のとおりである。一九四七年に浜井市長の下、原爆被災資料の収集と調査を実施する専門職として広島市に採用される。四九年、中央公民館の一室に「原爆参考資料陳列室」を開設、五〇年八月六日に同公民館の一部として原爆記念館が完成、五五年に長年の夢であった広島平和記念資料館が完成して初代館長に就任。原爆被災資料の収集とその整備に献身し、原子爆弾の爆発地点とその熱量について、研究を進めた。一九六二年に館長を退職し、一年ほどＡＢＣＣに勤務した後は、自宅で趣味の陶芸を楽しみ、一九七三年に七一歳でその生涯を閉じた。

（菊楽　忍）

解説2　医師へのインタビュー

長岡へのインタビューと並ぶ本編の重要なテーマが、原爆と医療の問題である。ユンクの依頼に基づき、小倉は蜂谷道彦、於保源作、原田東岷といった広島を代表する医師をはじめ、広島大学医学部附属病院、逓信病院、赤十字病院、県立広島病院（県病院）等の医師らにインタビューを行った。医師たちの言葉から、原爆被害者に対する医療と彼らの健康状態、「原爆症」とは何かという問題をめぐる当時の広島の医師たちの立場の違いや関係性が明らかになっている。

インタビューの主要人物の一人は、蜂谷道彦（一九〇三～一九八〇）である。内科医であった蜂谷は、一九四五年八月六日の時点で逓信病院の院長であった。被爆直後の五六日間の記録である『ヒロシマ日記』（一九五五年）を出版し、広島での被爆の状況を広く世間に知らしめた。同書はすぐに英語など複数の言語に翻訳されて一八ヶ国で出版され、広島の被爆を伝える書物として現在まで知られるものとなった。

「新しい病気」である「原爆症」「放射線病」がいかにして明らかになったかについては、ユンクが『灰墟の光』で取り上げている。「新型爆弾」による被害の治療は、東京大学の都築正男らによる女優仲みどりの診察から始まった。以後、広島の医師たちと、文部省や厚生省の依頼を受けた中央の医師たちによって診察・治療と研究が進められていく。小倉書簡が書かれたのは、一九五七年四月一日に「原子爆弾被爆者の医療等に関する法律」（原爆医療法）が施行され、原爆被害者に対する医療や援護、補償に関する議論があらためて活発になった時期であった。

蜂谷のインタビューから読み取れるのは、「原爆症」の扱いの難しさである。原爆による体調不良を包括的に「原爆症」と捉える立場に対し、蜂谷は「原爆症」という概念は医学的には明確に定義されておらず、この言葉が簡単に用いられすぎていると指摘する。今日までの原爆症認定訴訟をめぐる議論からも明らかになるように、何をどう「原爆症」と判断するかについては依然として明確でない部分が多い。被爆者健康手帳を取得すればさまざまな医療が受けられるが、とくに一九五〇年代には被爆者支援の制度は確立・認知されておらず、小倉も述べているように、広島市の行政が手帳の取得を呼びかけても、当の被爆者がそれに応じないという状況があった。この背景には「被爆者」と認定されることによって生まれる差別に対する懸念もあったのである。

蜂谷へのインタビューでは、原爆医療に関して現在に至るまで議論されるＡＢＣＣの問題も取り上げられている。ＡＢＣＣは「検査はすれども治療せず」と言われ、広島の市民や被爆者から批判を受けてきた。ＡＢＣＣの後継組織である公益財団法人放射線影響研究所はこれについて、開設七〇年を迎えた二〇一七年六月、丹羽太貫理事長が被爆者に謝罪する声明を出した。小倉書簡では、広島の医師の中でも開業医と勤務医の間にある立ち位置の違いと、ＡＢＣＣとの距離についてもふれられている。また、日本の原爆医療を代表すると目されていた都築正男を評した箇所では、広島の医師たちの都築に対する不満も書かれている。つねに患者に接している彼らは都築よりも深く患者の心の面を考慮する。広島の医師と、都築ら中央の研究者、そしてアメリカを代表する存在であるＡＢＣＣはそれぞれ協力したり反発したりしながら、原爆の身体への影響を明らかにしてきた。小倉はこうした医療関係者たちの微妙な関係性をユンクに説明している。同時に、原爆の問題が「都築医師のような著名人を通して情報が国際的に正しく伝わるのは良いことだと思います」（三二〇頁）と、彼の現実主義者としての側面も見せている。

医療関係者へのインタビューのうち、蜂谷へのインタビューでは蜂谷の疎開先の地御前（現在の廿日市市）での生活も書かれ、やくざTや地御前の人々との交流に加え、小倉による蜂谷の人となりを示す記述もみられる。小倉は蜂谷と個人的な付き合いがあって、彼をとくに慕っていたようであり、小倉の記述からは『ヒロシマ日記』では知ることのできない蜂谷のより人間的な側面が読み取れる。蜂谷は一九六六年まで逓信病院の院長を務め、その後は亡くなるまで故郷の岡山で暮らした。

本編で取り上げられているもう一人の著名な医師、原田東岷（一九一二～一九九九）は、開業医として被爆者援護に努めた外科医である。原爆医療法の制定、広島市医師会や広島原爆障害者対策協議会の設立、「原爆乙女」の渡米治療への援助などを行った。ワールド・フレンドシップ・センターの設立とその活動に尽力し、ベトナム戦争の戦災孤児の支援も行うなど、平和のための国際的な活動でも知られている。原田はユンクもパネリストとして参加した「ヒロシマ会議」（一九七〇年）の呼びかけ人の一人であった。一九八九年に広島市名誉市民として表彰された。原田とユンクは交流を続け、一九六〇年にユンクが制作したテレビドキュメンタリー「灰墟の光」でも、診察する原田の姿が映されているほか、原田のエッセイにユンクが登場している。

於保源作（一九〇四～一九九二）は『面影　原爆ガンと取組んだ町医者』（於保源作・小川加弥太・於保信義編、渓水社、一九九三年）として原爆医療に大きな貢献を果たした人物である。内科医として一九五六年に、放射線被曝の後影響と考えられる白血病以外のがん（固形がん）リスクの増加の問題を最初に取り上げた。この於保の研究が発端となり、がん死亡率の総合的な継続的調査が開始されたのである。

（竹本真希子）

解説3　ロベルト・ユンクの動向（三）

ユンクの盟友アンデルスは一九五八年六月下旬から八月下旬まで、第四回原水爆禁止世界大会のほぼ全日程に参加し、二ヶ月余の期間日本に滞在してウィーンに戻る。その直後の九月二〇日付アンデルスの手紙は、マンシュタイン宛てに以下のように記している。「私は六日に着きました。飛行場にユンクが待っていて、われわれは一緒にコペのスタール夫人の館へと向かい、そこで演説をしました」。ジュネーヴ郊外の保養地コペで、二人はそれぞれ日本の被爆者や原水禁運動について語ったはずである。

この時期、ユンクはジュネーヴの第二回原子力平和利用国際会議を取材していた。さらに同月ウィーンの第三回パグウォッシュ会議、翌月ブリュッセルの国際博覧会を取材し、『ツァイト』など多様な紙誌への論説の寄稿を行った。同時に、アンデルスと共に一一月一〇日ミュンヘン反核集会から一九五九年一月三、四日のベルリン自由大学での学生反核集会、そして同月一六、一七日ロンドンの欧州反核集会、さらに会場を移して一八日夕刻フランクフルトの同集会へと、西ドイツの、そして欧州レベルの反核市民運動の立ち上げの先頭に立った。

この「原爆死反対闘争」の一一月のミュンヘン集会について、一一月一三日付アンデルスのマンシュタイン宛て手紙は、「夕方にはユンクが満員の大ホールで講演し、公衆を魅了しました」「この集会は嵐のようでした。かなりナチ的なスタイルの原子［兵器］賛成派が議論に飛び込み、ユンクが出て行くように叫ぶまで騒ぎ立てました」と記している。また年明けのベルリン学生集会では、アンデルスが地球市民運動としての反核運動を呼びかける原水禁大会報告「現在の責任について」を行い、ユンクは河本一郎のメッセージを紹介して拍手喝采を受けた（本書三四〇頁）。

そして、二人は西ベルリンから、最初の欧州反核集会の開催地ロンドンに向かう。この集会の様子を一週間後に『ツァイト』が伝えている。パンクラス・タウンホールの会場は欧州各地の反核グループのさまざまな旗で飾られ、壇上にはユンクと並んでイギリスの作家ジョン・B・プリーストリー、アンデルス、セント・ポール大聖堂司教座参事会員ジョン・コリンズが座った。聴衆は一見して左翼と認められるタイプの人々で、ひげを生やした学生の隣に、黒いタイツや赤いぴちぴちのズボンの若い娘たちが目立った。「しかし、聴衆の多くはもっと年長の世代であり、すでに一九三〇年代に国民社会主義やファシストと闘い、そして今や水爆に全体主義と絶滅の最新かつ最悪の形を見ている人たちだった」。演壇に立ったユンクは、「被害を出す原爆を爆発させることは許されない」「原爆はトロイの木馬だ。原子兵器は全体主義の外交的仕上げだ」と主張した。アンデルスはそれを補って、「原子兵器の所有者は自動的に抑圧者となる。われわれは名誉称号として恐怖煽動者の名を、われわれに付け加えねばならない。われわれは、恐怖を持つ勇気を広げなければならない」と述べた（若尾、二〇一三年、二四頁）。

翌日の集会はウェストミンスター寺院の広間で、八六歳の老哲学者ラッセルが開会を宣言する。この日の集会でユンク起草の「希望の憲章」が採択され、また切迫するフランスのサハラ砂漠での核実験計画に対し、激しい抗議の声が出された。そして最後となる三日目の集会はロンドンから夕刻に会場をフランクフルトに移し、その場でも「希望の憲章」が披露された。この憲章は、「常に新しい諸国へと広がる核武装の脅威を正しく認識し、こうした展開が続くことを全力で阻止しようと決意し」、以下のような原則的な立場を示した（若尾、二〇一〇年、三四三頁）。

第一はシュヴァイツァーの原則「命の尊さ」であり、現在のみならず未来の生命をも破壊する大量絶滅手段を、いかなる政治の道具として用いることも拒否する。第二は科学技術の公開原則であり、第三は軍縮と困窮者救済を結びつける立場である。第四は精神的および政治的自由をもつ「開かれた社会」の原則であり、第五は友敵の対立の中でも冷静に考える義務である。第六は国際関係の改善には愛と信頼が不可欠であり、核兵器廃絶の闘いが追求するのは、この倫理規範である。そして第七は、「人類の核自殺という危険」の前では、国民や特定のイデオロギー集団への忠誠よりも人間への忠誠が優先する、という原則である。

こうしてウィーンの自宅で休むことも少なく、ユンクは九月から年明けまで取材や講演で飛び回る日々を送った。そしてロンドンから帰り、ようやく一九五九年一月二三日付の手紙で、アルフレート・シェルツ亡き後にシェルツ出版社を引き継いだルドルフ・シュトライトに宛てて、以下のように記すことができた。「やっと放浪の日々から家に戻ってきました。来週には本の仕事に再びとりかかれると思います。三月七〜一四日に予定しているイタリアでの講演旅行を除けば、今は本当に何も義務を負っていません。私の協力者の書簡――彼の仕事は六月まで延長しました――で、非常に多くの新しい重要な資料が追加されました。二次元の本（昨年の考え）に代わる、三次元の本を作ることになると言えるでしょう。というのも、ぼんやりと感じていたことを今はすべて理解しているからです。協力者に出していた長い（一〇頁分）質問用紙に対して、すでに半分は答えが出され、それも非常に有用なものです」と。

（若尾祐司）

《編者紹介》

若尾祐司（わかお ゆうじ）

1945年生まれ。現在：名古屋大学名誉教授。

著書 『記録と記憶の比較文化史』（共編著，名古屋大学出版会，2005年）
『近代ドイツの歴史』（共編著，ミネルヴァ書房，2005年）
『歴史の場——史跡・記念碑・記憶』（共編著，ミネルヴァ書房，2010年）
『ドイツ文化史入門——16世紀から現代まで』（共編著，昭和堂，2011年）
『核開発時代の遺産——未来責任を問う』（共編著，昭和堂，2017年）他

小倉桂子（おぐら けいこ）

1937年生まれ。現在：平和のためのヒロシマ通訳者グループ（HIP）代表。

発行 『ヒロシマ事典（和英）』（HIP，1985年）
同上改訂版『HIROSHIMA HANDBOOK. JAPANESE-ENGLISH』（1995年）
『HIPの平和公園ガイド』（HIP，2005年）
『英会話しながら広島ガイド』（HIP，2016年）

受賞 広島市民賞（HIP受賞，2005年）
広島ユネスコ活動奨励賞（HIP受賞，2009年）
第25回谷本清平和賞（2013年）

戦後ヒロシマの記録と記憶　上

2018年7月10日　初版第1刷発行

定価はカバーに
表示しています

編　者　若尾祐司
　　　　小倉桂子

発行者　金山弥平

発行所　一般財団法人 名古屋大学出版会
〒464-0814　名古屋市千種区不老町1 名古屋大学構内
電話(052)781-5027 / FAX(052)781-0697

印刷・製本 亜細亜印刷㈱　ISBN978-4-8158-0914-0

乱丁・落丁はお取替えいたします。